清末中日教育文化交流之研究

吕顺长 著

商务印书馆

2012年·北京

图书在版编目(CIP)数据

清末中日教育文化交流之研究/吕顺长著.—北京：商务印书馆，2012
（中日文化交流新视域丛书）
ISBN 978-7-100-08454-3

Ⅰ.①清… Ⅱ.①吕… Ⅲ.①教育事业—文化交流—研究—中国、日本—清后期 Ⅳ.①G529.52②G531.394.3

中国版本图书馆CIP数据核字(2011)第130415号

所有权利保留。
未经许可，不得以任何方式使用。

清末中日教育文化交流之研究
吕顺长　著

商　务　印　书　馆　出　版
（北京王府井大街36号　邮政编码　100710）
商　务　印　书　馆　发　行
三河市尚艺印装有限公司印刷
ISBN 978-7-100-08454-3

2012年6月第1版　　开本880×1230 1/32
2012年6月北京第1次印刷　印张13
定价：32.00元

总序

在通常的学科分类目录中,"中日文化交流史"一般归入"专门史"门类,但其本质应当属于交叉学科,不仅其外延覆盖中国史和日本史,其内涵还涉及思想、宗教、法制、民俗乃至文学、艺术、社会、经济等人文社科的方方面面。

尽管作为一门学科地位尚不甚稳定,然而"中日文化交流史"的相关研究,国内外均有深厚的积淀。总体上说,日本起步较早,成果也颇丰硕;中国急起直追,点面均有突破。

日本方面的代表性成果,首推辻善之助的《增订海外交通史话》与木宫泰彦的《日华文化交流史》,虽都成书于半个多世纪以前,但依然不失为经典,尤其木宫泰彦的著作经胡锡年汉译,成为众多中国学者案头必备之书;其次是森克己围绕"日宋贸易"的系列作品,即《日宋贸易之研究》、《续日宋贸易之研究》、《续续日宋贸易之研究》、《日宋文化交流之诸问题》,以网罗史料齐全见长;再则是田中健夫,成果集中于元明时代,如《对外关系与文化交流》、《中世对外关系史》等,继承森克己学脉而多有创新。除此之外,实藤惠秀的中国留日学生、大庭修的中日书籍交流、池田温的中日法制交流、小曾户洋与真田柳的中日医学交流等研究,均有开拓之功。近十余年来,更呈群贤辈出之势，如森公章、山内晋次、榎本涉、河野贵美子等，各有建树，令人刮目。

回观中国，在民国时期的抗战硝烟中，虽偶有吉光片羽的佳篇力作，如王辑五的《中国日本交通史》等，但基调一直比较低迷；新中国成立后，硝烟已散，敌意未消，此门更趋凋零。迨及20世纪70年代，中日实现邦交正常化，日本研究才渐成气候。

由于"中日文化交流史"的交叉学科特性，涉足该领域的学者也颇庞杂，除了日本学专家，专治国学各科专家也参与其中，依托各自学科领域的深厚功底，急起直追，以致短时间内后来居上，在局部点面屡出新意。

如在文学领域，严绍璗《中日古代文学关系史稿》与王晓平《近代中日文学交流史稿》，堪称珠联璧合，开创中日文学交流史新生面；在考古分野，王仲殊围绕"三角缘神兽镜"撰文著书，提出"东渡吴人制镜说"，震撼东瀛；于人物专题，韩昇《日本古代的大陆移民研究》、沈殿忠等《中日交流史中的华侨》，拉近了与日本学界的距离；哲学思想方面，王家骅《儒家思想与日本文化》、《日中儒学之比较》不拘旧说，创意间出；书籍交流方面，严绍璗《汉籍在日本的流布研究》、王勇等《中日"书籍之路"研究》等，文献学与历史学相结合，尤其架构"书籍之路"理论备受关注；古代史有汪向荣《古代的中国与日本》、王金林《奈良文化与唐文化》等，均有日文版问世；近代史有王晓秋《近代中日文化交流史》、严安生《日本留学精神史》等，颇得学界好评。此外，在港台地区，郑梁生的明代中日关系史研究、高明士的隋唐东亚教育圈研究、谭汝谦的中日书籍互译研究等，均独树一帜，不可忽视。

如上所述，"中日文化交流史"涉及中日两国历史文化，日本虽然起步较早，但论者多依据本国文献史料、立足于本国历史文化、拘囿于传统史学观念，所以涉及日本大抵考证精当，事关中国或多语焉不详。中国的情况则稍有不同，主要有两点：涉足此门的学者基本上精通日语，又能读懂艰涩的日本古代汉文史料，语言优势为其一；在吸收日本学界成果的基础上，发掘中国文献中的相关史料，对传统的学说或观点加以佐证或修正，继而提出新见解，史料优势乃其二。

正因为上述原因，中国学界虽起步较晚，但近数十年来进步神速，在某些点甚至面，呈现后来居上之势。前述许多学者的著作在日本出版发行，以及王仲殊获"福冈亚洲文化赏"、严绍璗获"山片蟠桃赏"、王晓平获"奈良万叶世界赏"、严安生获"大佛次郎赏"等日本重要学术奖项，说明该领域的中日学者，已经进入平等切磋的新阶段。

这里值得一提的是，1996年周一良、严绍璗、王勇联袂主编的《中日文化交流史大系》10卷本问世，该丛书由中日双方各20余位知名学者执笔，同时在日本发行日文版，该丛书荣膺"亚太出版商联合会"学术类图书金奖，堪称中日学者联手营造这块学术园地的结晶。

本丛书聚焦于"中日文化交流史"，既顺应上述国内外学术界的大趋势，也反映出各位作者归属的学术团队的小背景，在这里有必要作个交代，以助读者了解每部作品的来龙去脉。

在日本研究渐趋兴盛的20世纪70年代后期，本人在杭州大学创建了日本文化研究中心，开始在"专门史"学科点招收"中日文化交流史"方向硕士研究生；1998年该中心随"四校合并"而改称浙江大学日本文化研究所，遂在"中国古代史"学科点招收"中日文化交流史"方向博士生；2004年本人因故调离浙江大学，8名博士生最后挂靠在"中国古典文献学"博士点完成学业。

1989年创建日本文化研究中心之际，我把研究重点定位在"以书籍为纽带的中日文化交流史"，并以开放模式运作科研项目，广邀国内外同道合作攻关。这些成果大多汇入《中国典籍在日本的流传与影响》、《中日汉籍交流史论》、《中日文化交流史大系》（典籍卷）、《奈良平安时期的日中交流——以书籍之路为视点》、《书籍之路与文化交流》诸书，先后在国内外出版。

我在浙江大学培养的8名中日博士生，虽然各自的专攻年代不同、侧重的领域相异，但一个共同特点是注重文献史料。回忆陈年往事，每周举办"读书会"的情景历历在目。桌子上堆满各类字典及参考文献，然后一字一句注释中日文献的相关史料，这些虽然看似枯燥乏味，但因此打下比较坚实的文献学基础。看到日后这批学生从"中国古典文献学"专业毕业，当年的辛劳也不再觉得苦涩。

自从2000年招收第一位博士生，算来时光已经流逝了10个春秋，现在他（她）们大多晋升为副教授或教授，在国内外高校独当一面。虽天各一方，但学脉相承，学术上的交流愈趋频繁，擘画这套丛书可谓水到渠成。然以"新视域"括之，我想大概以下几条可作依据。

首先，本丛书纵向由隋唐及宋元再至明清，每个朝代均有专著，上下衔接，自成体系；横向则涵盖历史、宗教、文化、教育、贸易诸分野，展现文化交流之丰富多姿。

其次，作者均精通日语，对日本学者的成果细心咀嚼，经过吸收与扬弃，依托国学底蕴、立足中国史观，敢于提出新观点、新思路、新见识。因此，这些著作即使放到日本学界，相信也不会逊色。

再则，作者都接受过比较系统的文献学训练，对书中引用的大量中日古代汉文史料，不仅在断句、训字、释词诸方面用力颇勤，在文意的诠释、史料背景的推断上也有创见。

还有，整套丛书虽聚焦于"中日"，但作者视野多兼及东亚，在东亚文化互动的大背景下，审视追踪中日文化交流的历程。从传统的文化双向交流研究，进化到区域文化环流研究，符合国际学术界的发展趋势。

最后，各卷作者均有在日本长期留学或执教的经历，受到中日两国学术氛围的熏陶；而且，他们在攻读博士期间，辗转于"历史学"和"文献学"两个学科，以广阔的国际视野和双重的学科背景来研究这个跨学科的主题，相信会有独到的发见。

本套丛书初拟八卷，即隋唐两卷、宋代一卷、元代一卷、明代一卷、清代两卷，虽然总体上由隋唐而明清，似乎串接成一部中日文化交流通史，然元明时代略显单薄；加之各卷的主题也未能一以贯之，如隋唐部分偏重于书籍与人物，宋元明部分围绕佛教，清代则以教育和贸易为主。我们这个团队酝酿已久的一个计划，便是合作撰写断代的中日文化交流通史，届时或可弥补本丛书留下的缺憾。

这套丛书若能给读者传递"新视域"的些许愉悦，给"中日文化交流史"领域吹入几丝新鲜气息，则所愿也。

王 勇

2010 年 11 月 30 日

目录 Contents

绪论 ……… 1

上篇　对日教育考察之研究

第一章　对日教育考察与中国教育近代化 ……… 19
　　第一节　甲午战前的对日教育考察 ……… 20
　　第二节　甲午战后对日教育考察者主要类型 ……… 23
　　第三节　甲午战后对日教育考察主要考察记 ……… 33
　　第四节　日本教育考察对中国教育近代化的影响 ……… 40

第二章　湖南提学使吴庆坻的日本教育考察 ……… 45
　　第一节　吴庆坻履历及其日本教育考察的派遣经过 ……… 46
　　第二节　《日本东京各学校参观笔记》的发现及其史料价值 ……… 49
　　第三节　吴庆坻日本考察期间的家书及其史料价值 ……… 56

第三章　张大镛及程恩培的日本教育考察 ……… 62

第一节　张大镛及其《东瀛各校纪略》和《日本武学兵队纪略》……… 62

第二节　程恩培的日本之行 ……… 69

第三节　对日考察与浙江学堂的兴办 ……… 72

第四章　罗振玉对日教育的考察及其对日本近代教育的引进 ……… 75

第一节　罗振玉早年在上海的活动 ……… 76

第二节　对日教育考察与《扶桑两月记》……… 80

第三节　《教育世界》的创办 ……… 85

第四节　《教育世界》对日本近代教育的介绍 ……… 93

第五节　《教育世界》日文翻译之特色 ……… 98

第六节　罗振玉的学校教育实践 ……… 102

第五章　赴日考察官绅之日本访书 ……… 106

第一节　清代日籍西渐的主要载体 ……… 107

第二节　清末赴日考察官绅的日本访书记录 ……… 111

第三节　清末赴日考察官绅日本访书之特点 ……… 120

中篇　留日学生之研究

第六章　留日学生监督处《官报》及其史料价值 ……… 125

第一节　清末留日学生监督处成立经过 ……… 125

第二节　《官报》体例及刊行经过 ……… 130

第三节 《官报》的收藏及利用状况 ……… 133

第四节 《官报》的史料价值 ……… 136

第七章 从《官报》看"五校特约"留学计划的成立过程及其实施状况 ……… 143

第一节 "五校特约"留学计划形成的背景 ……… 143

第二节 "五校特约"留学计划形成过程及内容 ……… 148

第三节 "五校特约"留学计划的实施状况 ……… 154

第四节 "五校特约"留学计划对浙江省的影响 ……… 160

第八章 浙江早期留日学生 ……… 166

第一节 近代中国最早的地方官费留日学生 ……… 167

第二节 1898年的浙江留日学生 ……… 185

第三节 浙江早期留日学生的译书活动 ……… 201

第四节 浙江早期留日学生监督孙淦事迹 ……… 212

第九章 浙江留日学生的人数及其构成 ……… 224

第一节 浙江留日学生人数 ……… 224

第二节 浙江留日学生的生源组成和地区分布 ……… 233

第三节 浙江留日学生的学校和专业分布 ……… 236

第十章 浙江留日学生与教育事业 ……… 243

第一节 浙江两级师范学堂 ……… 244

第二节 浙江官立法政学堂及浙江私立法政学堂 ……… 251

第三节　浙江医学专门学校 ……… 254

第四节　其他学校 ……… 257

第五节　教育行政岗位上的浙江留日学生 ……… 259

第十一章　浙江籍留日学生俞大纯的出身及归国后的活动 ……… 263

第一节　俞大纯出身考略 ……… 264

第二节　留学海外及参与革命活动 ……… 272

第三节　东北实地调查 ……… 275

第四节　晚年的活动及遇刺身亡 ……… 280

第十二章　关于留日学生的"反日"和"亲日" ……… 287

第一节　"反日"的缘由 ……… 288

第二节　"文化亲日"与"政治亲日" ……… 291

第三节　"政治亲日"的原因 ……… 296

第四节　《王克敏等人简历》中所见的华北伪政府中的留日学生 ……… 303

下篇　日本人的中国认识之研究

第十三章　高田早苗的中国教育考察及其中国教育认识 ……… 311

第一节　早稻田大学清国留学生部的开设和高田的中国教育考察 ……… 313

第二节　高田早苗早期有关中国的论说 ……… 317

第三节　高田早苗所见的中国教育现状 ……… 319

第四节　高田早苗的"共同利益论"及其本质 ……… 324

第十四章　明治末期日本人对中国人留学日本的认识 ……… 331

第一节　"血与泪之结晶" ……… 331

第二节　"共同利益之所在" ……… 335

第三节　"培植势力之长计" ……… 336

第四节　"豚尾奴"与"佳宾珍客" ……… 341

第十五章　从"人类馆"事件看明治时代日本人的中国认识 ……… 347

第一节　大阪博览会与"人类馆"事件 ……… 348

第二节　"人类馆"中国人被展出事件 ……… 350

第三节　"人类馆"台湾女子被展出事件 ……… 355

第四节　"人类馆"事件所反映出的日本人的中国认识 ……… 359

第十六章　日本人视野中的中国国民性 ……… 364

第一节　高濑敏德等人的中国旅行及相关著述 ……… 365

第二节　日本人视野中的中国国民性 ……… 368

第三节　日本人议论中国国民性之背景 ……… 376

第四节　中日两国对中国国民性议论之比较 ……… 385

征引、参考文献 ……… 390

后记 ……… 400

绪论

一

提及近现代中日关系，人们自然首先会想到两国间所发生的一次次战争。近代以来日本所发动的这些侵略战争给中国造成了不可估量的生命财产损失，更使中国人的心灵蒙受了巨大创伤，这是中国人永远难以忘记的，也是不能忘记的。但是，在硝烟弥漫的战争的间隙，尤其是在甲午战争后的十余年间，中日两国间也有过许多的交流与合作，这虽然容易被人们所忽视，却也是客观存在的事实。

在清末，无论是"戊戌变法"前后开始掀起的学习日本热潮，还是"新政"期间推出的诸多学习日本的具体措施，都是中国在被动的处境下主动作出的历史选择。中国人以惊人的勇气和现实的态度，抛弃妄自尊大的民族文化心态，通过向日本派遣留学生和教育考察官绅、翻译日本书籍等途径，向古来之"弟子"、甲午之劲敌学习，希望实现富国强兵之目的。可以说，在中国从传统走向近代的过程中，日本起到了重要的中介和桥梁作用。

对近代日本而言，中国始终是其最为关注的目标。从明治初的武力侵台,到甲午战争、庚子事变、日俄战争,直至发动全面的侵华战争,中国始终是其最重要的侵略目标。在此背景下所展开的种种对华教育文化事业,明显具有服务于侵略目标之性质,即日本试图通过参与中国的教育和文化事业,从中国攫取更大的政治和经济利益。但也不可否认,即使是在日本接连对中国发动战争期间,也有不少日本人并没有部分文人学者和政治家们的那种"深谋远虑",而仅仅是以一种朴素的心态,看待或参与中日两国间的各种交流事业的。

在战争过后的日本,虽然多数人都对日本的侵略行为作了深刻的反省,但直至如今仍有不少人认为给中国带来灾难的那些战争是所谓的正义战争,这是极为可悲的。侵略战争绝不能美化,"正义战争论"更是无稽之谈。而作为被侵略国的中国,能正视近代以来与日本交往的历史,从中总结成功的经验,吸取失败的教训,也是非常有必要的。

二

中日两国的交往,最早大致可以追溯到秦汉时代。两千多年来,两国间无论在人员方面,还是在物质精神文化方面,都保持了较为密切的往来,对促进两国历史文化的发展起到了较大的作用。可以说两千余年的中日交流史,是两国在文化上相互影响、相互促进的历史。但是,这种双向的影响和促进并不是在各个时代都以均等的比重进行的。在古代,中国文化与日本文化的势位差,决定了两者之间的相互影响和促进,无论是在规模和速度上,还是在内涵和深度上,均不可相提并论。然而当历史行进到近代,两国间文化交流的这一关系逐渐发生了逆转。若将中日两国在文化交流上的这一关系比作师生关系，古代和近代两者所处的位置恰好相反。虽然老师并不意味着万能，学生也非一无所长，但老师对学生的影响则无疑是主要的。

在17—19世纪，日本德川幕府和中国清朝政府不谋而合地实行"锁国"和"闭关"政策，其结果是闭目塞听，对外部世界知之甚少，国家逐渐走向衰退。然而，进入19世纪以来，随着西方势力的东渐，西方列强的坚船利炮迫使两国不得不进行历史性的选择。

1854年3月，日本与美国遭日特派使节培里在神奈川签订了《日美和亲条约》，宣告锁国时代的结束。1868年，事实上统治日本长达260余年的德川幕府被迫退出历史舞台，取而代之的是明治新政府，日本历史自此从近世迈入近代。在明治时代，"一切效仿欧美各国现行制度"成了日本政府推行改革的基本方针。在此背景下，日本通过不遗余力地汲取西方近代科技文化而开始大步走向世界。

清朝政府素以"天朝上国"自居，视四邻诸邦为"蛮夷戎狄"。然而，自鸦片战争的炮火轰开我国门后，部分国人才渐感"外夷"乃非我邦所轻易能敌。诚如李鸿章所言："其大炮之精纯，子药之细巧，器械之鲜明，队伍之雄整，实非中国所能及。"[1] 为求存图强，除通过培养近代化人才，致力于汲取西方近代文明，以推进中国近代化之外，别无更佳捷径。以林则徐、魏源为代表的一些清朝官吏提出"师夷之长技以制夷"的口号，主张学习西方新式船炮，抵御外敌的侵略；洋务官僚们也主张在"中体西用"的原则下，学习西方先进的军事技术和应用技术。然而事与愿违，甲午一役，中国竟惨败给"蕞尔小国"

---

[1] 吴汝纶：《李文忠公全集·朋僚函稿》卷二，文海出版社1963年版，第46页。

日本，人们方知几十年的洋务新政不仅不足以敌欧美，就连维新不久的日本都难以与之抗衡。"日本小国耳，何兴之暴也？伊藤、山县、榎本、陆奥诸人，皆二十年前出洋之学生也，愤其国为西洋所胁，率其百余人分诣德、法、英诸国，或学政治工商，或学水陆兵法，学成而归，用为将相，政事一变，雄视东方。"[1] 张之洞此言道出了日本迅速强盛之原因所在。痛定思痛，朝野有识之士开始意识到，以日本为媒介摄取西方近代科技文化不失为中国求存图强的有效途径。

三

近代中日文化交流史，以鸦片战争至清朝覆灭的70年而论，大致可以1871年的中日建交、1894年的甲午战争这两个历史事件为界线分为三个时期。虽然它们均属近代的范畴，但在不同的时期，中日两国文化在相互影响的方向和力度上并非完全一样。

鸦片战争后，随着西方势力的东渐，中日两国闭关锁国的大门相继被打开。但从这一过程的时间上看，中国与西方势力的危机关系要比日本早十余年。就是这十余年的时间差和在这一时间差内中国所发生的种种变化，加深了日本对西方列强的恐惧感，这种恐惧感随之转化成日本认识西方的强大动力，对日本决意走西方近代化道路影响巨大。可以说，中国的前车之鉴，对日本维新思想的形成和近代化事业的起步都起到了重要作用。这一时期，中日两国由于尚未建立国家间

---

[1] 张之洞：《张文襄公全集》卷二〇三，文海出版社1963年版，第6页。

的外交关系，文化交流以民间的人员往来为主要形式。中国的赴日人员以赴长崎贸易的中国商人为最多，影响也最大，他们所带去的大量书籍和以他们的陈述为主要依据作成的"唐人风说书"，为日本了解中国并进一步了解世界提供了重要信息。日本来华人员中，既有肩负重要使命于1862年乘"千岁丸"前来上海的各地藩士和商人，也有因海上遇险而被漂流到中国沿海的漂流民，他们在中国的所见所闻也成了日本了解中国沿海事态的第一手材料。

1871年中日两国政府签署了《中日修好条规》，这标志着两国间正式建立了外交关系。在直至甲午战争爆发的二十余年间，随着日本近代化事业的迅速推进，中国人的目光开始转向日本，人们心目中的日本形象也逐渐发生变化。此间，尽管日本与中国建立了外交关系，但日本凭借日益强大的国力，向清朝提出了独占琉球群岛的要求，并以琉球渔民被台湾土著杀害为由，公然以武力侵略台湾，使人们不难看出日本将逐渐成为中国新一轮威胁的策源地。作为与中国同处东亚、同受列强不平等条约之苦的日本，国力增强后竟与西方列强为伍，公然开始侵略中国，中国人无不为之愤慨。这一时期，两国间文化交流的主体有所扩大，原来仅限于长崎一港的在日华人扩展到日本各地，民间文人学者的往来渐趋频繁，两国所互设使馆之官方使节的往来更是前所未有。虽然这些文人学者、使节官员间盛况空前的诗歌唱和、宴会往还，给中日文化交流史留下了许多动人的佳话，但其背后也无不潜埋着对对方的警戒；一大批日本研究著作的问世，加深了人们对日本明治维新的认识，同时也时刻提醒人们绝不能对日本掉以轻心。

甲午战争的失败对中国社会所产生的震撼作用，是二次鸦片战争、中法战争等历次外国列强的侵华战争所无法相比的。这不仅仅是因为

绪论 5

中国因此而割地赔款，被迫签订了丧权辱国的条约，更重要的是，耗巨资历数十年致力于洋务的"天朝上国"败给的不是"船坚炮利"的西洋国家，而居然是"蕞尔小国"日本，国势之衰弱、政府之无能，彻底暴露无遗。在西方势力东渐日本之初，日本官方还以"要像尊重中国人那样尊重西方人"之类的口吻告诫国民，而甲午战争后，短短数十年，中国人在一些日本印刷商的出版物中已被描绘成在日本军队面前仓皇逃跑的乌合之众，甚至连日本街头巷尾的孩童见了中国人都要追逐取笑。这一奇耻大辱，强烈地刺激了中国人的神经，促使中国掀起了学习、研究日本的高潮，留学日本、赴日考察、招聘日本教习、翻译日本书籍，等等，两国间的文化交流以与隋唐时代截然相反的方向展开，并成为中日文化交流史上继隋唐之后的第二次高潮。

四

有关19世纪末至20世纪初的中日关系，有人提出1898年至1907年的十年是两国关系中"富有成效和相对和谐的黄金十年"[1]，有人认为在这一时期出现的中国人留学日本运动是"阴森可怖的黑暗时代出现的一缕光辉"[2]，日本的大多右倾学者认为在义和团事件至日俄战争期间日本对中国没有过侵略意图，而中国学者大多认为日本在长期的对华侵略过程中，有时以武力侵华为主，有时则以非武力侵

---

[1]〔美〕任达著、李仲贤译：《新政革命与日本—中国，1898—1912》，江苏人民出版社1998年版，第9页。
[2]〔日〕实藤惠秀著、谭汝谦等译：《中国人留学日本史》，三联书店1983年版，第11页。

华为主，而更多的则是两者并用，主张日本自1871年签署《中日修好条规》开始至二战失败，就始终不曾停止过对中国的侵略。日本右倾学者的否定侵略说不值一辩，而"富有成效和相对和谐的黄金十年"也好，"黑暗时代出现的一缕光辉"也好，"始终不曾停止过对中国的侵略"也好，笔者以为，这些说法只是视角不同而已，只要论者是本着客观的、学术的观点，而不是带有某种政治企图来论述这些问题，均可视作一家之言。以留学日本为例，日本政府在致力于教育中国留学生的背后，自有其不寻常的目的。但也不可否认，不少日本人是怀着对中国的好意，怀着对千百年来蒙受中国文化恩惠的报答之心来教育中国留学生的。就中国方面而言，虽然并非毫无觉察日本政府的野心，但在维新思潮不断高涨，派生留日已成为社会强烈呼声的当时，日本方面的积极态度，无疑具有极大的吸引力。事实上，当时日本人在中国达官要人面前对派生留日的谆谆劝诱，得到了大多数人的积极响应。在中国驻日使馆和日本外务省、文部省等相关政府机构以及民间人士的配合下，仅清末十余年，中国就向日本派遣了2万余名留学生，他们在学成归国后，为中国的革命和近代化事业作出了不可估量的贡献。从这些现象看，中日两国的确进行过密切的合作，两国间的文化交流也出现了前所未有的繁荣，甚至称其为"黄金时代"也不为过。但是，日本政府即使在这一时期也从没有放弃过使其国之势力"悄然骎骎于东亚大陆"的野心，他们不仅在八国联军侵华期间大肆出兵镇压义和团运动，并在中国发动了旨在争夺我东北权益的日俄战争。如果我们注意到这一系列事实的话，又怎么能不说日本在这一时期没有停止过对中国的侵略呢？

近代中日文化交流的历史错综复杂。由于研究者所处时代背景以及立场观点的差异，研究角度的不同，均会在某种程度上影响研究所得出的结论。这也就意味着要求有更多的人从更广的角度，更加深入细致地开展这一研究。

五

在近代中日文化交流中，教育文化交流可以说是其中最重要的部分。从中国向日本派遣留学生和教育考察官绅，日本人士来华或考察教育，或直接在学校执掌教鞭，或创办学校直接参与中国人的教育事业等，这些都属于教育文化交流的范畴。如留日学生，自1896年首批16名学生赴日以后不到十年，在日中国学生人数达万人，不仅日本的大多普通学校能见到中国留学生的身影，在留学生集中地东京还出现了为数不少的专门从事教育中国学生的学校。再如来华执教的日本教习，在清末中国各地的学堂，教育发达地区自不待言，就是在偏远地区，日本教习通过翻译用日语面对中国学生授课的场景也不鲜见。中日教育交流以前所未有的速度达到了空前的规模。

这种现象的出现，除与中国希望借鉴日本在近代教育方面所取得的成功经验直接相关外，有识者的倡导，和欧美相比日本在政治体制、思想意识、历史文化、地理环境、风俗习惯等方面与中国更为相近等优点，日本当局的劝诱等，也是重要因素。当时，在对日本教育感兴趣的重要人物中，湖广总督张之洞被认为是最有影响力的人物。他在1898年所著的《劝学篇》中，提出了一系列推进教育近代化的具体措施，其中对提倡留学日本的论述尤为精辟："至于游学之国，西洋不如东洋：路近省费可多遣；去华近，易考察；东文近于中文，易通晓；

西书甚繁，凡西学不切要者，东人已删节而酌改之；中东情势风俗相近，易仿行。事半功倍，无过于此。"[1] 从现实的角度，张之洞非常简明地概括了通过向日本派遣留学生学习西方近代科学文化的种种便利因素。此外，日本于甲午战争后在接受中国留学生等参与中国教育问题上，也表现出了难得的热情与"高姿态"，企图通过参与中国人的教育事业，培植亲日人士，以利于在政治和经济上扩张日本的利益。在直接从事中国人教育者中，甚至有人公然声称："多培养一个中国青年，就等于日本势力多向中国大陆迈出一步。"[2] 其野心昭然若揭。而作为中国方面，则希望通过师日之长以自强，认为"东京多一留学生，即将来建造新中国多一工技师"[3]。双方各具目的。

清末的中日教育交流，极大地推动了中国的教育近代化进程。清末十余年，是中国的近代新式学校从无到有，从少到多，近代学校制度逐步走向完善的时期。在这一过程中，日本的影响可谓巨大。各类学校不仅在课程设置、教学内容等方面直接受到日本的影响，甚至连校舍建设也参考日本学校。对中国近代学制影响巨大，被认为标志着中国近代学制正式确立的《奏定学堂章程》，在起草过程中就直接参考了日本的学制。但是，众所周知，中国教育在进入民国时代后，从学习日本逐渐转向了直接学习欧美，这虽然是受多种因素影响的结果，但日本政府在参与中国人教育问题上所抱的野心，不能不说是促使中国转向的一个重要因素。

---

[1] 张之洞：《张文襄公全集》卷二〇三，第6页。
[2] 〔日〕青柳笃恒：《中国人教育与日美德间的国际竞争》，《外交时报》第122号，第10页。
[3] 孙江东：《敬上乡先生请令子弟出洋游学并筹集公款派遣学生书》，《浙江潮》光绪二十九年总第7期，第5—6页。

六

对这一在特殊背景下出现的两国教育文化交流之历史,本书以中国人日本教育考察记、留日学生监督处所发行的《官报》、中国最早的以介绍日本近代教育为主旨的教育杂志《教育世界》、日本人的中国考察旅游记录、日本报纸杂志的相关报道以及日本外交史料馆所藏资料等重要史料为线索,着重对中国人的日本教育考察、留日学生、日本人的中国认识等问题进行了研究。

有关近代中国人的对日教育考察,较为重要的先行研究有:小川博《実藤恵秀(収集)〈東遊日記〉(近代中国人日本旅行記)解題》(《創大アジア研究》第8号,1987年3月),田正平著、荫山雅博译《清末における中国知識人の日本教育視察》(《国立教育研究所研究集録》第25号,1992年9月),汪婉《清末中国对日教育视察の研究》(汲古书院,1998年12月),王宝平主编、吕顺长编著《晚清中国人日本考察记集成·教育考察记》(杭州大学出版社,1999年8月),佐藤三郎《中国人の見た明治日本——東遊日記の研究》(东方书店,2003年11月)等。在此需特别指出的是实藤惠秀在考察记收集等方面所做的先行性工作。1938年,实藤惠秀作为日本外务省文化事业部的特别研究员,赴中国作了为时一年的"特别研究",其主要工作之一就是收集当时在中国不为人重视的"东游日记",即近代中国人日本考察记。实藤惠秀所收集的这些考察记,现在均完好地保存在东京都立图书馆"实藤文库",总数达244种之多。对这些"东游日记",尤其是其中的教育考察记,实藤惠秀并未来得及作系统全面的研究,上述《実藤恵秀(収集)〈東遊日記〉(近代中国人日本旅行記)解題》,是实藤惠秀去世后所发现的原稿,经小川博整理后所发表的,共收录了69种实藤惠秀生前所作的解题。现在,虽然中国及日本的一些图书馆也还收藏着一些"东游日记",但"实藤文库"所保存的这一史料无疑是最完整的,它为后来的研究者提供了极大的方便。笔者从1997年开始注意"东游日记"的研究,并在充分利用"实藤文库"所藏资料的基础上,着力在中国国内收集"实藤文库"所未收藏的"东游日记"。

本书上篇"对日教育考察之研究",在从国内外图书馆收集大量中国人对日教育考察记的基础上,首先从宏观方面对中国人日本教育考察的特点、考察者类型以及日本教育考察与中国教育近代化的关系等,结合各类考察事例进行了研究。在微观方面,《湖南提学使吴庆坻的日本教育考察》一章,主要利用笔者所发现的重要史料《日本东京各学校参观笔记》以及吴庆坻日本考察期间的家书等,着重对尚未被完全究明的清末提学使一行的日本教育考察日程及所听讲义的内容进行了整理分析,并对吴庆坻的日本认识作了介绍。《张大镛及程恩培的日本教育考察》一章,以清末浙江所派遣的教育考察官员张大镛和程恩培所著的考察记《东瀛各校纪略》、《日本武学兵队纪略》和《东瀛观兵纪事》为线索,着重对他们的考察内容和考察经过进行了研究。《罗振玉的对日教育考察及其对日本近代教育的引进》一章,主要以罗振玉于1901年在上海创办的中国最早的教育杂志《教育世界》和日本考察记录《扶桑两月记》等为线索,对罗振玉在引进日本近代教育和亲自主持学堂事务进行教育实践等方面的活动进行了考察,充分肯定了罗振玉在近代中日教育交流方面所作的贡献。此外,鉴于多数教育考察者在考察期间都有访书经历,而且他们所访求的书籍大多包含教育类书籍,故在第五章《赴日考察官绅之日本访书》中,对缪荃孙、罗振玉等人的日本访书内容进行了整理和分析,探讨了清末考察官绅日本访书的特点。通过以上研究,本书认为:清末大批赴日考察者,通过对日本教育的考察,进一步认识到近代日本大胆借鉴西方,以教育为本,才使其走向了强盛之路;日本教育考察给他们带来的巨大刺激,使他们在考察归国后或大声疾呼改革传统教育以兴新学,或通过积极模仿日本近代教育而直接投身教育实践,从而使他们成了日本近代教育影响中国的最重要媒介。

在清末中日教育交流中,以中国向日本派遣留学生之事业规模最大,影响也最为深远。对清末中国派生留日这一历史的缘起、演变过程、留日学生的学习生活情况、文化活动、政治活动,以及对中国近代文化思想、政治、教育、语言文学、翻译出版等各方面的影响和贡献的研究,其成果可谓汗牛充栋,举其要者就有:舒新城《近代中国留学史》(1928)、松本龟次郎《中华留学生教育小史》(1931)、实藤惠秀《增补·中国人日本留学史》(1970)、黄福庆《清末留日学生》(1975)、林子勋《中国留学教育史》(1976)、上垣外宪一《日本留学与革命运动》(1982)、阿部洋《日中教育文化的交流与摩擦》(1983)、小岛淑男《留日学生与辛亥革命》(1989)、阿部洋《中国近代教育与明治维新》(1990)、严安生《日本留学精神史》(1991)、王晓秋《近代中日文化交流史》(1992)、王奇生《中国留学生的历史轨迹:1872—1949》(1992)、李喜所《近代留学生与中外文化》(1992)、孙石月《中国近代女子留学史》(1995)、田正平《留学生与中国教育近代化》(1996)、沈殿成《中国人留学日本百年史》(1997)、斯明全《功玉论——关于20世纪初期中国政界留日生的研究》(1999)、丁晓禾《中国百年留学全记录》(1998)、神奈川大学人文学会《中国人日本留学史研究之现阶段》(2002)、鲁迅东北大学留学百周年史编集委员会《鲁迅与仙台：东北大学留学百周年》(2004)、李喜所《留学生与中外文化》(2005)、侯殿龙等《山西百年留学史1900—2002》(2005)等。国内外所发表的研究论文更是不胜枚举。

  清末留日学生运动的发展在全国各省之间极不平衡。以清国留学生会馆于1903年所作的调查为例，当时的留日学生共来自19个省，其中居前列者为江苏（175人）、浙江（154人）、湖南（130人）、湖北（126人）、广东（108人）、直隶（77人）等省。奉天、山西、陕西、河南、广西、贵州、云南等省的留日学生均寥寥无几[1]。造成这一发展不平衡的原因，除各省间政治、经济文化发展不平衡之外，尚有地理和人为等方面的因素。然而，从上列有关留日运动的专书也可看出，目前对留日学生的研究大多尚局限于整体和宏观阶段，对某一区域或某一时期所作的局部和微观研究尚有待进一步深入。

  有鉴于此，本书中篇"留日学生之研究"中，主要将焦点对准清末浙江籍留日学生。在本篇中，首先对清末留日学生监督处所刊行的留日学生研究之重要史料《官报》的收藏及其利用状况作了调查，并着重以笔者新近发现的第1、2、4—7期《官报》为例，对《官报》的资料容量、栏目构成和史料价值进行了研究。《从〈官报〉看"五校特约"留学计划的成立过程及其实施状态》一章，以《官报》为原始资料，对近代留日学生史的重要内容"五校特约"留学之计划的形成背景、过程、内容、实施状态以及浙江省的对应等进行了考察。《浙江早期留日学生》一章，对向来较少被重视的早期浙江留日学生

---

[1] 清国留学生会馆：《清国留学生会馆第三次报告》，清国留学生会馆1902年发行，附录表。

的人数、派遣经过等进行了考证。《浙江留日学生的人数及其构成》一章，在利用留日学生监督处所发行的《官报》等史料制作《清末浙江留日学生名录》（限于篇幅，未能收入本书）的基础上，对清末浙江留日学生人数、生源组成和地区分布、学校和专业分布等进行了研究。《浙江留日学生与教育事业》一章，着重对浙江留日学生在学校教育和教育行政岗位上所作的贡献进行了考察。《浙江籍留日学生俞大纯的出身及归国后的活动》一章，以浙江绍兴籍留学生俞大纯为个例，对其家庭出身、留学经过及归国后的较为复杂的人生表现进行了考证和分析。通过以上研究，本书认为：甲午战后，中国人一改以往对日本不屑一顾的淡漠态度，以一种积极的心态，通过留学的方式跨出国门去认识日本，并通过日本进一步认识世界，其规模之大，意义之深远，均史无先例；清末浙江率全国之先派生留日，而且留日学生总人数大约占全国总数的十分之一，每年的在日学生数均名列前茅；清末浙江开放的社会风气、开明官僚士绅的提倡、早期浙江留日学生的榜样作用以及他们的积极宣传和呼吁、浙江特殊的地理和交通条件、浙江与日本的历史渊源关系等，是浙江在清末留日运动中能处于领先地位的主要原因。

有关近代日本的中国认识，近十多年来，以阿部洋为代表的研究小组对此作了大量的研究，2002年由龙溪书舍所出版的《近代日本のアジア教育認識》，便是其主要成果。该成果包括资料篇和研究篇两大部分，其中目录篇收集了日本明治时代相关刊物中的有关亚洲教育（主要为中国、韩国和中国台湾地区）认识的报道，给后来的研究者带来了极大的便利；研究篇主要以资料解题的形式，从明治时期日本对中国的教育活动、清末中国的教育状况、明治时期日本的中国留学生教育、清末中国的女子教育与日本等方面进行了详细的研究。本书下篇"日本人的中国认识之研究",以日本对中国教育认识为中心,首先对日本明治时代的著名学者和政治家并曾直接参与中国留学生教育的高田早苗的中国教育认识进行了考察,通过对高田的中国教育考察经过及其考察归国后有关中国教育的诸多言论进行分析,认为高田的"教育中国人可以给中国和日本带来共同利益"这一所谓"共同利益论",虽然表面上较容易被中国人所接受,但若对其作进一步的剖析,就不难发现其与高田长期共事的大隈重信等人所提倡的"中国保全论",两者虽形异而神同,其真正目的均在于扩张日本的政治经济权益,为中国谋利益只是其冠冕堂皇的幌子。《明治末期日本人对中国人留学日本的认识》一章,以日本报刊的相关报道为主要依据,对明治时代日本社会对中国人留学日本的认识进行了考察,认为在中国人留学日本问题上,日本政府的心怀叵测和部分有识之士的凛然正义,日本社会所滋长的歧视中国人的风潮和部分日本人的好意,正反两方面虽然始终交织在一起,但图谋国家利益与歧视中国学生占据了上风,而这一状况直接影响了日本对中国留日学生教育的成败,影响了留日学生对日本的认识和态度,影响了留学生们在归国后对日实践活动。《从"人类馆"事件看明治时代日本人的中国认识》一章,对在日本第五次内国博览会期间所发生的"人类馆"展出中国人事件的交涉过程进行了考察,分析了当时日本官方和民间对中国的认识,指出在对待有损中国人感情的问题上,日本官方采取了国家利益至上的原则,而民间的大多数人则对被认为是"弱国之国民"的中国人具有歧视感情。《日本人视野中的中国国民性》一章,对高瀨敏德、德富苏峰、宇野哲人等人的中国旅行记中有关中国国民性的议论作了归纳和总结,并进一步分析了日本人热衷于议论中国国民性的时代背景、日本人的中国国民性议论与中国人自身的国民性议论的关联和本质区别。《山本梅崖及其〈燕山楚水纪游〉》一章，对山本梅崖在《燕山楚水纪游》一书中所反映的中国观进行分析的基础上，比较详细地考证介绍了山本与汪康年等人的交往内容。

  本书的写作，在章节的安排上，尽可能避开前人已有较多研究的选题，以减少研究的重复；在材料的运用上，尽量多采用中日两国的一些原始资料；在写作方法上，较多地采用了例证和论述分析相结合的方式。同时，在写作过程中还吸收了前人的许多相关研究成果。由于近代中日教育文化交流这一选题范围较大，相关史料众多，加之笔者学识浅陋，尤其对中国近代教育史方面和文献学方面的知识尚存欠缺，因此在内容上会有挂一漏万之虞，在史料运用上会有疏漏不当之处，在观点阐述上会有以偏概全之嫌。诚恳欢迎先辈同行批评指正。

上篇

对日教育考察之研究

第一章
对日教育考察与中国教育近代化

清末中国人的对日教育考察，是近代中日教育交流的重要内容。它与派生留学日本、招聘日本教习一样，作为近代中国振兴教育的一项重要措施，对中国的教育近代化事业产生了巨大的影响。

自20世纪末以来，学界在对清末中国官绅日本教育考察的研究方面，取得了不少的研究成果。其主要者有：阿部洋的《中国近代教育与明治日本》（福村出版，1990）、田正平的《清末中国知识界的日本教育考察》（《国立教育研究所研究集录》第25号，1993）、汪婉的《清末各省提学使的日本教育考察》（《中国研究月报》1997年第1期）和《清末中国对日教育考察之研究》（汲古书院，1998）等。其中，汪婉的《清末中国对日教育考察之研究》，较为详细地考察了清末中国人对日本教育考察的全貌，可以说是近年来对该领域研究的一个总结。另外，王宝平任丛书主编、笔者担任编著的《晚清中国人日本考察记集成·教育考察记》上下二册（杭州大学出版社，1999），收入教育考察记26种，并附有前言、解题和人名索引，它的出版也对该领域的研究起到了较大的促进作用。

本章在对甲午战前的对日教育考察作一概观后，以各种考察记录为依据，着重对甲午战后中国人日本教育考察的特点、考察者类型以及日本教育考察与中国教育近代化的关系等，结合各类考察事例进行研究。

第一节　甲午战前的对日教育考察

清末中国人的日本教育考察，大致可分为 1871 年《中日修好条规》的签署至甲午战败、甲午战败至清朝覆灭两个阶段。

中国与日本虽为一衣带水的近邻，但在 17—19 世纪，由于日本幕府和中国的清朝政府均采取了闭关锁国的政策，极大地限制了两国的正常交往。在这一时期，中国人所掌握的有关日本的知识，主要来自少数赴长崎贸易的商人所带回的信息和见闻；由于商人们的活动仅限于长崎一港，其见闻之浅陋也显而易见。鸦片战争后，中国人所关注的外部世界也多局限于西洋，对近邻日本仍然是漠不关心、一知半解。1842 年魏源主持编纂的《海国图志》，洋洋 50 卷 50 余万字，可书中竟没有提到日本；1848 年福建巡抚徐继畬"采诸书之可信者衍之为篇"的《瀛环志略》，以及 1852 年增补完成的《海国图志》百卷本，虽都记述了日本，但居然仍称日本由长崎、萨峙马（萨摩）、对马三岛组成，其认识仍停留在 1730 年陈伦炯《海国闻见录》的水平。

自 1871 年中日两国签署《中日修好条规》而正式建立外交关系后，两国先后互设外交使馆并互派外交官常驻，这为两国间的人员往来创造了有利条件，自此两国间官员、学者、文人往来络绎不绝。赴日者中不乏将所见所闻整理成文字向国内介绍者，他们的著述极大地提高了中国人对日本的认识水平。这些著作中，有不少就涉及日本的教育。

黄遵宪作为第一代驻日公使馆成员于1877年赴日，滞日期间著《日本杂事诗》，后又出版《日本国志》，是清末介绍研究日本最具影响的人物。《日本杂事诗》自1879年由京师同文馆出版后，迅速广为传播，现已确认的翻刻版本就达十余种。书中共收录各类"杂事诗"200首，其中以学校或教育为内容的有六首，它们分别是：《学校》、《留学》、《海陆士官学校》、《女子师范学校一》、《女子师范学校二》、《幼稚园》。通过这些诗作以及著者在这些诗后所作的注释，人们大致可以了解当时日本尤其是东京已有学校的主要种类、大体规模、课程设置及其特点等概况。[1]1887年完稿、1895年刊行的40卷50万言巨著《日本国志》第三十三卷则设有"学制"条，对当时日本的教育作了较为详细的记述，如七大学区的分布、官立公立私立各类学校并举的办学模式、各类学校的数量、教员数量及男女比例、教科书种类、教学及考试方式、学士制度、办学经费的来源、町村学务委员制度等，并附《七大学区学事统计表》，表中收录了各学区人口、学龄人员及其就学比例、各类学校的学生及教员数等各类统计数字。[2]

1889年出版的傅云龙的《游历日本图经》以大量的图表对日本进行了全面的介绍，其中也有不少有关日本教育现状的记载。1887年著者以清政府所派游历官的身份先后两次停留日本，其间除会见各界人士，参观官署、工厂、博物院、兵营等外，还参观考察了各类学校

---

[1] 黄遵宪：《日本杂事诗》，东京平凡社1968年版（实藤惠秀等译），第85—99页。
[2] 黄遵宪著、王宝平主编：《晚清东游日记汇编·日本国志》，上海古籍出版社2001年版，第347—350页。

二十余所。《游历日本图经》二十卷下所载的各类统计表有：学校合表、已未入学表、小学校师弟子表一、寻常中学校表、寻常师范学校表、专门学校表、高等女学校表、官立学校表、杂学校表、杂学校科表、幼儿园表、书籍馆表、日本人留学别国计费表、公学费岁入表、公学费岁出表、学费岁出表，著者还在每一表前添加简要的注释，条理清楚，使人对当时日本的教育现状一目了然。[1]

《游历日本图经》所收入的这些资料为明治十九年（1886）日本官方统计资料，距著者赴日仅早一年，可谓当时的最新资料。而前述《日本国志》所引用的多为明治十年前后的统计资料。因此，两者相比，《游历日本图经》不仅比《日本国志》所收的资料丰富而新近，而且其正式公开出版的时间也远比《日本国志》早。因此可以说最早系统全面地向国人传播介绍日本近代教育现状的著作是傅云龙的《游历日本图经》，但此著的流播未及《日本国志》广。

除上述著作外，陈家鳞的《东槎闻见录》（1887）、顾厚焜的《日本新政考》（1889）、黄庆澄的《东游日记》（1894）等都对当时的日本学校教育状况有不同程度的记载。

以上著作对清末中国了解日本教育无疑起到了一定的作用。但遗憾的是，这些甲午战前赴日者的日本考察研究著作，不仅记录日本教育的内容所占比重不大，而且大多都停留在资料的罗列上。他们对日本教育的考察仅占其百科式考察的一小部分，对日本教育的理解尚缺乏深刻。

---

[1] 傅云龙著、王宝平主编：《晚清东游日记汇编·游历日本图经》，上海古籍出版社2003年版，第364—375页。

第二节　甲午战后对日教育考察者主要类型

国内正式派遣官员对日本学校进行较为系统全面的考察始于1898年。是年春，湖广总督张之洞拟派湘鄂子弟百人入日本成城学校，姚锡光便以湖北武备学堂兼自强学堂总督的身份，受张的委派率队赴日联络学生入学事宜并考察各类学校，滞日约两个月。此为近代中国派官员专程考察日本学校之嚆矢。此后，随着国内兴学运动不断高涨，赴日考察教育之风一浪高过一浪。

与甲午战前相比，甲午战后的中国对日教育考察，无论从何种角度看，其变化均非常明显。从考察者看，除专门考察教育者外，众多的官员、民间文人学者、实业家、留学生等，尽管他们赴日的缘起和动机各不相同，但赴日后很多人往往转移考察重心，"不务正业"地把大量的时间花在考察学校教育上，清末中国人日本考察记中以教育考察的内容最为丰富就是重要例证；从考察方式上看，或参加教育现场，或聆听讲座，或与专家学者座谈，考察细致充分，与甲午战前主要停留在资料的收集和罗列的简单考察方式形成了鲜明的对照；从所考察的学校和内容看，从帝国大学到幼儿园，从教育宗旨到课程设置，学校不分大小，内容不分粗细，几乎无所不包；从考察者对日本教育理解的深刻程度上看，身临其境的深入考察，使他们真正领悟到了"教育为本"这四字的真正含义，以及日本后来居上的根本原因和中国积贫积弱的根源所在。

以下，不妨以考察者的赴日缘起和动机为线索，对各类考察者作一描述，以期勾画出这一时期对日教育考察的概貌。

一、学堂关联者

此类人员往往在已兴办或打算兴办的学堂任某种职务,学堂管理及教学上的需要促成他们赴日考察。赴日后考察目标明确,不流于形式。如:

1898年,江西高安人邹殿书邀朱绶、周泰瀛等十余人创办经济学堂,并携该校教习及厨师杂役等共15人专程赴日本考察学校。抵东京后,日本外务省指派小林光太郎充任翻译,陪同考察了成城学校、户山学校、陆军中央幼年学校、陆军地方幼年学校、士官学校、陆军大学校、寻常小学校、美术学校、音乐学校、盲哑学校、寻常女学校、高等女子师范学校、高等师范学校等。此行被认为是中国近代最早以私费形式赴日的教育考察团。

光绪二十七年(1901)十一月,受湖广总督张之洞、两江总督刘坤一的委托,罗振玉以湖北农务局总理兼农务学堂总监督的身份偕同湖北两湖书院监院刘洪烈、自强学堂教习陈毅、胡钧、田吴炤、左全孝、陈问咸等6人赴日考察学务。自十一月四日上海起航至翌年元月十二日回抵上海,考察时间约为两个月。期间除考察了东京、京都、大阪等地的各类学校外,还多次与日本著名教育家嘉纳治五郎、伊泽修二等长谈,听取中国教育改革方面的意见,还专门拜访文部省普通学部局长泽柳,向他请教教育事宜并索取有关教育资料。

1901年,清政府决定重开京师大学堂,管学大臣张百熙奏荐吴汝纶任大学堂总教习,吴固辞不就,"百熙具衣冠诣汝纶,伏拜地下曰:'吾为全国求人师,当为全国生徒拜请也。先生不出,如中国何!'汝纶感其诚，勉起应诏"[1]。吴被任命为大学堂总教习后，请求先赴日本考察教育。光绪二十八年五月，吴以63岁的高龄率团东渡，同行者有大学堂提调荣勋、绍英，翻译中岛裁之等。一行自五月十五日长崎上陆至九月六日结束文部听讲启程回国，滞日约4个月。此间吴遍访各方人士，考察各类学校，听取文部省讲座，对日本教育制度、学校运营等方方面面进行了细致的考察。所考察的学校范围极其广泛，包括各级小学、中学、高中、大学等普通学校，师范、实业、艺术等专门学校，盲哑等特殊学校，以及幼儿园等。在文部省听讲的内容涉及教育行政、教育大意、学校卫生、学校管理法、教授法、学校设备、日本学校沿革等，遗憾的是因回国时间紧迫而未能听完全部讲座。他所接触的官员和文人学者大多与教育相关，如早稻田大学的创立者前首相大隈重信、高等师范学校校长嘉纳治五郎、东京大学总长山川健次郎、东京师范学校校长伊泽修二、《教育时论》社主笔辻武雄、后受聘来华任京师大学堂教习的服部宇之吉和岩谷孙藏，以及包括大臣在内的文部省现任和前任的大批官员。其考察成果后汇编成《东游丛录》于1902年由三省堂书店出版。

《东游丛录》分文部所讲第一、摘抄日记第二、学校图表第三、函札笔谈第四共4大部分。文部所讲为文部省听讲时的讲义录，包括教育行政、教育大意、学校管理法等7部分；摘抄日记起自5月15日长崎上陆，迄至9月6日结束文部听讲，而无往返途中的记事；学校图表有三岛博士卫生图说、东京大学员数度支表、西京大学预算表等各类图表19种；函札笔谈共收日本友人来信、新闻报道、笔谈记录共

---

[1] 朱有瓛：《中国近代学制史料》第2辑，上册，华东师大出版社1986年版，第957页。

27篇。学界普遍认为本书是清末中国人日本教育考察记中影响最广的著作，它对清末的教育改革和发展产生了巨大的影响。此外，吴汝纶在日本考察期间，日本各地数十家报纸对此所作的报道，也于1903年由华北译书局以《东游日报译编》的形式整理出版。

  1902年夏，上海姚子让、刘景舆等商议创设学堂。鉴于"日本致力教育者三十余年，其师范必多可采"，遂派该校教员项文瑞、曹干臣、贾季英、杨月如4人东渡考察各学校。六月朔日东渡至十二月初三回国，为期约6个月。赴日后，在以旁听生的身份进入嘉纳治五郎创办的宏文学院师范科旁听各门功课的同时，课余分往各学校进行了参观考察。著有《游日本学校笔记》一册，于1903年由敬业学堂发行。该书虽以日记体写成，但成书时却不以时间先后而是以学校和内容类别排序。分幼儿园、单级学校、小学校、与东友往来问答、中学校、专门学校、大学校、杂记等部分。并有附录《酌拟学堂办法》、《上海闵行镇务敏学堂办法略稿》，均系著者回国后所拟。

  光绪二十九年（1903）正月，江南高等学堂总教习缪荃孙、提调徐乃昌等受两江总督张之洞的委派赴日考察教育。随行者有江南高等学堂分教习6人及侍从3人。滞日约两月。在日期间，由外务省翻译岩村成允和江南高等学堂所聘请的教习白河次郎引导考察了东京的各类学校，此外还专门请高等师范学校校长嘉纳治五郎就普通教育、师范教育、实业教育的性质意义等问题作专门讲座。所会见的日本主要人士有：嘉纳治五郎、伊泽修二、大隈重信、长冈护美、竹添进一郎、辻武雄、内藤虎次郎等。著有《日游汇编》一册，于1903年由江南高等学堂发行。该书分四大部分：一、"高等师范学校校长嘉纳君所讲"，此为嘉纳所作讲座的听讲录。二、"各类学校统计表"，分别有：文部省直辖诸学校沿革表（一至四），文部省直辖诸学校表、公立师范学校表、公立中学校表、公立高等女学校表、公立专门学校表、公立实业学校表、公立各种学校表、东京府私立诸学校表（除小学校）、东京市立小学校表、东京私立小学校表、东京市立幼儿园表、东京私立幼儿园表。三、"日本考察学务游记"，从光绪二十九年正月初十自江宁赴沪至三月十一日抵沪回国的逐日记录。四、"日本访书记"，记录了日本访书的经过，并例举了数种竹添进一郎所藏的图书。

二、知州知县

"新政"期间，各地总督巡抚为开地方风气而纷纷派知州知县赴日游历，有些省份还专门制定条文，规定凡实缺州县人员，除到任已久不便离开职守者外，在上任前均应先赴日游历3个月。这些游历者的预定考察范围往往较泛，涉及行政、司法、教育、农工商等多方面。但有为数不少的考察者到达日本后，觉察到中国贫弱的重要原因之一是教育的落后，而振兴教育在当时又最为切实可行，于是把考察重点放在教育上。如：

光绪三十一年（1905）六月，郑元濬受直隶总督袁世凯的委派以"准补抚宁员缺"的身份赴日游历，考察日本学校、警察、司法、实业等。同行者有学务处会办卢木斋、观察议员卞禹昌、文案曾传谟及直隶第三期所派游历士绅60余人。自六月十一日塘沽起航至九月十六日附法轮回国，往返3月余。一行抵东京后，适逢前此派来的10人正开始考察内务省，遂一同前往。之后依次考察了司法省、东京地方裁判所、教育博物馆、宏文学院、东京市养育院、常磐小学校、东京府第一中学、女子高等师范学校、府立女子师范学校、第二高等女学校、东京帝国大学、东京高等工业学校、东京府官立职工学校、万年小学、东京府立师范学校、东京府立美术学校、音乐学校、日本银行、警视厅、西原农事试验场、庆应义塾、大阪高等工业学校、高等商业学校（兵库）。回国后，著者将所著《东游日记》呈各大吏，并获"激赏"，但考虑到当时出洋者所著日记佳者甚多而"不敢出以问世"，仅将之"置于案头聊备参考之用"。民国三年（1914），著者任清丰县令期满，离任前城乡士绅父老再三挽留，著者深被其情义所感动，遂以临别赠言之意，将已置放多年的游记印刷成帙，各赠一册以作纪念。

光绪三十二年（1906）二月，受直隶总督袁世凯的委派，郭钟秀以井陉县知县的身份赴日游历。同游者有新选赵州直隶州知州恩惠、钜鹿县知县涂福田、宁津县知县禄坤、准补满城县知县吴烈。自三月十三日由省动身至五月二十五日归省，往返百余日（闰四月）。其间停留东京两月余，并经京都、大阪、神户各处，参观考察官署、警察、监狱、学校、工厂等50余处。所考察的学校有：盲哑学校、女子高等师范学校（包括附属寻常小学校、附属高等女学校和幼儿园）、第一高等学校、西原农事试验场、女子师范学校、常磐小学、美术学校、高等师范学校、万年小学、府立第三高等女学校、农科大学、大阪高等工业学校、同文学院（神户）。著有《东游日记》一册，卷末附有《禀稿条陈》，系作者在归国后，将考察所得，"择其浅近而切于事情，而又为州县力能自为者"，列为四条向直隶总督袁世凯禀陈之文稿。此外，同游者恩惠有《东瀛日记》(1906)、涂福田有《东瀛见知录》(1906)、吴烈有《东游日记》(1906)问世。

三、率学生赴日留学者

此类视察者的赴日缘起，大多是受当地官员的委派率学生赴日留学并为其落实学校，利用在日停留的机会对学校进行考察。如：

光绪二十三年（1897）冬，湖广总督张之洞拟派湘鄂子弟百人入日本成城学校。翌年正月，姚锡光以湖北武备学堂兼自强学堂总督的身份，受张的委派率队赴日联络学生入学事宜，并考察各类学校，滞日约两个月，"得阅其国陆军省、文部省各学校及步骑炮工辎重队各操，旁及议院、银行、工厂并各公会凡六十余所，见其公卿士大夫及林下巨公工师商贾三百余人，于是颇得其要领"。所著《东瀛学校举概》内容分"公牍一 查看日本学校大概情形手折"和"函牍二 与钱念劬太守、再与钱念劬太守"两大部分。"公牍一"为归国后将所考察的各校按普通学校、陆军学校、专门学校三大类作整理后上呈给张之洞的考察报告书，内容仅限于学校的组织、运行机制和教学内容，而未及练兵工商诸务。"函牍二"为滞日考察期间发给钱念劬太守的函件，近似于日记，从中可知其所接触的主要人物和考察的大概经过。

光绪二十八年冬，山东大学总办方燕年奉山东巡抚周馥之命赴日考视学事，居东凡两月。同行者有诸暨蒋智由、丹徒何耀文、周巡抚之孙周美权等。翌年五月，方氏再次承命率50余名学生赴日留学，待安排学生全部入学，得暇再次考察学校后，结合上次考察所得，著成《瀛州观学记》。该书收录了神户市立幼儿园、东京市立有马小学校、东京府立师范学校等19所各类学校和警视厅、消防署等9个机关的参观记录共28篇。最后附有《各学校学科课程年限统表》。同行者蒋智由（观云）则有诗集《居东集》二卷问世。

四、各省提学使

1906年，成立不久的学部奏请撤去各省学政并新设提学使司掌管全省学务，不久获准。提学使司设于各省省会，并任命提学使一名为其最高长官。当时被任命为各省提学使的23人中，虽部分人曾有赴国外考察教育的经历，但占多数的16人无此经历，于是学部遂奏请在上任前先派他们赴日本作为期3个月的教育考察。

提学使一行以湖北提学使黄绍箕为团长，于光绪三十二年（1906）六月十五日从上海起航，同行者有学部右参议林灏深及学部委员5人，另有随员8人。抵达东京后，他们或参观各类学校，或听文部省的讲座，或与日本官员及专家交换意见，通过各种方式考察日本教育行政制度及教育运营方面的经验。有关文部省讲座的内容，据驻日公使杨枢向日本外务大臣提交的讲座计划看，有各国学制及其沿革、教育方法及其变迁、日本兴学之经验、各种学校的性质及相互关系等四项，实际讲授的内容为：文部省参事官田所美治的"各国学制及其变革"、文部省视学官野尻精一的"日本兴学之经验"、文部省参事官松本顺吉的"日本现行教育制度"、东京高等师范学校教授小泉又一的"教育方法及学校管理法概要"和"各学科目的性质及其相互关系"，基本与中方所要求的内容相一致。

五、赴日阅操者

明治末期，日本常在秋季举行军事大演练，世界上许多国家均派"观兵官"前往观览，中国也不例外。这些从各省被派往日本的观兵者

除"观兵"外,关注最多的就是教育,并把大量的时间花在学校的考察上。如:

光绪二十五年(1899)秋,日本举行秋季军事大演习。同年春,日本陆军大尉井户川辰三奉命来华,敦促中国派官员阅视考察。七月,文官沈翊清、武官丁鸿臣等一行受四川省总督奎俊的委派前往阅视。从沈翊清所著《东游日记》看,他们花在考察学校上的时间比阅操的时间更多。所考察的学校主要有:成城学校、地方幼年学校、中央幼年学校、户山学校、军医学校、寻常高等小学校、高等女学校、女子高等师范学校、单及小学校、东京工业学校、高等商业学校、陆军士官学校、第一高等中学校、工科大学、理科大学、医科大学、邮便电信学校、学习院、盲哑学校、农科大学等。丁鸿臣则有考察记《四川派赴东瀛游历阅操日记》(1900年刊于福州)、《游历日本视察兵制学制日记》(稿本)问世。

六、参加博览会者

此类游历者大多自筹资斧,他们往往早已心存游历日本的愿望,但迟迟下不了决心或无适当的机会,而来自日方的参观博览会的邀请恰好促成了他们的日本之行。如:

实业家张謇,虽早有东游考察之计划,可因故一直不能成行。光绪二十九年(1903)二月,适值接到日本领事发来的参加大阪博览会的邀请,遂决定东渡。赴日后,除参观了日本第五次内国劝业博览会外,着重考察了各类学校、工厂、银行、农场、牧场、盐田等,并会见日本各界众多知名人士如西村天囚、藤泽南岳、嘉纳治五郎、竹添进一郎、长冈护美、岸田吟香、田中不二麿、内藤虎次郎等。此外，与华商孙实甫、王仁乾等人接触甚多，并得到了他们的大量照顾。著有《癸卯东游日记》1册，于1903年由江苏翰墨林书局出版发行。该书除自出发至回抵上海期间的逐日所记外，卷末还附有著者在各地参观游览时所作的七言绝句25首。

光绪二十九年初，林炳章接到参加大阪博览会的邀请，此时适逢福州东文学堂改为师范学堂并拟聘日人教习。五月，林氏以该学堂教员的身份受外舅陈伯潜之嘱，赴日考察教育、招聘教习，并参加在大阪举行的日本第五次内国劝业博览会。自五月初四出帆至六月初六返沪，往返约两月。对学校的考察主要集中在东京，返途经大阪参加了博览会。在东京考察期间，曾三次前往高等师范学校校长嘉纳治五郎宅邸询问教育事情。在赴华族院会见长冈护美时，长冈还询及林氏祖辈林则徐，态度甚为热情。还为福州师范学堂聘请了早稻田大学出身的向后顺一郎和矢泽千代郎等两名日人教习。著有《癸卯东游日记》1卷。

七、留日学生

此类考察者多为赴日习师范的学生，留学期间，他们邀请同窗或好友利用余暇赴各校参观考察，收集资料，有的还留下了考察记。如：

光绪二十七年（1901）五月，关庚麟等受广东省的选派赴日留学，入嘉纳治五郎主持的宏文学院速成师范科，留学时间为6个月。期间他与同校留学生杨季良、沈养源、易辅臣、冯筱舟、姚韵笙等利用余暇参观东京各学校，在大量收集资料的基础上编成《参观学校图说》。

光绪二十九年，著者有机会再游日本并考察了京都、大阪、神户等地的学校，且对前书进行增补，并易名为《日本学校图论》公开刊行。《日本学校图论》分通表、学校图论、结论三部分。通表收日本现行学校系统表、日本学龄儿童就学调查表等13种；学校图论收东京帝国大学、高等师范学校等各类学校35校及其附属机构，并附有著者等人所撰写的论述；结论部分类似后记，由同行者之一沈诵清（养源）所作。

光绪三十年秋，萧瑞麟东渡留学习速成师范，翌年春在毕业回国前与同学周华国等人利用余暇考察东京各类学校及其他机构。所参观的学校有：常磐小学校（附幼儿园）、东京府立第一高等女学校、华族女学校、盲哑学校、东京美术学校、东京音乐学校、富士见寻常高等小学校、高等工业学校、北丰岛郡西个园蚕业讲习所、东京高等师范学校、东京帝国大学、私立赤城小学校、实践女子学校（附属女子工艺学校）、帝国教育会体操学校、慈惠病院医学校、东京府立女子师范学校、高等师范学校附属小学校、锦町小学校等。并著有《日本留学参观记》3卷，由北京华盛印书局刊行。

第三节　甲午战后对日教育考察主要考察记

以上，以考察者的赴日缘起和动机为线索，对考察者作了粗略的分类，并介绍了一些考察者的考察记录及考察经过。清末赴日考察者中，以教育为主要考察对象者远远不止于此，仅笔者目前所收集到的有关教育的考察记就有数十种之多。上一节未述及但较重要的考察者和考察记主要还有：

李宗棠《考察日本学校记》16册。光绪二十八年（1902）四月自序。光绪二十七年十月，著者以安徽省特派官二品顶戴按察使衔湖北候补道的身份赴日考察学务，并携子润官留学日本，往返约4个月。在日期间，除考察了各类学校外，还广泛收集日本各校的章程等资料，回国后编译成此书。全书收录了日本136所学校的章程、规则、科目、学生人数等各类资料，另有附录二则。这些学校包括东京帝国大学等国立大学和高中11所，陆军士官学校等陆军学校11所，海军机关学校等海军学校6所，东京府第一中学校等中学22所，高等商业学校等专门学校60所，华族女学校等各类女子学校23所，高等师范学校附属小学校等小学3所。考察期间，还记有《考察学务日记》。此外，李宗棠在1902—1908年间，还曾8次奉命考察日本学务、警务和矿务等，并都留下了游历考察日记。这些日记分别是：《查办学生日记》（1902）、《考察警务日记》（1903）、《商办游学日记》（1904）、《护送游学官绅学生日记》（1905）、《送儿妇行日记》（1905）、《劝导留学生日记》（1905）、《劝募皖赈日记》（1906）、《考察矿务日记》（1908），这些日记后来与最早的日本考察记《考察学务日记》一起，合编为《东游纪念》6册。除上述日本考察记外，李宗棠与日本有关的著述尚有《日本小学校新令》1册、《日语类纂》2册、《万国教育源流考》2册（第一次考察日本时的旁听讲义记录）。

胡景桂《东瀛纪行》1册，不分卷。（直隶省）学校司排印局校印。有光绪二十九年十月直隶布政使杨士骧序和同年九月洪济跋。光绪二十九年五月，著者以直隶学校司督办的身份奉直隶总督、北洋大臣袁世凯之命赴日本考察学务。同行者有直隶学校司参议丁惟鲁、直隶学校司随办高淑琦、补用同知晏宗慈和来自山东的自备资斧者王令珊等。一行自五月十九日塘沽出发至六月二十七日船返大沽，往返两月余（闰五月）。在日期间，除考察大阪、京都、东京各校外，还会见了大隈重信、长冈护美、菊池大麓、嘉纳治五郎等政界、教育界名家。由于考察期间适逢学期末，一行还参加了高等商业学校、东京高等工业学校、东京帝国大学等校的毕业典礼。此外，同行者晏宗慈著有《随槎日记》，所记日程和所考察的各校与《东瀛纪行》大体相同，但此记疏于对考察内容的记述，而详于对所会见者的记录。

王景禧《日游笔记》1册，不分卷。直隶省学校处排印局校印。扉页书名由直隶布政使杨士骧题写。有光绪三十年孟夏袁世凯序和同年二月胡景桂序。光绪二十九年九月，著者受直隶总督袁世凯的派遣，以直隶学校司普通教育处编译处总办的身份率23名天津及保定学生赴日留学并考察各校。同行者有翻译杨庆銮和书记刘揆。自九月初一大沽起航至十月二十二日乘横滨丸从长崎返航，往返约两月。一行经长崎、神户、大阪抵东京，途中参观考察了长崎医学专门学校、大阪高等工业学校和大阪市爱珠幼儿园。抵达东京并安排学生入宏文学院后，先后考察了宏文学院、市立常磐小学、第一高等女学校、万年小学校、女子师范学校、高等女学校、府立第一中学校、高等师范学校、女子高等师范学校、盲哑学校、高等师范附属中学校、高等工业学校、高等商业学校、美术学校、第一高等学校、华族女学校、东京帝国大学、成城学校等各类学校以及"局馆厂场"共50余处，所见所闻，记录甚为详细。

杨沣《日本普通学务录》1册，不分卷。扉页书名著者自题。光绪三十年秋刊行。有南海戴鸿慈序。篇首有直隶总督袁世凯委派著者出洋考察公文书1份、著者在日考察期间向袁禀报之函件1份、归国后向袁禀呈考察报告并申请自行捐资多印数百部分送属僚之文书1份（上有袁同意增印的批文），另附著者照片1张。光绪二十九年九月，著者以直隶候补道的身份奉直隶总督袁世凯之命赴日考察学务。赴日后，"凡于文部之规制，学校之课程，由分而合，由浅而深，博考精求，详细记载"，并于光绪三十年正月将考察所得日本现时办理学务枢要整理归纳成10条寄送给总督袁世凯，归国后再将详细情形编录禀呈。本书正文则为杨洋所禀呈之整理稿，共分10条：教育宗旨、学校设置及辖属（附学校种类及学程）、学事管理（附小学校管理法）、校舍编制（附学校应备诸物）、普通教法要旨（附生徒学级）、各校功课课程、各校规则、经费、各校费用、各校教员薪水。因未见日记式记录，著者在日期间的考察经过未详。

吴阴培《岳云盦扶桑游记》1册，共3卷。扉页书名由于齐庆题写。卷端有两江总督端方《为知府出洋游历回国条陈考察事宜据情代奏恭折》，和光绪三十二年（1906）十一月著者向端方呈递的《出洋游历回国呈》，卷末附著者《东游归国致都门诸友书》。光绪三十二年七月，著者受两江总督端方的委派以新授广东潮州府遗缺知府身份自备资斧赴日游历。自七月二十五日从上海出帆至十月二十七日回抵上海，往返3个月。其对学校、司法机构、银行、工厂等的参观考察主要集中在东京。此外还游历了横滨、宇都宫、小田原、名古屋、京都、大阪、神户、长崎等城市。所考察的学校有：第一高等学校、东京府第一中学、女子高等师范学校、东京帝国大学、高等工业学校、盲哑学校、法政大学、水产讲习所、高等师范学校、陆军中央幼年学校、宏文学院、东亚铁道学校、实践女子学校、东斌学堂、经纬学堂、振武学堂、早稻田大学、高等商业学校、女子职业学校、女子美术学校、东京音乐学校、京都盲哑院、京都法科大学。这些学校中，有许多都有中国留学生就读，游记对这些留学生的人数等记录较详。归国后，著者将游历所得择要向端方具陈并请代为上奏。其内容为：（一）兴女子师范学校及幼儿园；（二）沿江海各行省酌设水产讲习所、试验场；（三）各行省酌设农林讲习所、试验场；（四）各省试办储蓄银行及邮便局存款；（五）戏剧改良概仿东西国形式。

李文干《东航纪游》 1册，不分卷。光绪三十三年（1907）京师京华书局印刷。吴重喜题写扉页书名。有光绪三十三年五月王敬先序、光绪三十三年六月吴士鉴序。光绪三十二年九月，著者受江西巡抚吴重喜的委派，以江西信郡中学教员的身份赴日考察学务。九月十二日自江西出发经上海于十月初八抵东京，在东京考察一月余后经大阪等地，十一月二十五日回抵上海。此行专门考察学务，且以小学中学简单易办之管理教授法为主要对象，故对中小学校的考察尤为详细。参观考察的学校有：高等师范附属小学校、高等师范学校附属中学、高等商业学校、商船学校、女子高等师范学校及其附属女小学校和幼儿园、美术学校、常磐小学、盲哑学校、府立第四中学校、小日向町第二小学校、筑士小学校、警察学堂、振武学校、小石川第二小学校、东京女子师范学校、第二高等女学校、音乐学校、东京师范学校等。

黄<u>龥</u>《东游日记》 1册，不分卷。光绪三十三年（1907）东华印书局刊行。高耸公题写扉页书名。卷末附现行学校系统表。光绪三十三年三月，著者受江苏巡抚陈夔龙的委派以江苏劳绩试用直隶州知州的身份东渡考察。自三月二十一日上海起航至六月十九日归航抵沪，往返约3个月。参观考察的学校有：成城学校、东京府私立寻常高等小学校、私立齿科医学校、东京高等工业学校、富士见寻常高等小学校、东京府立女子高等师范学校及附属高等女学校、美术学校、东京府立师范学校、商船学校、东京高等师范学校、盲哑学校、学习院女学部、东京帝国大学、私立共立女子高等职业学校、东京府立第一中学校、女子大学（附属高等女学校、丰明小学和幼儿园）、早稻田大学、东京高等商业学校、东京市滨町寻常高等小学校、常磐寻常高等小学校、西原蚕业讲习所等。

  楼黎然《䔖盦东游日记》 1册，不分卷。汤寿潜题写扉页书名。有光绪三十三年（1907）孙锵序。卷末附有"学校系统图"、"官公私立学校学生生徒儿童统计表"、"光绪三十三年九月浙江铁路公司汤总理咨复川督文"等。光绪三十二年九月，著者以在任候选道四川汉州知州的身份奉四川总督之命赴浙考察浙江铁路，在浙期间奉浙江巡抚张曾敭的委派赴日考察。自光绪三十三年三月二十一日起航离沪至六月十九日返航抵沪，往返3个月。往返均与江苏巡赴所派游历官黄黻同船。参观考察的学校有：成城学校、上野美术学校、女子职业学校、盲哑学校、高等师范学校、商船学校、东京帝国大学、早稻田大学、高等商业学校、私立女子大学、东京高等工业大学、东京府立第一中学、女子高等师范学校、东京府师范学校、滨町小学校、富士见寻常高等小学校、学习院女学部、常磐小学、横滨大同学堂等。此外，还参观了博物馆、裁判所、监狱、官署等。在参观东京市政府时，详细询问了城市组织及管理制度，对城市管理表现出了浓厚的兴趣。

  吕佩芬《东瀛参观学校记》 1册，不分卷。马吉樟题写扉页书名。光绪三十四年（1908）三月吕氏晚节香斋刊印。有著者光绪三十三年十一月自序。光绪三十三年八月，著者以翰林院侍读的身份受清学部的委派赴日考察教育，往返约3个月，在东京考察约两月余。

同游者有翰林院侍读吴桐甲、翰林院诗读马吉樟、分部主事马恒毅、候选通判严家炜，均为学部所派。滞日期间专事考察学校，而未及政治、兵事以及农工商业。共参观考察日本学校33所，它们是：上六小学校、富士见小学校、有马小学校、东京府立第一中学校、成城学校、东京外国语学校、东京美术学校、东京音乐学校、东京盲哑学校、东京府立女子师范学校、东京府立师范学校、振武学校、宏文学院、东京府立职工学校、实践女学校、东京府立织染学校、庆应义塾、早稻田大学、东京府立第一高等女学校、第一高等学校、女子高等师范学校、高等师范学校、学习院、理科大学、工科大学、医科大学、农科大学、高等商业学校、东京蚕业讲习所、鲛桥特殊小学校、南葛饰郡松川小学校、横滨大同小学校、神户同文小学校。本书并非日记式游记，而是以所参观的学校为篇名，单独成篇后依次排列而成。与日人及朋友之间的往来应酬均未记入。

郑崧生《瀛洲客谈》 1册，不分卷。李家驹题写封面书名。光绪三十四年（1908）六月北洋官报总局印刷，同年七月天津商务印书馆等发行。胡献琳光绪三十四年五月序。光绪三十三年九月，著者被委以河北省新城县令，并循例赴东考察以"扩张见识"。自九月初九起航至十二月初八回抵上海，历时约3个月。期间除考察各级学校外，对工艺、裁判、监狱、警察、水利等均有所及。游记为逐日所记，并附有考察期间所得的大量图片。卷末附《日本政治考》和《日本风土记》。

定朴《东游日记》 有首编和次编，次编未见。首编1册，不分卷。宣统元年（1909）二月北京日报馆刊印。卷端有著者自序略记东游之缘起，另有"例言"记本书之体例。光绪三十三年（1907）冬，著者卸去吉林宾州县知县得以暂歇,故禀请吉林巡抚朱家宝给咨赴日游历,筹足经费后于翌年十月十三日自北京起程,至十二月三十日返京,往返近3个月。同行者有著者三弟戟门,另携仆从1名。抵达东京后的前十余日,因故未能及时进行参观考察,"或与良友讨论时宜,或出而闲游采纳风俗"。之后,主要参观考察了早稻田大学、早稻田大学清国留学生部、盲哑学校、官立女子高等师范学校附属幼儿园、农科大学、水产讲习所、女子高等师范学校、女子大学校(附高等女学校、丰明小学校、丰明幼儿园)、私立女子职业学校、富士见小学校等各类学校,以及裁判所、警察署、消防署、监狱等机构。此外,还为期4天专程赴千叶考察了该地的地方自治。本书首编为自京起程至归国期间在日本所有参观考察之记载,二编(未见)详记千叶县境内调查地方自治之内容。

第四节　日本教育考察对中国教育近代化的影响

清末正是中国教育开始逐步走向近代化的时期。以京师大学堂为代表的各类新式学校的涌现,《钦定学堂章程》和《奏定学堂章程》的颁布,科举制度的废除,学部的设立等一系列事件乃其主要标志。

清末中国人的日本教育考察对中国教育近代化影响巨大。主要体现在三个方面:

一是推动全社会重视新学之风气的形成。概观清末中国人日本教育考察记录,有一个明显的共同点就是字里行间无不透露出对先进的日本近代教育的赞誉和对落后的中国近代教育的悲叹。游历的感触往往使他们在回国后大声疾呼，呼吁全社会重视新学，广兴学堂，普及近代教育，从而极大地推动了全社会重视新学之风气的形成。尤其是作为各省最高学务长官的提学使和作为各州县最高行政长官的知州或知县的东渡考察，对推动各地方形成重视新学的风气更为有益。

光绪三十二年（1908）七月，受两江总督端方的委派，新授广东潮州府遗缺知府吴阴培自备资斧赴日游历。回国后，吴氏将游历所得择要向端方具陈并请求代为上奏，而其首要内容是建议兴办女子师范学校及幼儿园。他在奏折中称，普通教育以幼儿园为基础，幼儿园又以女学为基础，而欲兴女学必先重师范，因此"今日兴学当以此为第一事"。

光绪三十二年二月，受直隶总督袁世凯的委派，郭钟秀以井陉县知县的身份赴日游历。归国后，将考察所得，"择其浅近而切于事情，而又为州县力能自为者"，列为四条向直隶总督袁世凯禀陈，其中之一条就是改私塾为学堂。他认为，只要政府大力提倡，久而久之，人们自然会知道新学之善，学堂自然也会有人来创办。

二是直接影响学校章程的制订。光绪二十八年七月颁布的《钦定学堂章程》和光绪二十九年颁布的《奏定学堂章程》是清末"新政"提倡教育改革之重要成果之一。《钦定学堂章程》后来由于种种原因而没有付诸实施，但它作为中国近代第一部由国家颁布的学校章程，意义重大；《奏定学堂章程》颁布后在全国得到实施，它的诞生标志着中国近代学制的正式建立。而这两部学制的制订与吴汝纶、罗振玉等人的日本考察直接相关。

《钦定学堂章程》为管学大臣张百熙主持制订。1902年初，张被清政府任命为管学大臣，主持京师大学堂及全国的教育改革。作为主持全国教育的大臣，张很希望有一番作为，上任后很快就提出了以京师大学堂的建设和全国性学制章程的制订为重点的工作思路,并将选聘人才并派人赴日考察作为其思路的重要一环。光绪二十八年初,吴汝纶被任命为京师大学堂总教习,五月率团东渡考察日本教育。《钦定学堂章程》在吴汝纶赴日考察前就已开始制订,张百熙也曾命起草者约吴汝纶赴官书局参与起草,但吴因不久就赴日考察而未能赴约,而回国时章程早已上奏,因此吴汝纶实际上未能直接参与学制的起草工作。但是,滞日期间,吴汝纶不仅详细撰写日记,还及时以信函的方式向张百熙汇报考察情况及收集到的日本教育情报,并提出自己对兴办学堂、制订学制的意见。这些情报和意见有些就被采纳到学制中。

更为充分地体现吴汝纶日本考察成果的是《奏定学堂章程》。吴滞日虽只有约4个月,但考察成果却极为丰富,这些成果被汇编在回国前就交由三省堂书店出版的《东游丛录》中。该书近20万字,内容分文部所讲、摘抄日记、学校图表、函札笔谈共四大部分,出版后受到了教育界的高度重视,后在《奏定学堂章程》的制订过程中发挥了重要作用。如把《东游丛录》中日本"现行学校系统"与《奏定学堂章程》中的学校系统图作一比较,可以发现二者极为相似,其相互关系显而易见。

光绪二十七年十一月,罗振玉受湖广总督张之洞、两江总督刘坤一的委托携湖北两湖书院监院刘洪烈、自强学堂教习陈毅、胡钧等人赴日考察。回国后,罗振玉不仅整理刊行了考察记《扶桑两月记》,还先后在《教育世界》上发表有关教育改革的文章,并让藤田丰八、王国维、樊炳清等人翻译自己从日本带回的教育资料。张之洞对此次考察成果也非常重视,不仅多次亲自听取汇报,而且还命罗振玉及随行人员在总督府设讲座,为学务处官吏、地方官员、各学堂教习等介绍日本的教育情况,历时长达10天。此外,罗振玉还曾根据考察所得草拟过一部"学制"呈与张之洞和刘坤一,两人还打算联名为他上奏。众所周知,《奏定学堂章程》名义上由张百熙、荣庆、张之洞上奏,实由张之洞主持制订,其构想受罗振玉的影响不言而喻。此外,与罗振玉一起赴日的陈毅和胡钧也深受张之洞的器重,他们不仅为张之洞制订学制出谋策划,其中陈毅还直接参与了学制的起草工作。

三是游历者主持或参与学校的兴办和管理,直接推动教育事业的发展。赴日教育考察者中,有相当部分在已兴办或打算兴办的学堂任教员或其他某种职务,还有的是地方教育行政管理人员,由于他们在学校教育的第一线,日本考察所留下的印象深刻,考察成果往往能很快应用到办学的实践中去。有的考察者在回国后还建议选派留学生赴日,直接推动留日运动的发展。

严修曾于1902年和1904年两次赴日考察教育,并著《壬寅东游日记》和《第二次东游日记》。1902年,严修第一次率两子自费赴日,并考察了各类学校20余所,日本教育的普及,给他留下了深刻的印象。回国后,他借助考察得到的经验,在天津致力于旧式学校的改良和新式学校的兴办,以培养新式人才。在他的主导和积极推动下,天津的兴学事业如火如荼,至1904年就已创办新式学堂10余所。严修的兴学成就引起了直隶总督袁世凯的注意,1904年5月,受袁世凯的再三邀请,严修出任直隶省学校司督办,就职后又再次东渡进行考察。

实业家张謇于1903年创办通州师范学校后不久赴日考察教育及实业。归国后,先后创设幼儿园、通州女子师范学校、艺徒学堂、吴淞商船学堂、通州农学校、盲哑学堂、纺织学堂等,成为近代实业家办学的典范。

光绪二十九年五月，胡景桂以直隶学校司督办的身份率员赴日考察教育。回国后，向直隶总督袁世凯提出选派学生赴日学习速成师范的建议，很快得到袁的准许。同年秋，直隶学校司普通教育处编译处总办王景喜率领23名留学生赴日，入宏文学院速成师范科。这可以说是地方教育官员游历日本后直接推动留学教育的典型事例。

甲午战后，中国人一改以往对日本研究的淡漠态度，以一种积极的心态，跨出国门去认识日本，并通过日本进一步认识世界，其规模之大，意义之深远，均史无先例。大批的游历者通过对日本教育的考察，进一步认识到近代日本大胆借鉴西方，以教育为本，才使其走向了强盛之路。归国后，他们或大声疾呼改革传统教育以兴新学，或直接投身教育实践，为中国的教育近代化事业作出了积极的贡献。

第二章
湖南提学使吴庆坻的日本教育考察

1906年中国各省提学使一行的日本教育考察，因其核心成员均为各省教育行政长官，其对各地方的教育行政以及地方的教育近代化事业影响之大不言而喻。关于此次提学使的日本考察，阿部洋在《中国近代教育和明治日本》中专设"提学使一行的访日"[1]一节，对提学使在日本文部省听取的讲座内容，以及他们与日本帝国教育会人士所讨论的议题进行了整理，并指出提学使一行的日本视察是清末对日教育考察之非常重要的组成部分，需进一步加以研究。汪婉则利用清末的《学部官报》、明治时期与教育相关的杂志，以及日本外务省外交史料馆所藏的《外国官民本邦及鲜、满视察杂件》中的《清国提学使本邦教育视察之件》等史料，以《清末各省提学使的日本教育考察》[2]为题，对提学使司的开设、提学使一行的派遣经过、提学使一行的考察旅程、日本方面的接待、提学使和日本帝国教育会围绕义务教育的普及等问题所作的交流等，进行了全面系统的考察。但是，美中不足的是，在汪婉的论文中，由于没有利用提学使们所留下的考察日记和

---
[1]〔日〕阿部洋：《中国の近代教育と明治日本》，龙溪书舍2002年版，第44—45页。
[2] 汪婉：《清末における各省提学使の日本教育视察》，《中国研究月报》1997年1月总587号。

记录，因此在提学使一行的学校考察活动的实际状况以及日本停留期间的日程等方面，还存在着许多疑点。

最近，笔者发现了曾以提学使团成员的身份参加日本视察的原湖南提学使吴庆坻所留下的记录《日本东京各学校参观笔记》以及在考察期间发自日本的家书。本章以这一史料为中心，着重对尚未被完全究明的清末提学使一行的日本教育考察日程及所听讲义的内容进行整理分析，并对吴庆坻在上述笔记和家书中所表露的日本认识作一介绍。

第一节　吴庆坻履历及其日本教育考察的派遣经过

吴庆坻（1848—1924），字自修，号稼如、晚年号补松老人，浙江省钱塘县人。自幼年起，因父亲任官地的变化，先后旅居四川、陕西、河北、山西等地，1868年随父回到杭州，之后入著名学者俞樾在杭州开设的诂经精舍。清光绪二年（1876）中杭州乡试举人，光绪十二年考取进士，入翰林院。1898年任四川省学政，1903年任湖南省学政，1905年任朝廷特设机构政务处总编，1906年被任命湖南提学使，随各省提学使日本教育考察团赴日考察。辛亥革命后，移居上海，与冯煦、樊增祥、沈曾植、陈夔龙等组建"超社"、"逸社"两大诗社。1914年回家乡杭州，致力于地方志《杭州府志》、《浙江通志》的编辑。著有《蕉廊脞录》8卷、《辛亥殉难记》8卷、《补松庐文录》8卷、《补松庐诗录》6卷等。[1]

---

[1] 简历系参考浙江图书馆藏《吴庆坻墓志铭》、浙江省政协文史资料研究委员会编《浙江近代人物录》、上海图书馆编《汪康年师友书札》等资料整理而成。

如上所述，自1898年至辛亥革命期间，吴庆坻主要任地方教育行政长官学政和提学使之职。而在这一时期，中国相继推出了诸如开办京师大学堂（1898）、重开京师大学堂（1902）、制定《钦定学堂章程》（1903）和《奏定学堂章程》（1904）、废除科举制度（1905）、设立学部（1906）、发布《教育宗旨》（1906）、设立提学使司（1906）、实行义务教育（1907）等一系列近代教育改革措施，教育近代化步伐不断加快。尤其是学部的设立，使长期以来受礼部国子监管辖下的教育行政得以独立，对中国的教育近代化起到了强有力的推动作用。1906年学部设置不久，为统一全国教育行政，撤销了过去各省所设置的学政，并重新设立了提学使司。与各省提学使司相应，在各州县还设置了教育行政的末端机构——劝学所，从而形成了"学部—提学使司—劝学所"这一从中央到地方的教育行政管理机构。另一方面，《奏定学堂章程》中强调官员到海外特别是日本进行教育考察，规定各地派遣品学兼优者到国外考察其学堂规模、制度、管理方法、教学方法等。[1]据此，学部奏请派遣光绪三十二年五月新任命的各省提学使中尚无海外游历体验的16人，在正式上任前先前往日本作为期3个月的学务考察，并获准许。这16名提学使是：

湖北省提学使	黄绍箕（考察团长）
浙江省提学使	支恒荣
山西省提学使	锡　嘏
湖南省提学使	吴庆坻

---

[1] 璩鑫圭、唐炎良：《中国近代教育史资料汇编·学制演变》，上海教育出版社1991年版，第490页。

黑龙江省提学使	张建勋
甘肃省提学使	陈曾佑
吉林省提学使	吴　鲁
福建省提学使	姚文倬
辽宁省提学使	陈伯陶
江西省提学使	汪诒书
新疆省提学使	杜　彤
云南省提学使	叶尔恺
广西省提学使	李翰芬
陕西省提学使	刘廷琛
山东省提学使	连　甲
安徽省提学使	沈曾植

除上述16人外，考察团成员中还有学部右参议林灏深以及学部委员5人、随员8人，因此，在学校视察日程表中，考察团一行被称为"清国提学使学部高官"。

另外，因有过海外游历经历而没有参加此次考察团的提学使有：奉天省提学使张鹤龄、直隶省提学使卢靖、江苏省提学使周树模、河南省提学使孔祥霖、四川省提学使方旭、广东省提学使于式枚、贵州省提学使陈荣昌等7名。

考察团一行于1906年8月4日（光绪三十二年六月十五日）[1]从上海出发，8月8日到达日本东京。在日期间，他们听取了日本文部

---

[1] 本章各种相关资料中，有些采用公历纪年，有些采用农历纪年，本章原则上统一成公历纪年。

省安排的讲座，参观了各类学校，与日本各界人士广为接触，对日本的教育进行了较为深入的考察。

第二节 《日本东京各学校参观笔记》的发现及其史料价值

清末赴日考察者中，许多人的考察记录都曾被刊印发行，乃至现在国内外的许多图书馆都还收藏着不少此类考察记录。然而，1906年提学使一行所著的考察记直至最近仍无一被人发现，这成了深化本课题研究的巨大障碍。

经多方查找，最近笔者在上海图书馆发现了湖南提学使吴庆坻留存下来的考察笔记。据该图书馆管理员介绍，该笔记为个人捐赠，但捐赠者的姓名却未被记录。该笔记为手写本，由铅笔和毛笔书写，所用本子为当时的普通笔记本，共四册，题为《日本东京各学校参观笔记》。第一册为参观各学校时的日记，始于同年9月25日；第二至四册为文部省听课笔记，分别为《日本兴学之经验》、《各国学制及其沿革》、《日本现行教育制度》。

在第一册的扉页上，题有"此四册笔记为先公子修赴日本考察教育所作，吴谏斋识"字样。此吴谏斋应该是吴庆坻的后代，但在吴庆坻的墓志铭记载中，无论是其子辈、孙辈还是曾孙辈都没有"谏斋"这个名字，因此笔者先是初步认定"谏斋"是吴庆坻后代字或号。后来，所幸与吴庆坻的曾孙吴廷璆先生取得了联系，据他介绍，吴谏斋是他的叔祖父，即墓志铭中"侧室周氏生士铦及女孙四人"的士铦，谏斋是他的字，他1949年后在上海图书馆工作，是上海文史馆馆员，1962年退休回杭州居住，1982年去世，享年80岁，无子女。吴廷斌先生还认为，吴谦斋在笔记上写题识，应在上海图书馆工作这段时间，因当时的同事都已退休或作古，故现在上图无人知道他。捐赠者很可能就是吴谦斋本人，因题识写在捐赠前的可能性较大，但也不排除吴庆坻民国后在沪的好友缪荃孙、沈曾植等人的后代捐赠的可能性。吴谦斋1949年后来往密切的陈叔通、顾廷龙等都已不在，也无法查考。另外，同为吴庆坻曾孙的吴廷璆（吴廷斌兄）在编《钱塘吴氏著作志略》时，也不知有《日本东京各学校参观笔记》，故未能收入，他人更不知道此《笔记》的存在。

《日本东京各学校参观笔记》第一册的扉页上，有吴庆坻的亲笔题语："暑刻所限，听睹不详，或漏或讹，皆所不免，未足示人，聊志吾劳。赤坂区冰区町四十五番地寓楼书。"由此可以揣测出作者之所以没有将笔记付诸刊行的原因。事实上也正如作者题记中所言，稿本中留待书写的空白处和只写了寥寥数字的地方有很多，作者对考察的记录并不完整。

但是，由于此笔记是迄今所发现的唯一一本提学使赴日教育考察的记录，因此它无疑具有重要的史料价值。第一册记录了参观日本各学校的情况，内容丰富且不乏风趣之处。如著者对当时教育中国留学生的学校，有诸如：嘉纳治五郎的宏文学院"外观美内容差"；政法大学中国留学生部梅谦次郎的教学方法"堪称一流"；明治大学附设经纬学校"不善，寄宿在对门，以旅馆为之"；实践女学校"有中国女学生十余人"等记载。从著者寥寥数语的评价中，我们能够窥见中国人留学日本高峰时期留学生教育之一斑。听取文部省开设的讲座是赴日考察团在日本进行的主要活动之一，而吴的三册听课笔记，对于究明这一活动的经过和内容至关重要。在此先以吴考察笔记为依据，着重对提学使一行的视察日程和文部省讲座的内容提纲作一介绍。

前述汪的论文中，关于提学使一行的日本考察日程，由于缺乏提学使们所留下的有关考察记录的第一手资料，因此只是根据日本外务省所藏《清国提学使本邦视察之件》中的一些零星记录，以及当时日本各种教育杂志上登载的相关报道，或者诸如吴阴培《岳云盦扶桑游记》等一些当时的其他赴日考察人员所作的记录等，在可能的范围之内进行了推测和整理，因此尚有许多不甚明了之处。尤其是提学使参观学校的具体日程安排，虽然由于缺乏资料而未被涉及，但被推测为大致是在听文部省讲座的间隙所进行的，这与吴庆坻的记录完全相反。

现将吴庆坻笔记所记载的提学使一行的日本考察日程介绍如下：

文部省授课日程：

（8月4日〔周六〕—8月19日〔周日〕无记录）

8月20日（周一）—9月1日（周六）文部省视学官野尻精一讲"日本兴学之经验"

8月20日（周一）—9月8日（周六）文部省参事官田所美治讲"各国学制及其沿革"

9月3日（周一）—9月15日（周六）文部省参事官松本顺吉讲"日本现行教育制度"

（9月16日〔周日〕—9月24日〔周一〕无记录）

参观日程：

9月25日（周二）圣堂　本乡区汤岛三丁目

　　　　　　　　　教育博物馆　同上

　　　　　　　　　东京高等师范学校附属小学校　神田区一桥通町

9月26日（周三）东京高等师范学校附属中学校　本乡区汤岛三丁目

9月27日（周四）东京市立常磐寻常·高等小学校　日本桥区兜町

9月28日（周五）私立早稻田大学　丰多摩郡早稻田

9月29日（周六）东京府师范学校　赤坂区青山北町五丁目

10月1日（周一）东京府女子师范学校　小石川区竹早町

　　　　　　　　　东京府立第二高等女子学校　同上

　　　　　　　　　东京高等师范学校　小石川区大塚洼町

10月2日（周二）女子高等师范学校　本乡区汤岛三丁目

　　　　　　　　　同附属高等女子学校　同上

10月3日（周三）东京府立第四中学　牛込区市谷加贺町一丁目

　　　　　　　　　东京府立第三高等女学校　麻布区北日下洼

10月4日（周四）第一高等学校　本乡区向冈弥生町

　　　　　　　　　第二临时教员养成所　同上

10月5日（周五）东京帝国大学　本乡区元富士町

10月8日（周一）东京美术学校　上野公园内西四轩寺迹

　　　　　　　　　东京音乐学校　同上

　　　　　　　　　帝国图书馆　上野公园内

10月9日（周二）东京盲哑学校　小石川区指谷町

　　　　　　　　　东京帝国大学理科大学附属植物园　小石川白山御殿町

10月10日（周三）东高高等工业学校　浅草区御藏前片町

　　　　　　　　　工业教员养成所　同上

　　　　　　　　东京高等工业学校附属工业补修学校　同上

　　　　　　　　东京府立职工学校　本所区林町

10月11日（周四）东京高等商业学校　神田区一桥通町

　　　　　　　　商业教员养成所　同上

　　　　　　　　东京外国语学校　神田区锦町三丁目

10月12日（周五）私立大仓商业学校　赤坂区葵町

　　　　　　　　私立庆就义塾大学　芝区三田

　　　　　　　　东京帝国大学理科大学附属天文台　麻布区饭仓町三丁目

10月13日（周六）私立共立女子职业学校　神田区一桥通町

　　　　　　　　中央气象台　麹町区代官町

10月15日（周一）私立日本女子大学　小石川区高田丰川町

10月16日（周二）宫内省所辖学习院男子部　四谷町

　　　　　　　　同女子部　麹町区永田町

10月17日（周三）

10月18日（周四）递信省所辖商船学院　越中岛

　　　　　　　　农商务省所辖水产讲习所　同上

10月19日（周五）东京府厅　麹町区有乐町

　　　　　　　　东京市政府　同上

10月22日（周一）商国大学农科大学　荏原群上目黑村

10月23日（周二）

10月24日（周三）上午印刷局、下午日本兴业银行

10月25日（周四）上午印刷局抄纸部（王子）、下午东京邮电局

10月26日（周五）上午日本银行、下午东京邮电局电话科电话交换局

10月27日（周六）日本红十字社医院（涩谷）

10月29日（周一）上午陆军幼年学校、下午陆军士官学校

10月30日（周二）上午横滨税关、下午横滨正金银行

10月31日（周二）上午东京地方法院、下午警视厅消防署

11月1日（周四）日本劝业银行

11月2日（周五）巢鸭监狱

  提学使一行从8月4日到达日本直到8月20日在文部省开始听课这一期间，以及从9月15日文部省参事官松本顺吉授课结束至9月25日开始参观学校这一期间的日程安排，在吴庆坻的笔记中均无记录。若仅根据猜测，这有两种可能：一是作者原本就没有留下记录，二是目前发现的笔记已不完整，部分可能已经丢失。有关这一点，在下一节《吴庆坻日本考察期间的家书及其史料价值》中，另作介绍。

  听取文部省讲座是提学使一行访日日程的重要内容。讲座内容先由中国方面通过驻日公使和日本外务大臣向文部省提出，再由文部省作适当调整后制定。据阿部洋和汪婉的先行研究，提学使一行所听取的文部省讲座内容如下：

  第一周至第二周：文部省视学官野尻精一讲座"日本兴学之经验"

  第二周至第三周：文部省参事官田所美治讲座"各国学制及其变革"

  第三周至第四周：文部省参事官松本顺吉讲座"日本现行教育制度"

第四周至第五周：东京高等师范学校教授小泉又一讲座"教育方法及学校管理法概要"、"各学科的性质及相互关系"

如上一节所介绍的日程中所涉及的一样，在现在发现的吴的笔记中，未见东京高等师范学校教授小泉又一的讲座记录，而只有野尻精一、田所美治、松本顺吉的讲义录各一册。是小泉的讲座后来被取消了呢？还是作者因未出席小泉的讲座而原来就缺此记录，还是此记录已被丢失，在此很难作出判断，待下一节介绍吴庆坻的家书时作进一步说明。

所发现的三册讲座记录中，因作者未出席而无任何记录的空白处也有不少，但从整体上看，内容相当丰富，这对究明提学使所听取的讲座实况极为重要。下面根据该记录，对至今尚未有报道的提学使一行在文部省听取的讲义章节作一介绍。

文部省视学官野尻精一的讲座"日本兴学之经验"共分为10章，大致以每日1章的进度介绍了明治维新后日本教育现代化成功的经验和重视教育的效果。第二章到第六章因作者未出席而空缺，其余5章分别是：明治以前之教育概要及明治以前政体之要领、明治二十三年（1890）小学校令公布以后之小学教育、中学教育、女子教育、专门教育。

文部省参事官田所美治的讲座"各国学制及其变革"分为16回，除所空缺的1—8回的内容不得而知外，其他主要介绍了法国、德国、英国的学制及其沿革。如法国的学校系统图中介绍的各类学校有：预备学校、国民学校、初等实科学校、实科学校、中学校、国民学校、高等女学校、高等中学校、实科高等中学校、高等实科学校、改良学校、女子高等学校、补习学校、实业补习学校、低度实业学校、实业学校、高等工业学校、大学等。

文部省参事官松本顺吉讲座"日本现行教育制度"共分19章,分别是:(1)教育行政机关的组织;(2)幼儿园;(3)小学;(4)师范学校及小学教师的检定;(5)中学;(6)高等女学校;(7)师范学校、中学、高等女子学校之教师资格;(8)实业教育;(9)专门教育;(10)高等学校及帝国大学;(11)盲哑学校;(12)其他学校;(13)学校在征兵及文官任用方面的特权;(14)学位及称号;(15)图书馆;(16)教育学;(17)补习教育;(18)教育博物馆;(19)学事统计。该讲座重点介绍了教育行政机构和从幼儿园到帝国大学各类学校的性质和概况,第三章"小学",讲解者不惜花了5天时间,而第十到第十九章则总共只用了1天的时间,讲解详略分明。

由此观之,这次讲习侧重点不是理论知识,而更多的是一些可实际操作的,能为各地方在设立和管理学校方面作为借鉴的内容。

第三节　吴庆坻日本考察期间的家书及其史料价值

在与吴庆坻曾孙吴廷球先生取得联系后,吴先生还向我提供了吴庆坻在日本考察期间给家族的三封家书,以及被家人视为家训的一页文字。征得吴先生的同意,在此对此史料的部分内容作一介绍。

如上所示,提学使一行自8月4日从上海出发后,8月8日到达东京,此后8月20日至9月24日约5周听取文部省讲座,9月25日至11月2日参观了日本的各类学校、图书馆等教育文化设施。而抵达东京后至8月20日文部省讲座开始前的约1周时间的具体日程,无论是以往的先行研究，还是上述介绍的《日本东京各学校参观笔记》，均未有记录。

现存的三封家书，从抬头看，受信人均是吴庆坻的长子吴士鉴（字䌹斋，光绪十八年[1892]进士，官至翰林侍读），分别写于8月17日、8月28日和9月7日，作成时间的跨度约为抵日后的一个月。而此后约两个月时间内的家书，现在尚未有发现。另外，被家人视为家训的一页文字，其书写用纸与以上三封家书的用纸不同，而且从其开头"观日本学校……"以及内容看，可知其在文部省讲座结束后进行学校参观期间发回的可能性较大。

以下，着重对这三封书信和一页家训的一些内容及其史料价值作一介绍。

第一封家书前半部分主要记载了旅途中以及抵日后不久的经过：8月4日正午乘"泼令司"轮自上海吴淞港出发，5日入长崎港，8日抵神户登岸住客馆，9日乘火车抵东京住"厚生旅馆"，10日往公使馆见公使，11日至日本文部省和外务省，见其大臣及次官，与文部省商定开讲日期。由于当时正值暑假，所定讲授者外出旅行，且无准备，因此初定讲座开始时间为8月20日。在讲座开始前的近10天内，除坐马车游览东京市内外，酬接学生及各省留学生监督、游历官，同时也与日人往来，留学生多的省份还专门为他们开欢迎会。因所住的旅馆太杂，费用也贵（上人每日3元，下人1.5元），几日后考察团上下40人就分开另外租房，吴庆坻与湖北省提学使黄绍箕（视察团长）、福建省提学使姚文倬、陕西省提学使刘廷琛合租一屋，地址在赤坂区桧町三番地，其他人分住两处，云南省提学使叶尔恺则住在留学生王耕本家。这部分内容正好是以往所未究明的，因此这对于搞清提学使一行的全部视察经过非常重要。

此外,第一封家书中还谈到了初到日本后的印象。所住的"厚生旅馆,楼屋明敞、洁净、席地而坐,脱履乃入,古代风俗,至今不改"。经过数日游览并与日人接触后,觉得"此邦繁盛过吾北京远甚,尤难及者,无旷土,无游民,整齐洁净,街市间有肃穆气象。大官大商皆尚俭约,坐马车者甚稀。文部次官(其官与侍郎等)到省亦坐人力车。外部、文部一切陈设皆简陋,此其精神在实处可想见矣"。这些内容,与同时期初次访日者的日本印象大同小异。如对日本城乡"无旷土无游民"印象,光绪二十八年六月赴日考察的黄璟在其《游历日本考查农务日记》中,也有如下类似的记载:"入其国,见田园齐整如画,男女皆经营生业,风物极佳。古之所谓'野无旷土、国无游民',不意于今日见之。"[1]

第二封家书系文部省讲座开始一周后所写,因此信中很自然地提到了提学使们听讲座时的情景:"在此如当学生,每日六时起,七时赴讲所(在东京高等商业学校),坐至十二时始散。耳听手记目观几不暇,除陪有记录生二人,速记生一人外,其所言精要处不能不自记也。"

此间,提学使一行在驻日公使杨枢等的引导下访问了时任同仁会会长的大隈重信、东京高等师范学校校长嘉纳治五郎等知名人士。对此,家书中的记述是:"见大隈伯,才辩纵横,议论正大,中朝大官无能及之也,不愧东邦伟人。见嘉纳治五郎,名教育家,言有秩序。此邦人材辈出,宜其骤兴,吾辈真愧汗矣。"由此可知大隈等人给吴庆坻

---

[1] 黄璟:《游历日本考查农务日记》,东京都立图书馆实藤文库藏清光绪年间石印本。

等留下了较好的印象。据同仁会会志《同仁》报道，提学使一行于8月26日和10月19日前后共两次拜访了大隈重信。第一次，大隈在对日本明治时代的教育发展分为四个时期进行了回顾后，对中国教育的现状谈了自己的看法。[1] 第二次，一行拜访了大隈的私邸，大隈专门为一行举行了晚宴。宴席开始前，大隈就同仁会的宗旨，同仁会与中国教育的关系发表了讲演。[2]

第三封家书写成于9月7日，即文部省讲座已进入中后期的时候，内容较长，在此仅介绍与本书内容直接相关的两段。

先看第一段："听讲亦恼人之事，所讲无甚要义，每日七钟往，十二钟归，颇疲劳，近日齿痛耳鸣，今日休息一日不往，仲弢（笔者按：即黄绍箕）也休息一星期不赴听讲，计下月初五（农历八月初五，公历9月22日）讲毕，即须参观学校。" 在上一节中，提到了从9月15日文部省参事官松本顺吉授课结束至9月25日开始参观学校这一期间的日程安排，在吴庆坻的笔记中均无记录，而从吴的家书看，讲座一直持续到了9月22日。很明显，上一节提到过的第四周至第五周东京高等师范学校教授小泉又一有关"教育方法及学校管理法概要"、"各学科的性质及相互关系"的讲座，是按照预定进行的。吴庆坻未留下听讲笔记，基本上可以认为是作者出于身体状况等原因而未能前往听讲之故。

再看第二段："以留学一事言之，人皆痛心。选送不慎，流品太杂。人数达1.3万人，其真正入校者尤可言也。往往寄居下宿舍，无

---

[1]〔日〕近代亚洲教育史研究会：《近代日本的亚洲教育认识·资料篇》第19卷，龙溪书舍2002年版，第43页。

[2] 同上，第62页。

所不至为笑外人。晤文部大臣及大隈、嘉纳，皆以此事为言。而所谓教育家者，方且以学为市，纯系经济主义以愚弄我。听讲上班不上班不问也，成绩如何不问也，到卒业时敷予一文凭而已。近日学部电告公使，以后停止普通速成，专送高等，而文部不能遽许中国学生入高等也。以每年数百万输出之巨款，乃以损坏名誉、毁丧人才，何如在内地多设学堂之为合乎。"吴庆坻等提学使一行考察日本的 1906 年，正是留日运动的高潮时期，对于当时的留日学生人数，虽有诸种说法，但目前学界较为普遍的观点是 1 万人左右。吴在此提到的 1.3 万人，虽不一定是准确的数字，但也不失为一个参考数字。而这里提到的速成留学问题，和日本一些学校仅以营利为目的疏于管理等问题，也正是当时留日学生问题中最突出的问题，吴在考察期间直接了解到这些问题后，认为与其耗费巨款派生留学，不如减少派遣留日学生而在国内多设学校，这一观点与当时清政府学部的观点相一致。

最后看看被视为吴家家训的吴庆坻发自日本的文字："观于日本学校，而吾辈当愧死矣。教育普及不待言，办事之人无不有学问、有道德、有才能，中朝士夫能者鲜矣。（政治家、教育家皆有轻视中国之心，可惧哉。）又其女子教育、儿童教育皆有秩序，校中数百儿童天机活泼，身体强实，上堂下堂秩然有序，无斗争者。吾家子弟能之乎？吾中土妇女能之乎？书此非以张日本，亦欲知吾中土实无教育。即以吾家子弟妇女论，亦当闻之而憬然悟，奋然起矣。此纸可付儿妇孙男女辈共观之。"从这些文字中，可以很真切地感受到教育考察过程中的所见所闻给吴带来的触动。通过与日本人的接触，感受到他们比中国人更有学问和办事才能，并对此不惜赞美之词加以称赞；同时也注意到日本人对中国的轻视，提示人们须加以警惕。在赴日前，吴庆坻对日本教育的发达一定已有所了解，但亲眼所见后，尤其是女子教育和幼儿教育，还是大大超出了原来的想象，乃至使他发出与日本相比"中土实无教育"的感叹。并以此告诫自家"子弟妇女"，希望他们能憬然醒悟，奋发向上。据吴庆坻曾孙吴廷璆称，这些文字一直被吴家视为家训，在"文革"期间，祖先的许多遗留物品都已丢失，但这一家训被家人视为珍宝，一直完好保存至今。

第三章
张大镛及程恩培的日本教育考察

在清末，浙江也与全国各地一样，有不少官绅通过各种途径赴日考察。但是，据笔者所了解，目前还很少有人对清末浙江官绅的日本考察作过系统的研究。有鉴于此，本章试以清末浙江官派赴日考察的张大镛和程恩培为突破口，以他们所留下的考察记录《东瀛各校纪略》、《日本武学兵队纪略》和《东瀛观兵纪事》为主要依据，对他们的日本考察经过及其考察记录作一初步的研究。

第一节　张大镛及其《东瀛各校纪略》和《日本武学兵队纪略》

在以往的研究中，实藤惠秀曾对张大镛的《日本武学兵队纪略》作过简略的解题，汪婉在《清末中国对日教育视察》一文中提及了两书，但目前还未有人对张大镛的日本学务考察及其记录作过专门的研究，尤其是对《东瀛各校纪略》尚未见有所披露。

张大镛，字味荪，又字味笙，江苏嘉定县（今属上海）人。生卒年不详。曾任浙江安吉、义乌等县知县，后改分部主事加四品衔。

1898年与蒋嘉名一同赴日考察，著有《东瀛各校纪略》和《日本武学兵队纪略》。

张大镛及其同行者蒋嘉名的简历，还可以从当时日本驻杭州领事速水一孔给日本外务大臣的报告中窥知一二。

> 浙江候补知县张大镛（年38岁，江苏嘉定人），浙江候补巡检蒋嘉名（年31岁，江苏上海县人）。张大镛为浙江巡抚廖寿丰之亲戚，廖任河南布政使时曾在其幕下，故今日最得巡抚之信用。蒋嘉名为当地银元局委员，据称多少有些注意机械类之头脑，懂法语，并略会英语。[1]

光绪二十四年（1898）四月，奉浙江巡抚廖寿丰之令，张大镛与蒋嘉名共率求是书院选派的钱承志、陈槷、何燏时、陆世芬和武备学堂肖星垣、徐方谦、段兰芳、谭兴沛等文武各4名肄业生赴日留学，并对日本各校进行考察，访求"储才选将之要"。张、蒋两人赴日后，先联络安排武备学堂四生入成城学校。而求是书院四生的入学却颇费周折，他们赴日后，暂寓东京目挽町二丁目厚生馆，由外务省临时派人进行教学，每日约两小时，专教东文。八月初始在东京本乡区驹込西片町19号租一民房兼作宿舍和教室，称之为"中华学馆"，在日人中岛裁之的监督下，除继续学习东文外，开始学习算学、地理等普通学。此间，张、蒋两人除为学生联系入学事宜外，还参观了日本的各类学校和兵营等，并对所见所闻一一作详细的记录。八月上中旬，张

---

[1]《浙江省文武留学生并游历官派遣之件略申》，日本外交史料馆藏《在本邦清国留学生关系杂件·留学生监督并视察员之部》机密第7号。

因母病先回国，蒋嘉名于八月二十日左右回抵上海。

张大镛等的日本学事考察，在时间上仅次于姚锡光。光绪二十四年正月，姚受湖广总督张之洞之命，赴日作了两个月的教育考察，开创了近代中国派员考察日本教育的先例。后来姚锡光曾通过当时在上海任《时务报》经理的汪康年，将考察所得的日本学校概况寄给浙江巡抚廖寿丰，并在《时务报》上发表。此事引起了张之洞的不满，后姚锡光不得不指使汪康年在《时务报》上发表声明，称："本报第六十九册载《日本学校规则》，乃姚石荃孝廉上南皮制府书也。姚君以制府命，游历东瀛，归而以其国学校规则详陈制府，其稿遍布鄂中，友人录之寄浙，复由浙流衍至沪，故误为上浙抚廖中丞书，实则非也。合亟声明。"[1]这才平息了风波。此事从一个侧面表明了各地开明的地方长官对日本教育的重视，而且可以推想，廖寿丰亲自派张大镛赴日考察，无不与姚锡光的日本之行有关。

《日本各校纪略》和《日本武学兵队纪略》均于光绪己亥年（1899）仲春由浙江书局刊印，它们的成书经过可从当时浙江巡抚廖寿丰所作的序言中察知。兹录于次：

> 丁酉春，杭垣士大夫规普慈寺之旧，改为求是书院、武备学堂各一区，招集生徒课以西文格致有用之学，与夫洋操行阵制胜之策。而事方草创，规模尚隘，鲜所取资。佥以为域外之观，千闻不如一见。今年夏，贳遣肄业生文武各四游学东瀛，檄张令大镛率以东渡，并令遍观各校课程，访求储材选将之要。比事竣

---

[1] 上海图书馆：《汪康年师友书札》第2册，上海古籍出版社1986年版，第1264—1265页。

耑返，录陈节略三十余通，其间境皆亲历，叙述较晰，虽辞颇不文，而官牍体制，无取古雅，达意即止。会迫瓜代，虑其散钱无贯，屡置吏案中，久且徒饱蟫蟲也。属幕察（僚）略加编订，厘为《日本武学兵队纪略》一卷，又《各校纪略》一卷，并附杂记若干篇。既削稿，亟授梓人，而书其缘起于简端。光绪廿有四年岁在戊戌季冬之月，抚浙使者嘉定廖寿丰并书。[1]

由此可见，以上两书均是张大镛对日本各类学校以及兵营所作考察的记录，回国后由廖寿丰嘱幕僚编订成书。

《日本各校纪略》共收入各类学校的考察记录14篇，这些学校是：东京府公立师范学校、高等师范学校、日本小学校（附幼儿园）、寻常中学校、第一高等学校、日本国大学、农科大学、高等商业学校、东京工业学校（附职工徒弟学校、工业教员养成所）、东京美术学校、庆应义塾、女子高等师范学校、附属高等女学校（附附属小学校）、盲哑学校，并附有参观印刷局、日本银行、三井芝浦制造厂的杂录3篇。

《日本武学兵队纪略》载有各类军校及联队的参观纪略17篇，它们是：成城学校、陆军地方幼年学校、陆军中央幼年学校、士官学校、陆军大学校、户山学校、乘马学校、炮工学校、经理学校、教导团、征兵略、近卫步兵第一联队、骑兵第一联队、野战炮兵第一联队、近卫工兵大队、近卫辎重兵大队、海军机关学校。此外，附有对警视厅及其附属消防署的参观记录。

在张大镛进行日本学事考察的当时，日本已建立了较为完备的近

---

[1] 王宝平、吕顺长：《晚清中国人日本考察记集成·教育考察记》上卷，杭州大学出版社1999年版，第25页。

代教育体系。明治初年,作为推行"富国强兵"、"文明开化"这一基本国策的重要手段之一,日本于1871年设立了文部省,并在参考欧美学校制度的基础上,于1872年制定了日本最早的近代学校制度《学制》,确立了建立小学、中学、大学三级学区,使人人都有接受学校教育机会的制度。1879年废除《学制》,推出《教育令》,并通过在实践中不断修正完善,初步确立了初等、中等和高等教育体制。1885年森有礼任伊藤博文内阁首任文部大臣后,于次年颁布了《帝国大学令》、《师范学校令》、《中学校令》、《小学校令》、《各类学校通则》等"学校令",标志着原有的教育体制开始进入调整并逐步走向完善。至甲午战争后不久中国人开始大规模学习日本的时期,日本已建立起从初等教育、中等教育直至高等教育的比较完备的近代学校教育体系。

从《日本各校纪略》看,张大镛等所参观的学校全部集中在东京,其中包括幼儿园、小学、初高中、师范学校、专科学校、大学、特种学校等所有各类学校。书中对参观的每一学校均按所见所闻作了详尽客观的记录,而较少发表主观议论。内容包括立校主旨、建校年月、入校章程、例定功课、学生名额、期满考试、教习人数、职员人数、通年经费等方方面面。

当时在中国,除书院和一些新建的实业学堂外,能学习普通学的学堂尚为数不多。而日本已是学校林立,尤其是小学校,大自城市小至乡村,几乎无地不有,无人不入。据《日本各校纪略》记载,当时日本已有小学26833所,中学200余所,师范学校约50所。张大镛等一行有选择地参观了各类学校,而且表现出了浓厚的兴趣。在参观位于东京神田区一桥通町的一座小学时,不仅详细地了解了学校的沿革、课程设置、师生人数等概况,还饶有兴趣地观摩了学校的教学。在第一教室观摩时，由于当时已临近暑假，教师"询解馆后拟作何种玩耍，以观其志趣"，一学生答以"图中所画瀑布夏日见之令人神爽，故极喜观瀑"，教师"笑而颔之"；在第三教室，"有桌无椅，桌极矮，学生约四十余人，席地而坐，分作四排，每一排即为一级，第一、二级学生皆是女子，一学图画，一学裁缝，第三、四级学生皆是男子，一读书，一习算，由教师一人次第教授"[1]，记录非常详细。在高等师范学校，除观摩了体育、物理和化学的实验课外，还参观了化学室、动物标本室、地学室、体育器具室、图书室、自习室、学生寝室、医务室等。在物理实验课上，"有发电械器一座，西名地拿木当，由教习移灯一盏，用线接好，机轮摇动，不一时灿然成电灯矣"；动物标本室中，"有浸以药水毛骨宛然者，有仅留遗蜕罗罗可数者，光怪陆离，未能枚举"[2]。这些在今人看来极为普通的事物，对当时初次出洋的清朝视察官来说，可能是前所未见。因此在参观记录中，作者对所见所闻不加分析地大加罗列也就不难理解了。

与日本相比，中国对西洋书籍的翻译起步较早，但日本却后来居上，不仅翻译了大量的自然科学和人文社会科学的书籍，而且在翻译过程中创造了一大批译词，这些词语通过日书的汉译被介绍到中国。在张大镛等赴日考察的1898年，这些词语正开始逐渐流入国内，而要普及开来，尚需较长的时日。张大镛等人的日本考察过程中也碰到了许多这一类词语。如"哲学"一词，最先于1870年代由日本的西周译自希腊语philosophy，并在1896年前后通过黄遵宪、康有为等人的介绍输入到中国，但张大镛在高等师范学校了解到该校开设有哲学课时，

---

[1] 王宝平、吕顺长：《晚清中国人日本考察记集成·教育考察记》上卷，第31—32页。
[2] 同上，第29页。

对其含义似乎仍不甚了解,大约是通过解释后,才在其记录本上注上"似近性理"[1]四字。又如在农科大学试验场了解对作物进行氮、磷、钾三要素试验时,无法理解"窒素"(氮)、"加里"(钾)的含义,译员将它们分别译作"养气"和"炭气"[2],也并不准确。

成城学校是张大镛率领的浙江武备学堂四名学生所入的学校,也是他此番所最先考察的一所日本军事学校。此校系日本陆军士官学校的预备校,近代中国赴日本学习军事的留学生大多均先入此校。同时,此校也是一所从事中国留学生教育时间早而且历时又长的学校,而此次张所率的浙江武备学堂四生则是其所接收的最早的中国留学生。考察此校时,由校长奥山三郎亲自接待,在询问了本校的创设时间及沿革、例定功课等情况后,观摩了化学和物理的实验课、汉文课、数学课等,还观览了剑术场、器械体操场内的学生练习情况。在汉文课上,讲授内容为汉光武荥阳之战,"观其书系十八史纪事本末";在剑术场,"两学生首戴铁胄,左臂及胁蒙以竹甲,手裹绵套,各持木洋枪或竹剑,先作拱手状,举枪对击……"观察及记录均甚详细。[3]

如前所述,张大镛等在参观学校的同时,还参观了一些工厂及其他机构。在一家印刷局的参观记中,对各类人员的月薪情况有如下记录:"彼时国人无胜经理之任者,乃延七西人教之。一为雕刻教师,意国人,月俸八百元,一为铅字工人,月俸二百五十元,余则分管各事。(中略)今则无欧人之迹矣。工场办事者分作三等,曰工师、工人、工手,(中略)工师月薪自八十元至二百元,目下最大者岁送二千元,工

---

[1] 王宝平、吕顺长:《晚清中国人日本考察记集成·教育考察记》上卷,第28页。
[2] 同上,第40页。
[3] 同上,第60页。

手月薪自十二元至七十元，工人月薪自四五元至三十元。"[1]由此不难看出，日本在致力于学习西方的时代，人们对西方近代知识、技术和人才的重视。

第二节 程恩培的日本之行

程恩培，生卒年不详，曾任浙江省营务处候补道员。辛丑年（1901）九月，率员赴日本观察军事大演习，并参观了诸多学校和工厂等。对每日所见所闻均以日记形式作详细记录，归国后题为《东瀛观兵纪事》公之于世。

1901年秋，日本举行军事大演练，世界上许多国家均派观兵官前往观览，中国也不例外，浙江、安徽、湖南、湖北、福建等省也都派遣了由观兵官及随行人员组成的参观团。浙江省所派参观团以程恩培为首，另有随员邓驯保、赵千总以及书记员等一行数人。

程恩培等一行于九月初一上午9点乘宏济丸邮船从上海出发，同船者有安徽派往的黄承祥、李光邺等10余人。初二晚11点入长崎港，初三早上登岸拜会驻长崎领事张子豫，并顺便游览了红叶亭和诹访神社，当日下午邮船离开长崎经门司于初五早晨5点抵达神户。在神户，程恩培顺访了在当地经商的旧友王鹤亭，并受到了热情款待。初六下午6点乘火车赴东京，次日上午10点抵达东京新桥车站。抵达东京后，由日本参谋本部安排住入三桥旅馆，并于当日往中国驻日公使馆谒见

---

[1] 王宝平、吕顺长：《晚清中国人日本考察记集成·教育考察记》上卷，第52页。

了李木斋公使。翌日，前往拜会了日本总理大臣、参谋本部大臣、文部大臣、外务大臣、陆军省大臣以及已退位的顾问官。

初九日，程等开始赴千叶参观第一师团的野外演习，至十四日演练告一段落后返回东京。其间，在十二日由于演练暂停，他们即利用余暇参观了千叶中学校和千叶医学专门学校。十三日至二十四日，在东京除与参谋本部福岛安正少将会谈外，陆续考察了成城学校、户山学校、陆军地方幼年学校、陆军中央幼年学校，参观了炮兵工厂以及位于新桥的劝工厂和博物院，游览了上野动物园，还参加了日本天皇专为各国官商举行的晚会。二十五日，赴仙台观览移师当地举行的军事大演练，直至三十日演习全部结束。十月初一返回东京，至十八日离开东京回国期间，又分别参观考察了陆军炮工学校、近卫步兵第四联队、陆军士官学校、女子高等师范学校、高等商业学校、工业学校、第一高等中学校，并游览了日光等名胜古迹。十八日乘火车离开东京，十九日晨抵京都，游览了东本愿寺、清水寺等名胜，并于当日赴神户，二十日从神户乘西京丸邮船，经马关、长崎于二十四日抵吴淞港口。

如前所述，程恩培作为一名军事官员，此行的目的首先是参观日本的军事大演练，但同时他也认为："今国势阽危，强邻夹处，或眈眈虎视，或煦煦市人迹，其蚕食之心如出一辙，神州苍莽，来日大难。发愤为雄，庶几有豸。故当务之急，教育为先，武备次之，盖教育乃武备之基础，武备即教育之见端，二者相为表里。"[1] 这充分表明了他对教育重要性的认识，而此次日本之行正给他提供了一个考察日本教育以资国内参考的良好机会。从以上行程也不难看出，他在考察学校

---

[1] 程恩培：《东瀛观兵纪事》，浙江图书馆古籍部藏，刊行处及刊行年不详，第1页。

上所花的时间其实超过了视察军事演习的时间，所考察的学校累计达13所之多，而且为了参观学校，往往是忙里偷闲、见缝插针。

千叶中学校是程恩培所考察的第一所学校，由校长亲自带引遍观了各年级的教室。当他了解到该校所设课堂分修身科、国语科、汉文科、英文科、历史科、数学科、博物科、理化科、律例科、医科、体操科等十余科，学生达550人，并且全国有如此规模者达数百处时，不禁感叹"无怪其人才辈出也"，"非若我华之日守一经者，矻矻穷年，老死牖下也"。

在陆军士官学校，我国留学生共39人列队迎接，其队列"颇称严整"，"试其学问亦复优长"，深为赞许。在千叶医学专门学校，了解到该校学医妇女甚多，还有一名中国留学生，名叫左起庆，常州人。在第一高等中学校，了解到我国留学生共有2人，皆为浙江人。在女子高等师范学校附属小学，了解到凡幼年女子不入此校者"例不成婚配"，故"考目下通国女子不能文字者不过十分之三"。在陆军炮工学校，了解到该校每年均遴选数名优秀毕业生派往欧洲诸国游学，以考求各国学问增加阅历后，程对其国"工夫日进，学问日深"深表崇尚。

在参加日本天皇专为各国官商举行的晚会上，举行了盛大的舞会，程恩培等中国官员尽管未能亲自踏进舞池，但也许是由于初次观看，因此也显示出了浓厚的兴趣，并作了生动的记录："所有男客之能跳舞与女客之作西装者，均预为言定跳何戏，书册以记之，齐则男女携手同入跳舞厅，始则进退迂回，继则握臂挟腰，旋转如风，地板净洗，其滑如脂，而不虞倾跌，盖虽小技亦必习之有素也。其前后疾徐，一举手足，悉合乐声之节奏。"这段文字虽与本书主题不甚吻合，但由于其描写生动有趣，颇能表述在东西文化开始交融的时代，人们对新事物所抱有的新奇目光，故一并录之。

第三节　对日考察与浙江学堂的兴办

清末浙江的对日学务考察，除上述张大镛和程恩培等人外，目前能考知的尚有王廷扬和袁嘉谷。王廷扬，字孚川，浙江金华人，浙江官立两级师范学堂筹办期间，积极参与筹划经费、建筑校舍、物色人才等工作，出力颇多。1907年，受学堂首任监督邵章的派遣专程赴日本考察学务并联络留日学生回国担任教员，以求改善办学质量。滞日期间，除考察了高等师范学校等学校外，还广泛地接触了在日的中国留学生，如经亨颐、许寿裳、钱家治、张邦华等，他们回国后均曾担任过该学堂的教员。王廷扬回国后不久接任该校监督。袁嘉谷，字树五，云南石屏人，曾任浙江省提学使并兼任两级师范学堂监督，还曾赴日本考察学务，具体未详。

如前所述，清末赴日教育考察影响较大者有姚锡光、罗振玉、吴汝纶等人，浙江所派遣的考察官员，不论是张大镛还是程恩培，与他们相比，不仅见识上要逊色得多，其考察记录所产生的影响也远不及吴汝纶的《东游丛录》和罗振玉的《扶桑两月记》，但它们对浙江的近代教育产生过影响却是可以察知的事实。

甲午战争，中国竟惨败给"东夷小国"日本，举国震惊，有识之士在总结洋务运动之所以失败的同时，开始大声疾呼重视教育、吸收西洋文明的重要性。康有为指出："近者日本胜我，亦非其将相兵士胜我也，其国遍设各校，才艺足用，实胜我也。"并主张"请远法德国，近采日本，以定学制"[1]。当时，作为领风气之先的浙江省，对兴办新式教育可谓相当重视。

求是书院和浙江武备学堂均创设于光绪二十三年（1897）春，是浙江最早创办的近代高等专门学校和军事学校，在全国也属领先。求是书院之所以沿用"书院"旧名，是为了避免保守势力的阻挠。当时林启刚调任杭州知府，即建议浙江巡抚廖寿丰利用普慈寺屋舍兴办新式学堂，而廖又能"俯纳善言"，并认为"居今日而图治，以培养人才为第一要义。居今日而育才，以讲求实学为第一要义"[2]。故能很快事成。学校初创，各种制度和方法都有待进一步完善，办法之一就是仿效外国学校的模式并结合实际加以改进。虽然当时学校都聘请了外人教习，国外尤其是日本的教育制度和模式也已开始陆续介绍到国内，但"千闻不如一见"，派员前往考察既直接又可靠，遂有翌年张大镛等人的赴日。归国后，其考察记录在加以整理后不久就由浙江书局刊印，浙江巡抚廖寿丰还亲自书写了序言，可见对此考察成果的重视。

求是书院和浙江武备学堂的课程设置和教育方法在某种程度上均有模仿日本学校之处。如浙江武备学堂的课程设置，正则科科目有：战术、兵器、地形、筑城、代数、三角、测绘、日文翻译、日本语言、兵式操练、技艺（马术、器械、体操、竹剑、木枪）。[3]而日本士官学校的课程，据张大镛《日本武学兵队纪略》记载，主要有：战术军制、兵器、筑城、地形、测绘、炮法、弹丸、卫身、马学、华语、英语、

---

[1] 康有为：《康有为政论集》上册，中华书局1981年版，第306页。
[2] 廖寿丰：《请专设书院兼课中西实学折》，民国《杭州府志》卷十七，第1—2页。
[3] 杭州市教委：《杭州教育志》，浙江教育出版社1994年版，第83页。

法语、德语、步操、马术、器械体操、剑术、柔术等。不难发现两者非常接近。

　　以上，主要通过实证的方式，着重对张大镛和程恩培等人的日本之行以及他们所著的《日本各校纪略》、《日本武学兵队纪略》和《东瀛观兵纪事》进行了初步的研究。尤其是《日本各校纪略》和《东瀛观兵纪事》，以往均未见详细的介绍和研究。清末中国人的对日教育考察记录，是清人日本游记的一个非常重要的组成部分，目前对此课题的研究起步还不久，因此，倘若能进一步对散见于全国各地乃至国外的这一类"东游日记"系统地加以发掘整理，对深入开展此项研究将大有裨益。

第四章
罗振玉对日教育的考察及其对日本近代教育的引进

罗振玉是中国近代史上颇为复杂的人物,对于他的功过是非,人们往往以"在学术上有重要贡献而在政治上又有严重过失"加以概括。的确,在中晚年,罗振玉逆时代潮流而行,特别是在清王朝被推翻后,为了复辟帝制,甚至不惜充当汉奸,帮助日本筹建所谓的"满洲国",此为世人所不齿。但罗振玉的一生,对中国的文化学术又颇有贡献,此也为世人所公认。

罗振玉(1866—1940),字雪蕴,号雪堂,又称永丰乡人、仇亭老民,祖籍浙江上虞。从曾祖父起寓居江苏淮安。自幼随塾师习四书五经,16岁回乡应童子试,以县学第七名考取上虞县秀才。后数次赴乡试未中。早年曾在淮安私塾任教,并从事经史考据之学,有著作近20种。1896年离开淮安赴上海与友人蒋黼创设农学会,刊行《农学报》,创办东文学社,并编印《农学丛书》。1901年在上海创办中国最早的教育杂志《教育世界》。1902年受湖广总督张之洞、两江总督刘坤一的委托赴日考察教育,著有《扶桑两月记》。1909年再赴日本考察农学、聘技师,成《扶桑再游记》。曾任湖北农务局总理兼农务学堂监督、学部参事兼京师大学堂农科监督、江苏师范学堂监督。

1911年举家赴日，专心著述，直至1919年携家返国。1923年创办东方文化学会，后曾任伪"满洲国监察院"院长、"满日文化协会"会长等职。1937年退职后继续整理刊行所藏古文物史料。1940年卒于旅顺。

直至20世纪末，学界对罗振玉的研究，在学术上多集中在其收集整理甲骨、简牍、佚书、铜器等考古成就上，在政治倾向方面多侧重于其在辛亥革命后以清朝元老自居逆时代潮流而行的一面，对于他在19世纪末20世纪初对外国尤其是日本农业科技以及教育制度的吸收和普及所作的贡献注意较少。作者以为，对生活在那个新旧交替时代、对社会影响较为复杂的罗振玉的一生，无论其政治思想还是学术成就以及他对社会所带来的正负面影响，都应该以客观求是的态度分阶段仔细加以研究，彻底否定其反动的一面，充分肯定他所作的贡献，做到不因人废言。只有这样，才能真正得出公正的评价。

本章着重考察罗振玉在创办《教育世界》、创设学堂并主持教育、两次赴日考察等活动，介绍他在引进日本近代教育方面所作的贡献。

第一节　罗振玉早年在上海的活动

罗振玉在30岁之前主要将精力集中在经史考据之学上，而1896年到上海后，最早从事的则是农学。那么，过了而立之年的罗振玉，为何要突然改变方向去从事与原来不甚相干的农学呢？原因固然很多，如当时国内风气渐开，实学开始被人重视，受传统的"不仕则农"思想的影响，谋求生活出路等，但受汪康年等人在上海创办《时务报》

的影响似乎是一个非常直接的原因。当时《时务报》在梁启超的加盟下，事业如火如荼，成了留心时事者不可不读的刊物。1896年，罗振玉的好友并已结为儿女亲家的刘鹗（字铁云）从湖北返回淮安，向罗述及汪康年等人在上海创办《时务报》，并出示了该报章程。罗批阅之余，"莫名钦佩"，并以为"此举实握开风气之枢纽，为之惊喜欲狂"。相比之下，自觉虽已是而立之年，但"碌碌无寸长"，"精力半耗于经史考据之中，比来憬然有悟，但有迟暮之慨"。感叹之余悄悄下定了要离开淮安干一番事业的决心。[1]

来到上海后，罗振玉首先把研究农学，考究农业新论新法作为首选的事业。鉴于中国的实情，要富国首先须发展农业，更何况中国之"百事皆非有大力不可"，"惟振兴农学事，则中人之产，便可试行"[2]。罗振玉的这一选择，既反映了他想干一番实事的决心，也说明了他希望与政治保持一定的距离，对康梁的维新思想存有疑虑的心态，与他一生中重民生轻民权，讲求社会秩序的稳定而害怕革命的政治态度也是相一致的。

农学会创办之初，拟办之事繁多，如筹款开辟荒芜之地，因地制宜以良法试种各种农作物，购买国外先进农具并试行仿造，引进国外良种并试行繁殖推广，设厂制糖酿酒加工农产品，创设学校普及农事新法等，都在其列。[3] 只是由于所需经费过于巨大，一时难以并举，遂决定先试行翻译农书、刊行《农学报》这一最为省费易行且见效快的方法。

---

[1] 上海图书馆编：《汪康年师友书札》第3册，第3152—3153页。
[2] 同上，第3152—3153页。
[3] 《农学会略章》，《农学报》第1期，第1页。

光绪二十三年（1897）春，梁启超曾为即将创刊的《农学报》作序，简要论述了农学会的宗旨和事业设想："本会思与海内同志共讲此义，遵丽泽之古训，仪合群之公理，起点海上，求友四方，将以兴荒涨之垦利，抉种产之所宜，肄化学以粪土疆，置机器以代劳力。志愿宏大，条理万端，经费绵薄，未克具举。既念发端经始，在广开风气，维新耳目，译印书报，实为权舆。"[1]

农学会的创办实属开风气之举，因此设立不久就受到社会的高度重视，除各地踊跃订阅《农学报》外，社会有识之士也纷纷发表评论，赞扬农学会的开创性举措。张謇在其《请兴农会折》中称："凡有国家者，立国之本不在兵也，立国之本不在商也，在乎工与农，而农尤为要。……中国有志农学者颇不凡人，近日上海设立农学会，专译东西洋农报农书，未始非中国农政大兴之兆。"光绪皇帝得知后也非常重视，光绪二十三年五月十六日，光绪帝发出振兴农学的上谕，称："农务为国家根本，亟宜振兴。各省可耕之地，未尽地力者尚多，着各督抚督饬各该地方官，劝谕绅民，兼采中西之法，切实兴办，不得空言搪塞。须知讲求农务，相地之宜，是在地方官随时维持保护，实力奉行。如果办有成效，准该督抚奏请奖叙。上海近日创设农学会，颇开风气，着刘坤一查明该学会章程，咨送总理衙门，查核颁行其外洋农学诸书，并着各省学堂广为编译，以资肄习。"[2] 其影响不言而喻。后来百日维新失败，学会、报馆被查封者不在少数，农学会及其所刊行的《农学报》尽管或多或少也受影响，但终因不涉及政治而未被列入封禁之列。

---

[1] 梁启超：《农学报序》，《时务报》第 23 册，第 4—5 页。
[2] 光绪二十三年五月十六日上谕，引自《农学报》第 19 期，第 1 页。

创刊之初的《农学报》主要刊载有关农事的奏折章程、各地农事消息、欧美及日本农学报刊之译文，其中译文约占一半左右的篇幅。译文之中，西文均出国人之手，而东文翻译则由日人古城贞吉和藤田丰八担任。古城贞吉为汪康年《时务报》社所聘之译员，他能为《农学报》翻译文章，主要通过罗与汪的私人关系，属"业余兼职"性质，因此，在藤田丰八到任后，古城就逐渐让位了。而对农学会来说，长期聘外人翻译乃非长久之计，培养自己的翻译人才成了当务之急。

光绪二十四年五月，罗振玉经与藤田丰八协商，由农学会筹集经费，藤田专门负责教学，在上海新马路梅福里开办了东文学社，招收各地学生入学。当时曾在学社任教的教师，还有藤田丰八东京帝国大学时代的同学田冈岭云、上海领事馆诸井六郎和书记船津一郎等。曾在学社就读过的学生中，知名者有海宁王国维、山阴樊炳清、桐乡沈纮。对于王国维在此不待赘述，樊炳清和沈纮后来均翻译了大量的日文书籍和文章，堪称国内培养的最早的日文翻译家。

农学会有了自己培养的日文翻译人才，译书开始大量增加。将这些译书编印出版，既能为农会筹集经费，又能迅速向社会普及推广农业技术，一举两得。这些书就是在本世纪初对发展农业科学起了重要作用的《农学丛书》，累计编印了 7 集 82 册之多。

农学会自 1897 年创设至 1907 年因罗振玉上调学部参事厅而停办，整整维持了 10 年。在此期间，学会主要实施了刊行《农学报》、创办东文学社、编印发行《农学丛书》三大事业，而创办之初拟定的庞大计划大多未能实现。这固然与罗振玉后来把精力分散到其他方面有关，但动荡的社会环境也给农学会的事业带来了一定的影响，如在戊戌之年，罗振玉本拟创办上虞农工学堂，且已"初有规模"，而随着维新变法的失败，使得这一计划未能实现。[1]

第二节　对日教育考察与《扶桑两月记》

罗振玉对日本近代教育的引进大致可以从他两次赴日本进行教育考察、创办《教育世界》及主持学堂事务等教育实践三方面加以考察。

罗振玉曾于1901年和1909年两次赴日考察教育、农学等，并分别留下了《扶桑两月记》和《扶桑再游记》这两部考察记录。由于著者目前尚未能见到《扶桑再游记》，罗振玉1909年的日本之行，其经过及影响尚不甚明了。因此，在此主要介绍其1901年的日本之行及其影响。

1901年，湖广总督张之洞、两江总督刘坤一设江楚编译局，由黄绍箕、缪荃孙任总纂，罗振玉任襄办。光绪二十七年（1901）十一月，受张之洞和刘坤一的委托，罗振玉以江楚编译局襄办的身份，偕湖北两湖书院监院刘洪烈，湖北自强学堂教习陈毅、胡钧、田吴炤、左全孝、陈问咸等人赴日考察学务。自十一月四日上海起航至翌年元月十二日回抵上海，考察时间约两个月。其间除考察了东京、京都等地的各类学校外，还多次与日本著名教育家嘉纳治五郎、伊泽修二等长谈，听取中国教育改革方面的意见。所考察的学校有：东京农科大学、东京高等师范学校、东京高等师范学校附属小学校、东京女子高等师

---

[1] 罗继祖：《庭闻忆略——回忆祖父罗振玉的一生》，吉林文史出版社1987年版，第17页。

范学校、东京府立师范学校、东京高等工业学校、私立女子职业学校、京都第三高等学校、京都师范学校、京都高等女子学校、京都美术工艺学校、济美寻常小学校等。所接触的知名人物还有近卫笃麿、长冈护美、文部大臣菊池大麓、外务大臣小村寿太郎等。还收集购买了日本的各种教科书、有关教育法规的资料、理科实验设备、动植物标本等。尤其是在获得好的教育方面的书籍后，就及时令随行人员翻译，如"二十二日，为阳历元旦，整理所购教育书籍"，"二十七日，选教育书中切要者五册送陈君士可等分译之"[1]等，其对日本教育的关注达到了忘我的程度。

罗振玉在日考察期间，每日将考察所得一一记录，回国后由山阳旧交张绍文将笔记清缮后，题为《扶桑两月记》于光绪二十八年三月由教育世界社石印出版。考察记有著者自序和张绍文跋。张跋云："记中于东邦教育，钩元提要，如指诸掌，且于财政治体风俗，稽考尤详。披览一过，不啻置身十洲三岛之间也！"

此次日本之行，极大地开阔了罗振玉的眼界，并使他得到了许多有益的启示。他在阅读日本书报时，得知日本明治初年派大臣视察欧美，又遣亲王留学欧洲，而近来又知遣罗太子留学于英国牛津书院，认为"此举极得教育枢要"，并感叹"蕞尔小邦，尚知自奋，我政府其留意于斯乎"！罗振玉在对日本实业加以考察后指出，"日本实业多师法各国"，如制茶、养鸡等以往都曾聘中国人为教习，日本最早的铅字印刷机最初也是萨摩藩派人从上海购得，可如今其技之精已远胜中国，"冰寒青胜，前事可师，我邦人其勉旃，勿耻学步也"。他认为，日本

---

[1] 王宝平、吕顺长：《晚清中国人日本考察记集成·教育考察记》上册，第220页。

之所以迅速富强，主要是善于学习各国的先进经验和科学技术，并加以革新发展，以至于"青出于蓝而胜于蓝"。因此，他非常注重学习外来成功的经验，认为"借助于外界其力无穷！世之欲成事业、成学问者，皆非借助于外界之力不可"。考察期间，他还注意到日本道路宽狭各有定制，市区道路两旁有木制"尘芥器"，于卫生大为有益，这些，对中国来说也是"亟当仿行"。

罗振玉从日本考察归国后，除出版《扶桑两月记》外，还立即撰写了《日本教育大旨》和《学制私议》两篇重要论文分别刊登在《教育世界》第23—24期（三月上旬和下旬）上。《日本教育大旨》可以说是他对此次考察所了解到的日本教育的概括和总结，文章从日本教育的制度、方针、系统、经费、职员、教员、教科书、日本今日教育注意之处等8个方面加以归纳，并在最后特别提醒中国目前尽管男子教育尚未走向正轨，但女子教育也必须同时加以重视，而体育乃"国民强弱之根源"，因此"亦亟宜注意"[1]。《学制私议》全文共12条，分别为教育宗旨、义务教育年限、自寻常小学至大学的学制、教育设置（包括学区、校地及校舍、用具）、各学校之教科及每日教授时数、教科书、教员（培养、待遇、特别教员）、学校管理（职员、束修、规则及簿籍）、考试及毕业任用（考试、卒业、名位任用）、图书馆及博物馆、简易学校及废人（残疾人）学校、学会及实业陈列所。最后注明"以上所陈，乃通国教育通制，本现在之程度立之，随后逐渐更改，至各学校设立时当再拟细则"。以上内容，与《教育世界》第1期所载《教育私议》（光绪二十七年四月）相比，不仅更加详细、完善，而且

---

[1] 王宝平、吕顺长：《晚清中国人日本考察记集成·教育考察记》上册，第233页。

其日本倾向性也更强。如关于编译教科书一条，罗振玉认为：由于日本与中国国体相近，编译教科书要"悉以日本教科书为蓝本"，西洋各国，由于国体与中国差异颇大，因而不能仿用。至于具体手段，"或译用全书"，如算术、图画、体操、理科之类；"或依其体例编辑"，如本国历史地理之类；"或译日本书而修改用之"，如博物之类，宜改其与中国不合者。[1]

顾家相《励堂读书记》中在涉及罗振玉《日本教育大旨》、《学制私议》时说："此乃中国议设学堂之始，叔蕴就考察所得，抒其所见，自谓排印便于传抄，尚非定本，然后奏定学堂章程。"[2] 罗振玉的《学制私议》的确是近代较早而且较为全面的议论近代学制的重要论文，在《教育世界》上刊出后，引起了广泛的注意，其中见解也深得湖广总督张之洞、两江总督刘坤一的赞许。在湖北，张之洞不仅亲自听取汇报，还令罗振玉及随行人员在总督府设讲座，为学务处官吏、地方官员、各学堂教习等介绍日本的教育情况，历时长达10天之久。在江宁刘坤一督署，刘坤一"以病卧不能接谈，由其幕府施君传语，亦深以此事为然"。"两帅虚衷以听，颇可敬佩"，"待季直来商议奏稿，然后携至沪上，三月中旬，黄仲弢学士由瓯到沪，再与商酌，由仲弢携之到鄂，便可奏出"。[3] 黄仲弢即黄绍箕，张之洞女婿，时任江楚编译局总纂。文中所言奏稿，笔者未曾见过，但估计其内容与上述《学制私议》大体相似。从此可以看出，张之洞和刘坤一的支持，不仅使罗振玉非常振奋，而且也对自己所拟的奏稿充满信心。然而，遗憾的是，

---

[1] 王宝平、吕顺长：《晚清中国人日本考察记集成·教育考察记》上册，第236页。
[2] 罗继祖：《庭闻忆略——回忆祖父罗振玉的一生》，第25页。
[3] 同上。

这一奏稿，在两江督署讨论时，"司道同辞以阻，胡道（盐道胡延）言曰：'中国他事不如人，何至读书也向人求法？此张季直过信罗叔蕴，叔蕴过信东人之过也。'吴藩司（吴重喜）亦赞之"。因此，刘坤一也认为"此事难办"，而只是"叹息不已"[1]。而在湖广方面，罗振玉在上海与黄绍箕相见，并由他将奏稿带给张之洞后的经过不得而知。从最后结果看，"江鄂会奏"未能实现，罗振玉振兴教育的计划失去了直接付诸实施的机会。然而，可以想象，罗振玉的这一设想不仅给张之洞和刘坤一，对当时关心教育的社会各界人士，一定都留下了深刻的印象，并产生影响。后来，由张之洞主持制订，以张百熙、荣庆、张之洞的名义上奏的《奏定学堂章程》，其构想或多或少受罗振玉的影响乃不言而喻。

罗振玉第二次赴日考察是在他任京师大学堂农科学堂监督之后。宣统元年五月，罗振玉受学部派遣赴日考察教育，五月初六离京，十一日晨抵芝罘，晚抵大连，十六日午后抵京都。在京都，所见知名人物有前文部大臣菊池大麓，著名学者内藤虎次郎、桑原骘藏、狩野直喜、富冈谦藏等。在拜会菊池时，菊池谈到中国大学生学非所用，这样尽管在学校时成绩优良，但等于无用，罗振玉深表赞同。二十三日，由上野赴青森，渡轻津海峡，历函馆、札幌，参观了札幌农科大学、驹场种畜场。六月二日返东京，参观东京帝大驹场农科大学。此外，还会见了华侨许世泰并向他了解日本农租情况，参观了日本吉金文字学会，到宫内省图书寮观书等。七月中旬经上海返京，滞日约两月。著有《扶桑再游记》1卷，但未出版，稿本藏于长孙罗继祖处。

---

[1] 罗继祖：《庭闻忆略——回忆祖父罗振玉的一生》，第25—26页。

罗氏曾打算眷抄后与《扶桑两月记》一同刊入湖南人民出版社的《走向世界丛书》[1]，但未见刊出。

第三节 《教育世界》的创办

《教育世界》系罗振玉仿效《农学报》的体例于光绪二十七年（1901）四月创办，是以介绍国外教育动态为主旨的我国最早的教育学专门刊物。该刊的创办主旨，可从罗振玉所撰"序例"中窥知。

> 世界者人才之所构成，人才者又教育为之化导者也。无人才不成世界，无教育不得人才。方今世界，公理不出四语，曰优胜劣败。今中国处此列雄竞争之世，欲图自存，安得不于教育亟加之意乎？爰取最近之学说书籍，编译成册，颜之曰《教育世界》，以饷海内读者。[2]

《教育世界》为半月刊，自光绪二十七年创办至光绪三十三年十二月停刊，持续7年累计出版了166期。第1—68期，即自创刊至光绪二十九年十二月，其体例完全仿照后期（1900年以后）《农学报》，设文篇和译篇两大栏目。文篇内容包括教育论说、奏折和各地学堂的章程等，其中论说大多由罗振玉本人撰写。现将第一年即1—18期目次节选介绍如下：

---

[1] 罗继祖：《庭闻忆略——回忆祖父罗振玉的一生》，第38页。
[2] 罗振玉：《教育世界序例》，《教育世界》光绪二十七年第1期，第1页。

表1 《教育世界》第1—18期篇名及作者

文篇		
篇名	作者	卷次
教育私议	罗振玉	1
粤督陶粤抚德请变通学校科举折		2
支那教育改革案	辻武雄	3
各行省设立寻常小学校议	罗振玉	4
粤督陶奏陈图存四策之一		5
论语讲义	罗振玉	6—7
教育探源	冈本监辅	8
教育五要	罗振玉	9
江楚会奏变法第一折、第二折		10—11
设师范急就科议	罗振玉	12
学校刍言	夏偕复	13—15
拟订寻常小学校课程表	罗振玉	16
拟订高等小学校课程表	罗振玉	17
拟订寻常中学校课程表	罗振玉	18
译篇		
日本各省官制规则等7篇	樊炳清	1
关普通教育施设之文部大臣意见等2篇	胡钧	2
小学校令等2篇	樊炳清	3
小学校设备准则等6篇	高凤谦	4
师范学校令等2篇	陈毅	5
师范学校设备规则等5篇	陈毅	6
中学校令等6篇	陈毅	7
师范学校中学校高等女学校建筑准则等6篇	陈毅	8
师范学校简易科规程等3篇	陈毅	9

(续)

篇名	作者	卷次
成城学校生徒心得	高凤谦	10
中学校编制及设备规则等6篇	高凤谦	11
发布实业补习学校规程训示等6篇	高凤谦	12
关学级编制等规则等8篇		13
关公立学校职员退隐料件等5篇		14
关公立私立学校外国大学校卒业生教员免许规则等6篇		15
帝国大学高等官官等俸给令等6篇		16
言文一致会规则等7篇	沈纮	17
文部省外国留学生规程等2篇	沈纮	18

如上所列，《教育世界》第1—18期（第一年）文篇载论说或奏折14篇，译篇为86篇。第19期以后的目次，限于篇幅在此不能逐一列出。据笔者统计，第19—42期（第二年）文篇所载24篇，译篇22篇；第43—68期（第三年）文篇所载30篇，译篇86篇。第1—40期译篇的内容，全部译自日本，而且多为明治二十四年（1901）后日本政府以及地方机构所颁布的教育法规、准则条例；第41期以后，除译自日本者外，还增加了介绍欧美各国及世界其他国家的教育制度、法规条例等内容。但值得注意的是，对日本以外其他国家的介绍，大多数也译自日本人的著作或日本的报纸杂志，如第44—48期译篇所连载的《德国实业教育之大略》，原为日本文部省参事官福原镣二郎所作；第43期《朝鲜之教育一斑》译自日本文部省书记官前往朝鲜考察教育归国后的考察报告，如此等等，不胜枚举。

上述译者中，沈纮、樊炳清均为浙江人，其事迹在前面已有所介绍,不再重复。陈毅为湖北黄陂人,胡钧为湖北沔阳人,两人均为湖北自强学堂教习,并曾一起随罗振玉于 1901 年冬赴日考察教育。两人还深受张之洞的器重,不仅为张制定学制出谋策划,其中陈毅还直接参与了学制的起草工作。高凤谦,福建长乐人,1895 年入杭州知府林启幕府,参与创办求是书院、养正书塾、杭州蚕学馆等,1901 年任浙江大学堂总教习,次年率学生东渡日本任浙江留日学生监督,1903 年归国后入上海商务印书馆。

光绪三十年 (1904) 正月第 69 期始,《教育世界》事实上改由王国维全面负责编辑工作,并对办刊宗旨、栏目内容、版式等作了较大的调整。在"本报改章广告中",该报明确阐明了今后的办报宗旨:"本报宗旨,略分三纲。一引诸家精理微言,以供研究;二载各国良法宏规,以资则效;三录名人嘉言懿行,以示激劝。若夫浅薄之政论,一家之私言,与一切无关教育者,概弗录。"[1] 在栏目构成上,由原来文译篇两栏扩充至"插画"、"论说"、"学理"、"教授训练"、"学制"、"传记"、"小说"、"丛谈"、"本国学事"、"外国学事"、"杂录"、"来稿"、"文牍"等,其中"教授训练"栏有时由"学校管理法"或"学校卫生论"替代,"学制"栏有时由"教育史"替代。在版式上,由原来的线装改为洋装,并将每期篇幅增至 100 页。

《教育世界》的这一调整,改变了原来主要通过直接翻译介绍日本及欧美各国之教育制度法规条例的性格,开始将教育放入整个文化学术的大背景中加以研究考察。在创办之初,罗振玉等考虑到当时中国教育尚处在幼稚时代,人们对教育的认识水平尚处在低级阶段,因此,

---

[1]《教育世界》,光绪二十九年第 43 期,篇首广告。

"与其武断之议论，不如直译外籍，供人采择，尚不致贻误后来"[1]。这是前期《教育世界》花大量篇幅登载译文之初衷所在。然而，随着清末新政的推行，派遣留学生、兴办学堂、制定学堂章程、废除八股并逐渐取消科举考试等，教育改革不断深入人心，人们对教育的认识水平日渐提高。在此背景下，《教育世界》适时调整了刊载内容，在增加自编撰的作品的同时，译介重点也由单纯的教育制度和法规条例转向西方近代教育理论和著名教育家的思想学说。

值得加以强调的是，调整后的《教育世界》还融入了大量的哲学内容，还专辟乍看与教育无关的"小说"等栏目，这似乎有悖于"一切无关教育者概弗录"的宗旨，但观其内容，可以发现大多数均与教育相关联。对西方哲学的介绍，大多出自主编王国维的手笔。如《汗德之哲学说》、《论叔本华之哲学及其教育学说》、《尼采之教育观》等等，在着重对德国大哲学家康德、叔本华、尼采等作重点介绍外，对世界哲学大家如苏格拉底、亚里士多德、柏拉图等人都有所介绍，并着力介绍了他们的教育思想。这一切固然与王国维的个人兴趣有一定关联，但更主要的是编者在对哲学研究的过程中，充分认识到了哲学与教育学的密切关系。而所增"小说"栏目，其所载者几乎也都是与教育直接关联的教育小说。而后期所增加的"文苑"一栏，则主要刊载主编王国维所作的诗和词。

教育世界社在编辑出版了《教育世界》的同时，还汇编了《教育丛书》共7集。两者之关系究竟如何？由于目前已很难见到它们完整的原貌，因此国内外众多论及《教育世界》和《教育丛书》的著作和

---

[1] 罗振玉：《教育世界序例》，《教育世界》光绪二十七年第1期，第1页。

论文中，不仅对其出版时间及其内容的描述存在诸多出入，而且绝大多数作者均认为《教育丛书》就是《教育世界》所载内容的精选汇编本。有鉴于此，笔者参阅了几家图书馆之所藏，通过综合比较后，搞清了两者的关系。

如前所述，第1—68期即自创刊至1903年末的《教育世界》，其内容分文篇和译篇两大部分。而第1—3集即1901—1903年的《教育丛书》，其所收多为译自日本的教育学著作或其他资料，多为每书一册，与《教育世界》同时期所载内容几乎无重复。为便于比较，将此三集所收书名、原著者及译者整理如下：

表2 《教育丛书》第1—3集书名一览表

书名	编著者	译者
第一集		
内外教育小史	日本原田三郎编	沈纮译
国民教育资料	日本峰是三郎著	沈纮译
教育学	日本文学士立花铣三郎讲述	王国维译
教授学	日本汤本比古著	
学校管理法	日本田中敬一编	周家树译
学校卫生学	日本医学士三岛通良著	汪有龄译
算术条目及教授法	日本藤泽利喜太郎著	王国维译
法国乡学章程		郑守箴译
十九世纪教育史	日本熊谷五郎著	
福泽谕吉传	日本奥村信太郎编	汪有龄译
日本文部省沿革略		
第二集		
教育学教科书		

(续)

书名	编著者	译者
家庭教育法		
简便国民教育法		
社会教育法		
实业教育		
女子教育论		
心理的教授原则		
小学教授法		
理科教授法		
教授法沿革史		
欧美教育观		
日本近世教育概览		
孔门之德育		
读书法		
二十世纪之家庭		
第三集		
自助论	斯麦尔斯著,中村正直译	中村大来重译
爱美耳钞	美国维廉彼因(教育小说,卢骚著)	
西洋伦理学史	英国西额微克著	王国维抄译
费尔巴图派之教育	北美合众国查勒士德曷尔毛著	中岛端译
视学提要		日本吉村寅太郎纂译
学校卫生论	日本医学博士坪井次郎著	
日本海军学校章程汇纂		
日本现时教育	日本吉村寅太郎著	罗振常译
日本高等学校规则要览	小野矶次郎编	周维新译
幼稚教育恩物图说	日本关信三辑	小俣规义译
心理的记忆术		

上述第一集所收《教育学》、《学校管理法》、《学校卫生学》、《福泽谕吉传》、《日本文部省沿革略》等均为《教育世界》第1期卷首所载"已译成之书名"目录的一部分。将这些逐年译成却未能收入《教育世界》的译书汇编成集，即为第1—3集《教育丛书》。也就是说，在此1901—1903年间刊行的《教育世界》和《教育丛书》，其相互关系与体例都完全与前述《农学报》和《农学丛书》相仿。

但是，1904—1907年汇编出版的第4—7集《教育丛书》却是同年度《教育世界》的综合汇编。汇编时，不是按照其刊载的时间顺序，而是按照作者或内容的不同，对每一年度24期（闰年时为26期）同一栏目的内容，进行了重新排序。其主要栏目与上述所介绍的第69—166期《教育世界》栏目相同，但每集之间又略有变化。具体如下：

第4集 插画、论说、学理、教授训练、学制、史传、小说、本国学事、外国学事、附录、文牍。

第5集 论说、学理、教授训练、学制、教育史、传记、小说、杂纂、本国学事、外国学事、附录、文牍。

第6集 插画、论说、学理、教授训练、管理、家庭教育、学制、传记、小说、文苑、附录、杂纂、学事说告、文牍。

第7集 肖像及图画、论说及代论、学理、教授训练、管理、家庭教育、学制、学术史、修身训话、传记、文苑、附录、杂纂、学事报告、文牍。

第四节 《教育世界》对日本近代教育的介绍

以上用了较大的篇幅对《教育世界》及其与《教育丛书》的关系进行了介绍。以下着重对《教育世界》和《教育丛书》在翻译和介绍日本近代学制、教育法规、教育理论等方面所作的贡献作一考察。

罗振玉对译介国外尤其是日本的教育资料特别重视。《教育世界》第9期（1901年8月）所载罗振玉论说《教育五要》中指出：教育首先要翻译国外资料；其次教育要用本国的宗教、语言和文字；第三是教育之权不可授之外人；第四是不可开不合规则的学堂；第五是要把修身列为教科之首，强调学生的德行教育。在此，罗振玉赫然将翻译国外资料列为五要之首，他比喻说教育有如造屋，"教习犹工师也，学生犹材料也，章程犹绳墨也，课书犹斧斤也"。因此办教育首先要译教科书，二要译教育法令规则之书，三要译农工商矿医法兵等专业之书，四要译宗教风俗哲理之书。"四类之书，当合朝野之力次第译行，必须计三年之中应用之书若备，于是政府行政乃有措手，学子受业乃有成效"，否则"学子既迷于问学之途，政府亦窘于措施之术"。

如前所述，《教育世界》对日本教育的宣传和介绍几乎贯穿始终，但又以前二年的第1—42期最为集中。据笔者粗略统计，在此42期计108篇译文中，介绍日本者106篇。内容包括文部省官制、小中高以及私立等各类学校令、现行各类学校规则及管理条例、学校教科细目等。如此系统地对日本的教育制度法规条例进行介绍，在中国无疑是第一次。

《教育丛书》所译载的有关日本教育的内容，则以日本各类教科书、教育学理论和教育史等著作为主，如原田三郎编《内外教育小史》、立花铣三郎讲述王国维译《教育学》、汤本比古著《教授学》、田中敬一编《学校管理法》、三岛通良著《学校卫生学》等，累计总数超过50种。

此外，丛书还对一些西方著名教育家的思想及学说作了重点介绍，其中许多都是第一次在《教育世界》上与中国读者见面。

苏格拉底、柏拉图、亚里士多德均是古代希腊的著名哲学家、教育家。苏格拉底倡导在教学中使用归纳法，因而被称为归纳法之父。柏拉图第一次创立了建立在哲学、心理学基础上的完整的教育体系。亚里士多德将教育学和心理学联系起来，提出了德、智、体全面发展的思想，主张教育应遵循自然原则，在教育史上第一次作出年龄分期的尝试。《教育世界》刊载了《希腊圣人苏格拉底传》、《希腊大哲学家柏拉图传》、《希腊大哲学家亚里大德勒传》，介绍了他们的生平和思想学说。

德国教育家赫尔巴特的教育学说对我国教育产生过直接的影响，他创立的四段教学法，在清末民初的教育实践中被广泛采用，对中国教育尤其是小学教育影响巨大。四段教学法将教学过程规定为四个阶段：第一阶段，"明了"，即在静态中深入研究。把所学的东西从它所联系的一切东西中分析开来，深入加以研究。第二阶段，"联想"，即在动态中深入研究。新的教材应该和学生在以往已经获得的观念发生联系。第三阶段，"系统"，即在静态中理解。学生应当在教师指导下，在新知识和旧观念发生了联系的基础上去寻找结论、定义和规律。第四阶段，"方法"，即在动态中理解。这是将所学到的新知识应用于实践的阶段。赫尔巴特的学生齐勒将第一阶段"明了"再分为"分析"和"综合"两阶段，因此也称五段教学法。教育世界社比较全面地介绍了赫尔巴特的生平及其学派的教育理论，如《教育丛书》第三集所载《费尔巴图派之教育》（北美合众国查勒士德曷尔毛著、中岛端译），《教育世界》所载《海尔巴特派之兴味论》（第75期）、《德国大教育家海尔巴特传》（第80期）、《德国海尔巴特派教育学会记事》（第120期）等。德国另一教育家福禄培尔的幼儿教育理论传入中国后，对我国幼儿教育的建立影响巨大。《教育世界》所载《幼稚园创始人弗烈培传》（第73期）、《幼稚园鼻祖德国弗烈培》（第104期）等，向国内介绍了福禄培尔的事业和他的幼儿教育理论。但特别值得注意的是，无论是赫尔巴特还是福禄培尔，他们的教育理论都是以日本为媒介传入我国的，其中，教育世界社的译介所起的作用不容忽视。

教育世界社从单纯翻译日本的教育法规条例，到较为全面地译介国外重要教育理论、教育发展的历史和现状等，既适应了教育改革形势的发展，同时也反映了编者对教育的认识水平。

编者不仅重视对国外教育资料的译介，而且还组织了大量有关教育问题的论说，发表在《教育世界》上。其中又以罗振玉亲自撰写者为最多，其重要者有：《教育私议》、《各行省设立寻常小学校议》、《教育五要》、《设师范急就科议》、《拟订寻常小学校课程表》、《拟订高等小学校课程表》、《拟订寻常中学校课程表》、《教育赘言八则》、《译书条议》、《日本教育大旨》、《学制私议》、《论文字之关教育及改良意见》、《论中国亟宜兴实业教育》、《学部设立后之教育管见》、《各省十年间教育之计划》等。仔细阅读这些论说，不难发现其中的许多内容是在参阅了日本的教育资料后有感而发，在较大程度上受到了日本的影响。

如在第1期所载《教育私议》中，罗振玉认为振兴中国教育可从十个方面着手。

　　一是设学部。中国所设礼部实统学政,因此似乎没有必要另设学部,或将礼部改为学部即可,但这样必然又要"重设僚属别定职掌"。与其如此还不如另设学部并直接"采用日本文部省之制相宜变通之"。在京师设学部后,再在各地方立学务官,并将全国分为数学区。这样则"官立职分而事自举矣"。

　　二是定规则。"学部既立,则定处理章程,是为先务。"在全国各行省设大中小及专门实业等各类学堂后,如何编辑教科书,如何分配教科,如何编制学级,如何选定校舍式样及配备器具,如何管理学校,如何培养教员并给予相应的待遇,如何筹措经费等等,均宜制定明确的规则,而所有这些,"亦本日本成例为之变通可矣",并注明:"日本成例,载《教育法规类抄》,当逐渐译登本报。"

　　三是明等级。各类学堂中,应以小学堂为基础。自寻常小学开始,毕业后入高等小学,再循序入寻常中学(包括寻常师范和实业学校)、高等学校(包括高等师范学校和高等实业学校)和大学,明确各级学校的等级,而不能越级入学。各府县宜先立小学堂数所并逐渐扩至数百所,使村野里巷之人无不读书识字,在此基础上再立中学、高等学校、大学,循序渐进。

　　四是编书籍。学部中宜设编辑局,并制定具体格式,招天下之士编译小学及中学教科书。其中,理化、动植物、图算等学可直接从东西洋之成书中翻译;国语读本、地理、历史、音乐、修身等则必从事编撰,但须以东西洋之教科书为蓝本。私人自行编译者,检查合格后可予以版权或格外奖励。

　　五是培养教员。"教员者婴儿之乳母,植物之种子也。"在各府县立小学后，应及时立师范学堂，以讲求教育之法，"此又今日最急之务也"。

六是实行补助奖励制度。"日本之法，凡私立实业学校者，国家补助其经费，此可仿行之。"凡是民间私立农工商学校，可令其将学校规则送达学部，通过检定认为合格者，应给予补助金；若有不求政府补助之私立学校，则可由学部检查其办学成绩，加以奖励。此外，教员供职多年退休后，也宜给予赡养费。并注明日本称此为"退隐料"，凡供职15年以上并在60岁以后退休者，国家均给予赡助金。

七是派员游历及留学。"教育又宜取鉴于人，则游历与留学于东西洋各国亦不可缓之事。而取径于日本尤为便捷，宜派大臣前往东洋考察教育之法，务极精详。"以往日本派森有礼赴美国考求教育之方，归国后任文部大臣，"此前事之师也"。凡是自费赴日游历并在归国后陈其所见者，可量其说加以施行并予以奖励，以鼓励后来者前往；准许官员前往考察，若以私费前往则加倍奖励。至于游学，每省每年可派遣15人以上赴日本，令其习专门之学；自费留学日本者，归国后以其毕业文凭为依据，与官派生同等待遇。

八是讲求体育及卫生。东西洋各国致力于讲求卫生和体育，中国也必须对此加以重视。学堂要加强体操教学，并注重学校卫生，以提高学生体质。

九是兴办女子教育和婴儿教育。国民之中，女子占半数，若不重视女子教育，不仅影响教育普及，而且还直接关系到下一代的家庭教育。女子教育，也应从小学入手，教之与男子相同的知识和技能的同时，另加妇功及育儿等功课。至于婴儿教育，宜设幼儿园并选保姆加以教育，通过运动、游戏、歌曲等手段，以"长养其身体，启牖其智慧"。

十是立图书馆和博物馆。"谋教育之普被，必自扩国民之闻见始；

而扩国民闻见,则图书馆、博物馆为先务。"可在京师设大规模图书馆和博物馆各一所,各省会各州县也设相应规模者各一所,并收藏古今中外之书籍及有关教育之物品,令国民阅览以增见识。

最后,罗振玉预言:以上建言,若一旦停止科举而得以逐一施行,10年后可"人智渐启",30年后则"人才不可胜用矣"。

又如第12期所载《设师范急就科议》中,罗振玉认为教育首先要有合格的教师,而若按照常规,小学教师应系寻常师范毕业,中学教师应为高等师范毕业,但是正规的师范教育需要3年,可目前各类中小学校又不能等到3年后去办,学校教师也不能由未受过师范教育者充任。因此,当务之急是要仿照日本速成科之例,设立师范急就科学校。其学制1年,从本地20—40岁生员中公开考试择优录取;课程设教育学、历史、地理、数学、博物、理化等6科;教材包括学校管理法、教授学、学校卫生学、国内外教育史、教育学以及史地数理化教科书。等到有正规师范生毕业,可不再招收急就科,任过教习的急就科毕业生,可再入正规师范科继续深造。

以上罗振玉之论说受日本影响之大,已一目了然,在此不再赘述。

第五节 《教育世界》日文翻译之特色

如前所述,《教育世界》中有关外国教育的介绍,大多翻译自日文。这些翻译文章在翻译技巧和方法上有何特色,在翻译质量上又是如何?本节对此作初步的考察。

从目前笔者所拥有的《教育世界》第1—68期的内容看,其中的翻译文章几乎全部译自日文，翻译者除部分未署名文章不得而知外，署名者有沈纮、樊炳清、陈毅、胡钧、高凤谦、汪有龄6人。

影响翻译作品质量的最直接的因素是翻译者的外语水平。上述6名翻译者中，沈纮、樊炳清、汪有龄3人的日语学习经过在前面已经有所介绍，在此不再赘述。陈毅、胡钧和高凤谦3人的日语学习经过，在以往的研究中几乎没有涉及，在此先对此作一考察。

在1901年罗振玉赴日考察教育时，陈毅和胡钧两人均随同前往，其中陈毅还于1905年随五大臣出洋考察，这些均为人所熟知，本书在前面也已有所涉及。但也偶有文章认为，陈毅和胡钧在任自强学堂教习前曾出国留学，如《武汉大学百年校史考》一文认为，自强学堂聘请了留学归来的陈毅、胡钧等任教[1]。文章中虽然没有具体指出他们所留学的国家，但笔者推测指日本的可能性较大。对此，笔者查阅了1901年前有关留日学生的相关名单和记录，但均未发现两人的名字。鉴于1901年前的留日学生人数还比较少，在这一时期留日的学生大多均能找到其线索，因此可以初步认为这两人留学过日本的可能性较小。那么，他们两人又是怎样掌握日语的呢？这也许可以从高凤谦身上得到相关启示。

如前所述，高凤谦自1895年入杭州知府林启幕府以来，除参与创办求是书院并于1901年任浙江大学堂总教习等重要事务外，还曾于1902年率学生东渡日本并任浙江留日学生监督，并为教育世界社翻译了大量的文章，但在以往的研究中，也未见其留学日本或就读于国内日文学校的介绍。经查找，笔者此次找到了其开始学习日语的线索：

---

[1] 武汉大学校长办公室：《武汉大学百年校史考》，《武汉大学学报》1993年第6期，第35页。

东文与汉文相近，弟久已知之。惟欲学东文有何简法？只求能通其文，不必习其方言。若有简便之书，无用口授者，乞代购一二册。若必须口授，以年岁稍大之人，记性不甚好者，日学三四点，约须几时始能读书阅报，亦祈详示。生当斯世，不通他国之文，不能成学。自揣拙鲁，西文万不能成，若东文则思从事，故欲闻其略也，想足下必不吝教之。足下与日人朝夕相处，曾否兼习东文，亦一示之。九月廿八日。[1]

　　此系1897年10月前后高凤谦给时任《时务报》经理的汪康年的信件的部分内容。由此观之，高凤谦是在痛感学习外语之必要后，于1897年左右开始学习日语的，而其学习方式，很可能就是信中所提到的自学或单独请人口授。由于当时国内的日语学校还非常少，而在部分风气较开放的地区，像高凤谦那样，较早接触到新学的部分人士已深感学习外语的必要，自学或向周围为数极少的懂外语者（来华外国人等）请教便是其重要手段。陈毅和胡钧早年入两湖书院，后作为张之洞的幕僚深受张的器重，也属于较早接触新学的开明人士，其周围又不乏来华任教的日本教习，具备了在较早的时期开始以自学为主学习日语的条件。

　　概观上述《教育世界》的6名翻译者，他们或早年留学日本，或就学于国内的东文学堂，或从较早的时期开始在国内以自学等方式学习日语，在《教育世界》创办之前，他们事实上都已成为当时国内为数不多的翻译人才。加之这6人有一个共同特点，就是汉学基础都非

---

[1] 上海图书馆：《汪康年师友书札》第2册，第1636页。

常扎实,又都从较早的时期开始接触近代学问。这些都为《教育世界》的日文翻译提供了较好的条件。

再看他们实际所翻译的作品的质量。笔者曾对他们所翻译的部分文章,与日文原文作了对照,发现尽管其中也有一部分误字或误译,但在当时来说,其翻译质量还是属于比较高的。以汪有龄所翻译的《明治五年学制》(《教育世界》第39—41期)为例,虽然也有"一中区内学区,置管事十名至十二三名"(正确者应该为"一中区内,置学区管事十名至十二三名")(第8章)、"得改正论议"(正确者应该为"得进行议论并改正")(第15章)等误译,并有10处左右的误字或漏字,但整体上仍不失为相对比较准确的翻译文章。

另外,当时的日文翻译,有一个重要的问题是如何处理日本人所创造的汉字词汇和翻译词汇(即通常所称的"日本名词")。当时主要有两种不同的主张,即直接借用和坚决拒绝,《教育世界》所采用的方法主要倾向于前者。同样以上述汪有龄所译的《明治五年学制》为例,文章中对这些"日本名词"基本上原封不动地直接借用,如化学、几何学、代数学、经济学、记簿学、国体学、生理学、幼稚园、废人学校(残疾人学校)、寻常小学校、下等小学、上等小学、女儿小学、村落小学、诸民学校(类似现在的成人夜校)、国体、政体、教授、大试验(大考)、试验状(成绩单)、卒业免状(毕业证书)、过不足、体术等。但也对少数词语进行了重新翻译,如将"取缔"译作"管事","滞在"译作"濡滞"、"天皇"译作"皇上"、"授业料"译作"授业费"等。

《教育世界》对"日本名词"的借用,与其主要参与者在此问题上的主张直接相关。罗振玉在《教育世界》第22期所载的《译书条议》一文中认为,为方便读者阅读,必须统一翻译用语,而目前较可行的方法便是在翻译时取日本的《法律字典》等工具书备用。王国维更是积极主张直接借用日本词汇，认为："日本之学者，既先我而定之矣，则沿而用之，何不可之有？故非甚不妥者，吾人固无以创造为也。（中略）且日人之定名，亦非苟焉而已，经专门数十家之考究，数十年之改正，以有今日者也。窃谓节取日人之译语，有数便焉：因袭之易，不如创造之难，一也；两国学术有交通之便，无碍格之虞，二也。（中略）有此二便而无二难，又何嫌何疑而不用哉？"[1]高凤谦也有类似的看法，他在《教育杂志》第1卷第7期（1909年7月）所载的《论保存国粹》一文中认为，现在的所谓"新名词"，大抵都出自翻译，或直接从日本借用而来，其中虽然有许多词汇不符合中文习惯，但现在上至钦颁之谕旨，下至普通之报章，都已大量采用这些外来名词，因此除个别实在不可通之词外，没有必要再加以禁止。

此外，《教育世界》在翻译的过程中，对日文原文版本的选择存在着一定的任意性，尤其是明治时代制定的一些教育法规法则等，在制定后大多都对其文字表述和内容作了多次的调整，而《教育世界》有时并没有能采用其最完善的版本，这是由于当时条件的局限所致。

第六节　　罗振玉的学校教育实践

创办东文学社是罗振玉投身学堂教育实践的开始。光绪二十四年（1898）五月，罗振玉出于为农学会培养翻译人才的考虑，经与藤田丰

---

[1] 王国维：《论新学语之输入》，《教育世界》第96期。

八协商后，由农学会筹集经费，藤田专门负责教学，在上海新马路梅福里办起了东文学社，招收各地学生入学。当时曾在学社任教的教师还有藤田丰八东京帝国大学时代的同学田冈岭云、上海领事馆诸井六郎和书记船津一郎等，还专门从淮安请来邱于蕃管理校务。课程除日语外，还开设了数学、物理、化学等普通课，并用日语进行授课。曾在学社就读过的学生中，知名者有海宁王国维、山阴樊炳清、桐乡沈纮。对于王国维而言，在东文学社学习期间，不仅学习了日语，还随日人教习学习了英语，并接触到了康德等人的哲学，因此进入东文学社成了他走向学者道路的重要契机。[1] 而樊炳清、沈纮等后来也都成了罗振玉工作上的伙伴。

罗振玉在上海创办《农学报》、设立东文学社所取得的成绩很快引起了湖广总督张之洞的注意。1990年秋，罗振玉突然接到张之洞的电报，说是请他立即去武昌任湖北农务局总理。农务局已设立3年，下设农务学堂一所，分农蚕两科，聘日人充任教习。由于管理不善，学堂面临关闭。罗振玉到任后，从整顿学堂学风着手，对师生提出约法三章，并依照规定处理了一批不称职的学生和译员。由于学堂开设课程中日语课时少，致使学生在学两年多还不能直接听日籍教员的授课，而译员所译讲义又多有不通之处。对此，罗振玉面陈张之洞，要求裁去不称职译员，另觅替手，以后逐步废除，令学生直接听课。在获得张的许可后，罗振玉从上海请来王国维和樊炳清担任翻译，而对于翻译，两人均是得心应手，不仅很快胜任，而且与日籍教员配合默契。

1902年初，罗振玉从日本考察教育归来后，为"江鄂会奏"拟学

---

[1] 萧艾：《王国维评传》，浙江文艺出版社1983年版，第21页。

制稿，会奏受阻后，谢辞了江楚编译局襄办回到上海。此时，适逢南洋公学拟于虹口设分校，增设东文科。南洋公学为盛宣怀于1896年奏请筹设，1897年4月开学。鉴于罗振玉具有创办东文学社的经验，盛宣怀聘任罗为东文科监督，负责草创。罗振玉举荐藤田丰八为总教习，两人再次合作共同办学。东文科虽仅开设了两年，但由于师资配备得力，学生又勤学，成绩可观。光绪二十九年十月，两广总督岑春煊聘罗振玉任教育顾问，顾问虽是闲职，无多少事可做，但罗振玉也是不失时机地将南洋公学东文科数名高才生推荐以官费留学日本。

　　光绪三十年春罗振玉辞去两粤教育顾问，同年六月端方调任江苏巡抚，聘罗振玉为江苏教育顾问，并委托他在苏州创办师范学堂。十一月，学堂创立，校址定于扶标中军操场，先修缮紫阳校士馆即原来的紫阳书院为校舍，先招讲习科1班40人，速成科3班120人入学，罗振玉亲任监督，藤田丰八为总教习，徐宾华为监院。翌年四月，设体操专修科；五月，讲习科和体操专修科毕业；七月，招初等本科生2班80人，同时设附属小学校；九月，罗振玉作《序江苏师范学堂一览》对近一年来的学堂工作进行总结。如前所述，罗振玉在《教育私议》、《学制私议》、《设师范急就科议》等论文中，强调办学要注重对学生实施德智体全面教育；应仿照日本之例设师范急就科；教员缺乏时师范教育应讲习科、急就科、本科并举，教师应经过师范学堂的专门学习等。罗振玉的这些设想在此获得了实践的机会。江苏师范学堂为现今苏州中学的前身，1984年，该校迎来建校80周年纪念日，在回顾罗振玉所作的贡献时，对其办学成绩予以充分肯定，并认为"教育方法重德智体，和今天也不相背"，不足之处是在校内设立"万岁碑"。

罗振玉自1896年离开淮安到上海，至1906年恰为10年。10年间，他设学会、开报馆、办学堂，不仅成了社会知名人士，还成了颇有影响的教育家。1906年初，学部设立，荣庆任尚书，罗被举荐入学部任行走。不久，他就凭借数年来致力教育的经验，写出《学部建立后之教育管见》，列22条阐述了自己对振兴中国教育的设想，认为"若循此而行之，二十年间谓不能与日本争列于亚东者，吾不信也"。充分反映了他对振兴中国教育的热切期盼，同时也可以看出他在获得直接参与振兴教育之决策的机会后的兴奋心情。

第五章
赴日考察官绅之日本访书

近年来，由王勇教授首倡的旨在阐明中日两国间书籍文化交流史之学说——"书籍之路"，正日益被学界所重视。学界围绕这一主题所作的研究，也可谓成果丰硕，举其大者就有：《江户时代中国典籍流播日本之研究》（大庭修著，日本同朋舍，1984）、《中国典籍在日本的流传与影响》（陆坚、王勇主编，杭州大学出版社，1990）、《汉籍在日本流布的研究》（严绍璗著，江苏古籍出版社，1992）、《中日汉籍交流史论》（王勇主编，杭州大学出版社，1992）、《中国馆藏和刻本汉籍书目》（王宝平编，杭州大学出版社，1995）、《中日文化交流史大系·典籍卷》（王勇、大庭修主编，浙江人民出版社，1996）、《日本藏宋人文集善本钩沉》（严绍璗编著，杭州大学出版社，1996）、《中国馆藏日人汉文书目》（王宝平编，杭州大学出版社，1997）、《日本藏汉籍善本书录》（严绍璗编著，中华书局，2000）、《中日"书籍之路"研究》（王勇等著，北京图书馆出版社，2003）、《书籍之路与文化交流》（王勇主编，上海辞书出版社，2009）等。

有清一代，日本书籍西传中国的规模巨大，数量空前，涉及的人物和事件众多。要对此进行系统而且全面的研究，并非指日可成。

本章的考察范围仅限于清代中日书籍文化交流史的一个组成部分，即清末赴日考察官绅的在日访书活动。由于这些考察官绅大多是教育考察者，而他们所访求的书籍，既有从中国东渐的典籍和日人著述的和汉书籍等"旧书"，也有当时中国人所关心的有关近代学问的各种"新书"，其中当然包含了不少教育方面的书籍。故本章将清代赴日考察官绅的日本访书作为近代中日教育文化交流的一个侧面进行考察。

第一节　清代日籍西渐的主要载体

中国典籍大约自秦汉时代就开始东传日本，并极大地推动了古代日本的文化发展。公元983年，日本僧人奝然搭乘中国商人陈仁爽、徐仁满的船舶入宋，作为重礼，向宋太宗献上了中国国内早已散佚的郑玄所注的《孝经》和《越王孝经新义》两种，同时还携来了本国的《职员令》和《年代纪》各1卷，此为中国典籍流播日本后回传中国的最早记载。宋代文人欧阳修《日本刀歌》中的"徐福行时书未焚，逸书百篇今尚存"，就是对这一历史的生动描绘。

时至清代，由于大批中国商人赴长崎贸易，并将书籍作为大宗货物之一源源不断地舶载日本，中国文献典籍以前所未有的规模和速度东传日本。同时，由于中日两国建立了正式的外交关系，促进了两国间的人员往来，加之中国在甲午战后掀起了学习日本的高潮，清代日本书籍西传中国也达到了规模空前的全盛期。清代日本书籍西传，主要有以下载体：

一是商人。在江户时代（1603—1867），日本幕府实施锁国政策，只允许中国和荷兰商人进入长崎一港，在严格管制下进行贸易。至明治时代，中国商人开始向横滨、神户、大阪等日本各地扩散。这些贸易商人，不仅将中国文献典籍舶载日本，以满足官府和民间的需求，同时也将日本书籍携归中国，充当日籍西传的载体。1731年，在幕府将军德川吉宗的亲自督促下，山井鼎撰、物观补遗的《七经孟子考文补遗》梓行问世。翌年，德川命长崎奉行将此书通过华商传入中国。[1] 钱塘人汪鹏，以善书画客居长崎，兼营商业，在日购得《古文孝经孔氏传》、《七经孟子考文补遗》，以及梁代皇侃所著的《论语集解义疏》10卷。这些典籍后均被知不足斋的鲍廷博所收藏。其中，《论语集解义疏》10卷"曾为浙抚王亶望校刊，王伏法后，板归知不足斋"，"王亶望校刊"之字样也被删去。[2] 更值得一提的是，《七经孟子考文补遗》和《古文孝经孔氏传》这两种日人校订整理的典籍，后来均被收入《四库全书》，这在中国官修书中尚属首次，堪称中日文化交流史的佳话。

二是驻日使节。1871年，中日两国政府签署了《中日修好条规》，标志着两国间正式建立了外交关系。此后，日本于1872年派遣了首任驻华公使，中国也于1878年向日本派遣了以何如璋为公使的驻日使节团。同时还先后于横滨、神户、长崎、箱馆设立了领事馆。这些外交使节，在处理纷繁的外交事务之余，还与日本各界人士诗歌唱和、宴会往还，给中日文化交流史留下了许多动人的佳话。此外，许多使节还把在日访书当作自己的一大乐趣，他们中广为人知者就有

---

[1] 王勇等：《中日文化交流史大系·典籍卷》，浙江人民出版社1996年版，第271页。
[2] 王宝平、吕顺长：《晚清中国人日本考察记集成·教育考察记》下卷，第535页。

何如璋、黄遵宪、杨守敬、黎庶昌、李盛铎、田吴炤等。杨守敬滞日 4 年，得书数万卷，并对其书名、题跋、序目、行款、刊刻等作了详细考证和描述，最后整理成《日本访书志》公之于世。他还以森立之摹写的古抄本书影为基础，广搜博求，积书影达 20 多册，最后收书 735 种，并以《留真谱》之名刊行于世，成为版本鉴别的重要工具书。他还协助黎庶昌将中土未有之善本刻印成《古逸丛书》，共 26 种，200 卷。

三是赴日考察人员。这一内容将在本章第二、三节着重探讨。

四是留日学生。自 1896 年驻日使馆招募的首批 13 名学生赴日，至清朝覆灭的 10 余年间，中国留日学生总数约达 2 万人，留日高潮时期的 1905—1906 年，在日中国留学生人数约达 8000 人。如此庞大的人群往还于中日两国之间，虽然目前对他们在日本书籍西传过程中的事迹，尚有待进一步发掘整理，但他们所起的作用自当不容忽视。即便假设平均每人从日本携回 20 册，简单累计就可达 40 万册！

五是旅日文人墨客及政治活动者。清代旅日者中，自费赴日的文人、书画家，受聘赴日从事科技文化事业者，为宣传政见、主张而旅居日本者，也不在少数。大文人王韬 1879 年遨游扶桑，以康梁为代表的维新变法派和孙中山领导的革命派人物长期旅居日本，可谓人人皆知。而更多的还是鲜为人知的人物。如明治初，日本三井银行延聘中国技术人员 40 余名，学习红茶制造法[1]；广东南海人冯镜如最初因太平天国革命而东渡日本，后在横滨创立文经商店，又名文经活版所，

---

[1] 黄遵宪著、王宝平主编：《晚清东游日记汇编·日本国志》，上海古籍出版社 2001 年版，第 398 页。

专营外国文具和印刷事业,[1]浙江慈溪人冯澐,号雪卿,以工书客居日本;江宁人王冶梅、嘉兴人陈曼寿也以工书善画客游日本;胡小蘋,名震,浙江宁波人,工书善医,诗也清逸,长年旅居日本;[2]叶炜,字松石,浙江嘉兴人,擅长诗文书画,明治七年(1874)被聘任东京外国语学校汉文教员,任期满后曾一度归国,明治十三年再度赴日,以为日人作书画为生;罗雪谷,明治五年前后赴日,明治八年开始居住于筑地居留地外,专门传习书画;[3]慈溪王氏家族族兄弟王仁乾、王治本、王汝修、王琴仙自明治初期始,也长期旅居日本,或经商、或专论诗文,[4]等等,不胜枚举。他们在日籍西渐过程中所留下的事迹有些也许琐碎点滴,但集腋成裘,作为研究的一个组成部分,也应该充分重视。如杭州人顾云台,曾于1882年游历日本,并购回大量书籍,后在杭州珠宝街开一书肆,"满架图册,一半东书"[5];1899年,旅居日本的王仁乾之友人松本正纯、吾妻兵治译成中文书籍《大日本维新史》、《日本警察新法》、《战法学》、《国家学》诸书,王介绍他们携书前往上海销售,并请汪康年协助。[6]

此外,各类来华日人,如游历或游说者、教习、留学考察者、使馆人员等,对日书的西渐也起到了一定的作用。限于篇幅,不作专门描述。

---

[1] 中国社会科学院近代史研究所近代史资料编辑组:《华侨与辛亥革命》,中国社会科学出版社1981年版,第32页。
[2] 李筱圃:《日本纪游》,南京图书馆藏本,第6页。
[3] 〔日〕东京都情报联络室:《都市纪要4:筑地居留地》,东京都情报联络室1957年版,附表A"自明治四年至明治九年末居留地外居住外人表";〔日〕实藤惠秀:《近代日中交涉史话》,春秋社1973年版,第122页。
[4] 吕顺长:《清末浙江与日本》,上海古籍出版社2001年版,第241页。
[5] 王勇:《中国江南:寻绎日本文化的源流》,当代中国出版社1996年版,第242页。
[6] 上海图书馆:《汪康年师友书札》第1册,上海古籍出版社1986年版,第49页。

第二节　清末赴日考察官绅的日本访书记录

晚清中国人赴日考察，以浙海关李圭为嚆矢。1876年，李在奉命赴美国参加建国百年纪念博览会的途中，游历考察了日本，并著有《环游地球新录·东行日记》。1887年，清政府通过考试选拔出12名官员，派赴日本、美国、加拿大、秘鲁、古巴、巴西各国考察。其中，对日考察用功最深的要数兵部郎中傅云龙，其所著的《游历日本图经》30卷，资料翔实，内容全面，可谓是一部日本问题的百科全书。

甲午战败，中国人在反省之余，掀起了学习、研究日本的高潮。中国官绅对日全方位的考察，在此背景下展开。据不完全统计，自1898年至1911年的10余年间，有据可稽的赴日考察者人数就达1200人左右。[1]他们虽然有些是自费赴日，但更多是公费派遣的各级地方政府官吏、学校以及事业团体的负责人。他们以一种积极的心态，对日本的教育、政法、军事、农工商等进行细致的考察，并留下了一大批考察记录。这些记录，有些已经散佚，但还有不少散藏于国内外的各图书馆。仅东京都立图书馆实藤文库，就庋藏了实藤惠秀在战前收集的清代"东游日记"100多种。笔者有幸利用了实藤文库所藏的这些资料，并且近年还对国内的数家图书馆进行了调查，陆续发现了数种未见于实藤文库的考察笔记。

仔细阅读这些资料，不难发现众多的考察者在考察期间，均在访书购书上花费了专门时间。但遗憾的是，由于他们赴日的目的主要是考察，因此所作记录往往详于与考察目的相关的内容，对访书购书大

---

[1] 汪婉：《清末中国对日教育视察之研究》，〔日〕汲古书院1998年版，附录第1—44页。

多是一笔带过，有些甚至未留下任何记录。但也可发现一些记载较为详细者。

光绪二十九年（1903）正月，受两江总督张之洞的派遣，近代著名学者、文化名人缪荃孙（1844—1919）以江南高等学堂总教习的身份，与提调徐乃昌等赴日本考察教育。随行者有江南高等学堂分教习6人及侍从3人。滞日约两个月。其间，除考察了东京的各类学校外，还专门请东京高等师范学校校长嘉纳治五郎作了教育学专门讲座。还会见了大隈重信、伊泽修二、长冈护美、竹添进一郎、内藤虎次郎等日本知名人士。所作游记《日游汇编》中，专门记载了在日期间的访书经过。[1]

据记载，缪曾与徐乃昌二次前往位于东京下谷区仲之池町专门出售古旧书籍的琳琅阁书店，得旧抄本《续资治通鉴》、明弘治本《黄山谷全集》、洪武本《理学类传》、活字本《五百家注昌黎集》。徐乃昌购得《千家诗选》，为宋本。"又有高丽本《草堂诗笺》，字迹极雅，惜有缺佚，议价未成。"在浅草区浅仓文渊堂，缪购得明万历本《翰墨大全》26册，旧抄医书10余种，"皆小田氏一家所藏，抄校皆精"。位于本乡区的文求堂，缪曾三次到访，购得元至大本《中州集》，旧抄本《杨诚斋集》133卷，"每卷后有'嘉定元年春三月男长孺编次端平元年夏五月门人罗端良校正'，与杨星吾同年访书记合，诗文俱完，并非仅刻诗集也"。又得活字本《左传杜注》，明刻本《古今游名山记》、梅鼎祚《乐苑》。在京都，缪到访了位于寺町通的文求堂（与东京文求堂一家）和竹苞楼，在文求堂得日本古金石5册，砖瓦拓本1册。在竹

---

[1] 王宝平、吕顺长：《晚清中国人日本考察记集成·教育考察记》下册，第535—536页。

苞楼得《尚书》,"宋刻本,首尾完善,装潢精致,古香扑人,洵非易覯"。缪还了解到京都其他书铺尚多,"大阪之斋心桥亦多古籍,惜为日无几,归期促迫,未能遍访也"。

在与竹添进一郎的接触中,竹添曾出示给缪多种自己珍藏的典籍。包括卷子本《汉书·扬子云传》(不全),宋刻本《毛诗正义》40卷(缺前6卷)、《草书礼部韵宝》、《大学衍义》42卷、成元英注《庄子》5卷、《广韵》5卷、《御览》512卷、《元氏长庆集》30卷,元刻本《南村辍耕录》30卷、《玉篇》3卷、郭注《庄子》、《唐诗鼓吹》10卷、《事文类聚》6集、《翰墨全书》10集、《韵会举要》30卷、《左传句解》70卷、《黄山谷集》。此外还有庆长本《文选》、《毛诗》、《左传》、《孟子》,及唐人写经五六卷。以上所记书籍中,据缪记载,宋刻本《毛诗正义》40卷和《草书礼部韵宝》,"二书皆我国所无"。除竹添进一郎外,东京古城贞吉、大阪内藤虎次郎也曾经邀请赴其宅邸观览古钱和藏书,缪均因病未能往观,成为一大憾事。

光绪二十七年(1901)十一月,受张之洞和刘坤一的委托,罗振玉以江楚编译局襄办的身份,偕湖北两湖书院监院刘洪烈、湖北自强学堂教习陈毅、胡钧、田吴炤、左全孝、陈问咸等人赴日考察。自十一月四日上海起航至翌年元月十二日回抵上海,滞日约两个月。其间除考察了东京、京都等地的各类学校外,还多次与日本著名教育家嘉纳治五郎、伊泽修二等长谈,听取中国教育改革方面的意见。所接触的知名人物还有近卫笃麿、长冈护美、文部大臣菊池大麓、外务大臣小村寿太郎等。还收集购买了日本的各种教科书、有关教育法规的资料、理科实验设备、动植物标本等。在日期间,每日将考察所得一一记录,回国后由山阳旧交张绍文将笔记清缮后,题为《扶桑两月记》于光绪二十八年三月由教育世界社石印出版。根据这一记录，我们可以知道罗振玉此次东行期间的访书经过：

十一月初十日，午前至神田区购书。十一日，购书过芝区。十三日，至神田区购书。十五日，购中小学用教科书，兼购日本古泉币数十枚。十六日，书林送各种教育书来，选留百余种。二十二日，为阳历元旦，整理所购教育书籍。二十三日，至神田区购《青渊先生六十年史》而归。二十六日，至下谷区池之端仲町琳琅阁书肆看书。该书店售古书籍，然中土古书籍不甚多。非若昔者，往往有秘籍矣。购得梁李遇注《千字文》1册，灯下观之，实系伪书。……又购得《史记·河渠书》卷子本半卷，《欧阳文忠集》1部，欧集为36卷本，前有苏文忠序，熙宁五年七月公之子发所编定，中土所无也。二十七日，选教育书中切要者5册，送陈君士可等分译之。十二月十七日，至琳琅阁购得《梵唐千字文》（僧义净撰）、景宋本《三因方》、《祖庭事院》、《食医心镜》（唐昝殷撰）、景元本《儒门事亲》、景宋本《本事方后集》、《济生续方》、《唐六典》数种，并为中国难得之书。二十一日，日下部东作出示所藏宋拓书谱序，刻本极精，后有元祐二年河东薛氏模刻十字，校之停云馆安氏诸刻，迥不相侔，洵至宝也。君之友三井氏，拟刻之木，以广其传，又出示所藏唐人写经，及神代古器、金环、石镞等，并言其内府，藏宋拓东坡宸奎阁碑一，后附高宗御碑一，参宸碑一，范石湖诗碑一，乃圣一国师至宋赍来者，亦宇内有数之名迹也。日下部君又言，日本收藏汉籍处，以足利文库为最，劝往观，且言该地去东京不远，由上野趁汽车，二三时可达。以事冗不果往。二十三日，于书肆中购得宋闻人耆年《备急灸法》。二十六日，至书肆购书，得林希逸《列子鬳斋口义》（此书中土甚少）等数种，森氏立之藏书也。[1]

罗振玉的此次日本之行,除去路途奔波,可利用的时间仅1月余。而在这1月余的时间内,罗到过书店的时间竟达10多天,有时甚至连日访书购书,其对书籍的关注简直达到了痴迷的程度。

光绪三十四年(1908)八月,盛宣怀为考察日本制铁所等厂矿,并医治多年来在国内未能治愈的肺病,偕家族及随行人员共十余人东渡。自初七日出发,至十二月初二回抵上海,往返近4个月,先后到达了长崎、横滨、东京、神户、马关、若松、门司、大阪、尼崎、京都等城市,并受到了在日华人和日本相关各界的热情接待。著考察记《愚斋东游日记》,并由思补楼刊刻出版。

在日期间,盛宣怀的访书活动可谓硕果累累。盛第一次上书肆是在九月十二日。来日之前,他就了解到日本神田各书肆"颇有旧书",遂先前往购求,但遗憾的是,由于没有专人向导,加之当时日本已"讲究新学者多,旧书寥若晨星",过十数家书店,竟然"不得一部",而只选购了数十种理财方面的日人著作。[2]留日学生但焘得知此事后,告知东京文求堂旧书最多,并在十四日专门带引前往。在文求堂,盛所见"中国书籍不少,而精本标价极昂。内有钞本《钦定西清砚谱》一部,计二十五卷,乾隆四十三年(1778)奉敕撰。凡陶之属六卷,石之属十五卷,共砚二百,为图四百六十有四;附录三卷,则今松花紫金驼基红丝傍制澄泥诸品,共砚四十有一,为图百有八,每砚正背二图,亦间及侧面,凡御题及诸家铭识,一一钩摹,精好绝伦。

---

[1] 非原文,系笔者根据其游记摘录而成。参见王宝平等编:《晚清中国人日本考察记集成·教育考察记》上册,第219—232页。

[2] 盛宣怀:《愚斋东游日记》,日本东京都立图书馆藏本,刊行年未详,第33页。

称系内府藏本,问其价,二千元"[1]。翌日,文求堂主人专门送书到盛宣怀寓所,以供选择。这些书以经史子集之典籍为主,盛"选购得数百种,内以钱牧斋选刻之《杜诗》、《列朝诗集》,及明刻之《管子》,仿宋本之《李白全集》等数种为最"[2]。盛的这一举动,立即引起了东京各书肆的注意,他们得知盛宣怀嗜书如命,便络绎不断地送书上他的寓所,盛也是"随阅随购,统计新旧不下千余种"[3]。到了神户,盛又听说西京旧书较多,便托专人前往物色,并约相关书肆送书前来。十月十六日,京都若林、竹苞楼、佐佐木等书肆如约送书而至,遗憾的是好书不多。"有宋板《容斋随笔》(正续)六册,为最佳,索价三千余元,惜改订时上下两头均已切短,且有日人丹铅涂抹,亦非完璧。又有怀素草书《千字文》墨迹一部,后附苏东坡、黄山谷、赵松雪、徐天池、毛古菴、文衡山诸名家题跋,悬价万五千元,再三展观,殊不得其妙处,题跋也有可疑。总之,处千载之下而欲辨别千载以上之人之字,决其真伪,不綦难乎。"[4]似未购成。二十日,京都书肆重新送书上门,盛终于又选购新旧各类书籍400余种。此外,在神户期间,中国驻神户领事馆张鸿领事还赠送给盛宣怀"常熟顾子雍明经(镛)纂录之《铁琴铜剑楼藏书目录》八册,刻板极好"[5]。由是观之,盛在日本短短3月余,累计购得各类书籍约近2000册。[6]而他购书之

---

[1] 盛宣怀:《愚斋东游日记》,第35—36页。
[2] 同上,第37页。
[3] 同上。
[4] 同上,第69页。
[5] 同上,第73页。
[6] 据王宏根据盛宣怀《戊申九月于日购送各书籍》整理的《盛宣怀戊申在日购书清单》(上海图书馆历史文献研究所编《历史文献》第5辑,2001年8月,第339页),盛在日本采购和受赠之书为266部。另外,该资料还分别著录了书名、册数、价格及书籍来源。

所以不局限于古代中国典籍，据称是准备将来开办图书馆，以"公诸同好"，故不同于收藏家，而是所购之书"和汉新旧，不拘一格"。

从日本回上海后的第二年（宣统元年，1909），盛宣怀便开始在自己住宅东面，建造愚斋图书馆。宣统二年十月，愚斋图书馆落成，朝廷赏赐"惠周多士"的匾额。1932年，愚斋图书馆藏书除一部分捐给了山西铭贤学校外，其余主要捐给了圣约翰大学和交通大学。1951年，圣约翰大学和交通大学的这批藏书分别调拨给了华东师范大学和安徽大学，成为两校图书馆的特藏。这些藏书，不仅日本刊本较多，而且有关洋务的著作和史料也极其丰富，现多已成为国内外学者广为利用的珍贵资料，真正实现了盛宣怀当年"公诸同好"的愿望。

光绪三十四年（1908）冬，贺纶夔"请于大府，东行观政"，自光绪三十四年十二月十四日由成都出发，翌年闰二月初三自沪上起航赴日，五月初六返回上海，滞日约3个月。在日期间，贺苦于滞日时间短促，"日观夜书"，终成《钝斋东游日记》。据日记所载，三月初六日，正在日本留学的表弟但焘来其寓所，"言一书肆列古帖十数本"，贺当即与其前往该书店。发现其中有一《庙堂碑》，系五代王彦超翻刻本，"古色古香，神气完足"，当即购得。并认为唐刻本已经不可得见，获得此宝已大可满足。[1] 十三日，午后偕友人游书画肆，虽多伪托，但其中有《草露贯珠》1部，"乃元禄时代侯邸梅里延中村义竹搜辑中华自汉迄明碑版，草法而钩摹之，为一书，计二十三册，都四万余字，较草韵《草字汇》更为详备，刊印甚精，以十八元购之"[2]。四月十七日，

---

[1] 王宝平主编：《晚清东游日记汇编·日本政法考察记》，上海古籍出版社2002年版，第411页。

[2] 同上，第412—424页。

"至审美书院观摹印画册,购吾华南宗名人山水二册"[1]。返回上海后,贺纶夔还南下杭州,或访亲会友,或闲居寓所,或观赏名胜,停留杭州近两个月。自五月十八日至二十九日的整整10余日中,他均"在寓习帖,阅日本购回新政各书"[2]。虽在前面的日记中,未见其有购买日本新政各书的记载,但由此也可以看出,作者在日本除致力搜求汉文典籍外,还购买了不少当时国内急需的有关新政的各类书籍。

以上所举的均是考察者在日本考察期间顺便进行的访书活动。除此之外,也有专门赴日对日本各图书馆的规则及所藏状况作系统调查者。如光绪三十一年三月,黄嗣艾奉湖南巡抚端方之命赴日本考察官私各类图书馆。主要考察了东京帝国图书馆、大桥图书馆、早稻田大学图书馆、栃木县足利郡图书馆等东京、栃木、镰仓、大阪的各类官立和私立以及各学校附属图书馆,并将考察所得整理成《日本图书馆调查丛记》,于光绪三十一年九月由湖南学务处刊行。

据载,在栃木县足利郡图书馆,即足利学校附属的足利文库,黄嗣艾得以观览了数十种"珍异图书",分别是:"《毛诗郑注》(古写本,不全)、《泰轩易传》(古写本)、《六韬三略》(朝鲜古写本)、《孔子家语》(王广谋句解,古写本)、《圣迹图》(古板)、《论语正义》(何晏集解,字大如指,刻画甚工)、《圣学心法》(朝鲜本)、《性理大全》(朝鲜本)、《大史略》(朝鲜本)、《续通鉴纲目》(不全)、《大学衍义》(宋端平元年板)、《周易注疏》(宋本)、《自警编》(朝鲜本)、《史记》(小字袖珍板,宋本)、《周诗》(古写本,护面钤晦翁小印)、《周易启蒙》(古写本)、《尺度权衡》(即《论语》,何晏集解,古写本)、《文选》(宋本,不全)、

---

[1] 王宝平主编:《晚清东游日记汇编·日本政法考察记》,第425页。
[2] 同上,第428页。

《春秋左氏传》（南宋本）、《尚书》（宋绍熙刻本）、《礼记正义》（宋绍熙刻本）、《洗心易》（古写本）、《周礼》（宋板巾箱本）、《人国记》（古写本）、《柳文》（明本）、《庚申外史》（古写本，涂改甚多，底稿甚俚俗，盖葛溪先生手泽也）。"[1] 众所周知，足利学校是日本镰仓初期创建的一所"汉学学校"，位于今枥木县，初时并不有名，至15世纪，日本武将、关东管领上杉（藤原）宪实（1411—1466）聘请镰仓圆觉寺僧人快元为学校庠主，拨田赐书，重建足利学校。据称极盛时来自各地的学子多达3000余人。学校藏书的第一个来源是上杉宪实本人的捐赠。上杉极好书籍，广收古本，他的藏书几乎全部捐赠给了足利学校，如上述黄嗣艾所见宋刊本《周易注疏》等即是。而且，根据他的遗嘱，上杉氏三代皆向足利学校捐赠图书。足利学校藏书的第二个来源，则是室町时代僧人们的捐赠，如上述黄嗣艾所见宋板巾箱本《周礼》等即是。第三个来源是历代庠主的私人藏书。此外，尚有德川家康所捐赠本子等。另外，据严绍璗先生考证，上述宋本《周易注疏》原系宋代大文学家陆游家所藏。虽然现在还不知道此本《周易注疏》何时从陆氏家中传出，但此书传入日本后，先为上杉宪忠所得，后上杉宪忠遵其父嘱，将家藏之书赠送给了足利学校。[2] 黄嗣艾所见到过的这些"珍异图书"，有许多在后来被日本政府列为"国宝"。另外，在帝国图书馆，黄还观览了该馆所藏的各种古版本、写本和刻本，其中古版本《古文真宝后集》10卷（宋黄坚撰，元版）等13种，写本类《历代臣鉴37卷》（明宣宗撰，明人所写）等6种，刻本类《汇苑详注》等182种。[3] 限于篇幅，不一一录出。

---

[1] 黄嗣艾：《日本图书馆调查丛记》，湖南学务处光绪三十一年发行，第43—44页。
[2] 严绍璗：《在足利学校访国宝》，《中华读书报》，2000年7月19日。
[3] 黄嗣艾：《日本图书馆调查丛记》，第45—49页。

第三节　清末赴日考察官绅日本访书之特点

清代中国官绅赴日考察，以"新政"后的1904年至1907年最为集中。由于考察目的主要在于吸收借鉴日本维新以来的成功经验，使得考察者对有关日本新政的各类书籍倍加关注。教育考察者、政法考察者、农工商考察者、军事考察者等，他们无不携归大量相关书籍以备国内采用。这与驻日使节如杨守敬等大多专事访求古书有着很大的区别。然而，清末赴日考察官绅中，儒学正统出身的士大夫占绝大多数，这就决定了他们在购求大量"新书"的同时，对中国的传统典籍也会情有独钟。每当他们发现一种"秘籍"、"孤本"，往往会不惜重金加以购买。因此，新旧各书同时访求，可以说是清末赴日考察官绅访书活动的最大特点。

第二个特点是要求得古书变得越来越困难。明治初期，日本社会急剧西化，汉学开始为人所废弃，"举国士大夫弃古书如敝屣"，这无疑给杨守敬等较早来到日本者的寻访活动提供了天赐良机。杨守敬在日访书，"日游市上，凡板已毁坏者皆购之，不一年，遂有三万余卷。其中虽无秦火不焚之籍，实有奝然未献之书"[1]。当时市上汉学旧藏典籍之多不难想象。但是，随着中国访书客的增加，市上古书旧籍渐渐减少，加之许多民间人士以及国家图书馆也意识到对其加以珍惜而加入搜罗行列，使得售价大涨，甚至伪书赝本也屡见不鲜。清末赴日考察官绅访求古书，其时间愈降，难度也愈大。罗振玉"购得梁李暹注《千字文》一册，灯下观之，实系伪书"；盛宣怀虽购得新旧各类书

---

[1] 杨守敬：《日本访书志》，辽宁教育出版社2003年版，第1页。

籍近2000册，但也时时发出"旧书寥若晨星"、"精本标价极昂"、在坊间搜求善本已"百无一二"的感叹。

第三是访书活动规模巨大。如上所述，清末赴日考察者的人数，有记录在案者就达1200人左右，他们出于考察目的的需要，对"新书"的购求始终充满热情。如罗振玉，在书林送各种教育书来时，一次就"选留百余种"，在获得好的教育书籍后，还及时令随行人员翻译，其对日本教育的关注达到了忘我的程度。对于"旧书"，考察者们也是"无论知与不知，必购数种，以压归装"。更何况还有一些像盛宣怀、罗振玉那样，购书动辄成百上千册者。汇其总数，规模可观。

此外，在赴日考察官绅的访书过程中，留日学生所起的中介作用巨大。这也可视作考察官绅日本访书的又一特点。因为大多数考察者初来日本，逗留日本的时间又短，加之语言不通，他们不可能对日本的书肆情况有较多的了解。而留日学生则相反，他们往往为考察官员充任翻译，而且对日本书肆也较为了解，利用这一优势，他们常常能为考察者的访书活动提供信息并充当向导。以本书已多次出现的但焘为例，他于1902年前后从湖北蒲圻县赴日留学，并于1910年前后毕业于日本东京中央大学。在前述贺纶夔赴日时，是但焘第一次告知他"一书肆列古帖十数本"并带领前往；盛宣怀第一次访求古书一无所获时，又是他为其指点迷津并亲自作为向导。但焘不仅为考察者访书提供向导，而且自己也是一个热情的访书者。在日留学期间，他曾购得"中土所佚者二册。一为后汉赵邠卿先生岐《孟子章指》，按章阐明旨趣，体例如诗序，为日人藏原宪所刊，并从古本中搜得先生原序，遂成完璧。又《韩文公论语笔解》一卷，乃日人某得韩本刊以问世者。其出日人手者，有《深衣考》一卷，绘图帖说，考核详明，洵可宝贵"[1]。获得这些书籍后，他还通过书信将此事告知在国内的友人蒋艺圃，其对书籍的痴迷和获书时的心情由此可见一斑。

综上所述，清末赴日考察官绅的日本访书活动，是特殊历史背景下形成的极具特色的文化活动。它不仅参与人数众多，而且在书肆中古书旧籍日渐稀少的情况下，仍求得大量珍贵典籍，同时还新旧并举，向国内输送了大批的新学著作。这对中国文化典籍的回归，对促进中国的近代化事业均作出了重要的贡献。

---

[1] 王宝平主编：《晚清东游日记汇编·日本政法考察记》，第54页。

中篇

留日学生之研究

第六章
留日学生监督处《官报》及其史料价值

本书中篇第六章至第十二章主要围绕清末浙江留日学生进行研究。在这一研究过程中，笔者利用最多的史料是清末留日学生监督处[1]所发行的《官报》。这一珍贵史料虽已于2009年由国家图书馆出版社影印出版（部分资料由笔者提供，并附有笔者所作前言），但它目前似乎还尚未被国内研究者所广泛利用。因此，本章先对《官报》的刊行机构清末留日学生监督处的成立经过、《官报》的体例及刊行经过、《官报》的收藏及利用状况、《官报》的史料价值等作一综合介绍。

第一节 清末留日学生监督处成立经过

留学生监督的职责在于处理纷繁的留学生事务，如为学生联系学校、管理发放留学经费、照料学生日常生活、处理留学过程中出现的问题等，并向国内派遣者汇报学生留学情况，有时甚至还有监视学生

---

[1] 正式名称为"游学生监督处"，本书除特定情况外，使用其通称"留日学生监督处"。

活动的义务。

国内最早派遣留学生监督始于19世纪70年代的幼童留美时期。1872年，在留美回国学者容闳的力荐和曾国藩、李鸿章等人的支持下，4年分批向美国派遣120名幼童的留美计划得以实现。在选定首批赴美的30名幼童的同时，陈兰彬、容闳分别被任命为监督和副监督，此为中国留学史上最早的留学生监督。

清末10余年间，中国留日学生人数累计约达2万人，留日高潮期的在日留学生人数接近1万，其人数之多，在世界各国的留学史上也极为少见。为处理纷繁的留日学生事务，除各地总督、巡抚、南北洋大臣纷纷派遣留日学生监督外，外务部（后改由学部）也数次奏派负责管理全国留日学生的总监督（包括管理专员、监督），并设立了留日学生监督处。现将清末留日学生总监督、各地方留日学生监督以及与此相关的驻日公使的任命情况整理归纳如表1。

如表1所示，中国人的日本留学虽始于1896年，但留日学生监督的派遣则始于1897年（地方监督孙淦）和1899年（总监督夏偕复）。

1899年，先后由浙江、湖北、江苏等地派遣的留日学生有近百人，他们的管理工作分别由各地方任命的监督担任。1898年末，驻日公使李盛铎到任后，面对留日学生多渠道管理、秩序混乱的局面，遂奏派浙江人工部主事夏偕复任留学生总监督专司统辖管理之职。夏谐复在任两年余，后在李盛铎公使离任前转任公使馆随员，留日学生总监督之职改称"管理专员"，由王宗炎继任。

李盛铎离任后，蔡钧继任驻日公使。蔡钧在处理留学生问题上态度保守，如在他到任后的第二年，就连续发生了拒绝为自费留学生的入学担保而引发与留学生剧烈冲突、密奏终止派遣留日学生等事件，

表1 清末留日学生监督一览表[1]

时间	总监督（管理专员、监督）	各地方留学生监督	驻日公使
1896			裕庚
1897		孙淦任浙江留日学生监督	裕庚
1898		张听帆（湖北）抵日	裕庚（十月离任）李盛铎（十月到任）
1899	夏偕复六月任总监督	邹凌瀚被任命为南洋留学生监督。三月，张斯枸、邝国华、陈绍基为湖北留学生监督。九月，钱恂（南洋、湖北）抵日	李盛铎
1900	夏偕复	孙淦辞去浙江留日学生监督，同职由钱恂兼任	李盛铎
1901	夏偕复十月离任后，王宗炎任管理专员		李盛铎（十一月离任）蔡钧（十一月到任）
1902	王宗炎（管理专员）汪大燮十月任总监督	高凤谦（浙江）抵日。姚煜（南洋）抵日	蔡钧
1903	汪大燮离任后，杨枢兼任总监督	高凤谦九月离任归国，浙江监督由使馆随员王克敏兼任。方燕年（山东）抵日。沈兆祎（南洋）抵日	蔡钧（十一月离任）杨枢（十一月到任）
1904	杨枢（兼任）	使署随员张允褒、汪森宝兼充两广留学生监督。沈兆祎（南洋）归国。朱勋（云南）归国。查双绥（湖北）归国。李宝巽（湖北）抵日。赵理泰（练兵处）抵日。袁嘉谷（云南）抵日。周凤翔（四川）抵日。吴春康（山西）抵日	杨枢

[1] 本表主要依据日本外交史料馆所藏《在本邦清国留学生关系杂件（学生监督并视察员之部）》中的相关史料整理而成，由于资料并不系统，故未必全面。

(续)

时间	总监督（管理专员、监督）	各地方留学生监督	驻日公使
1905	杨枢（兼任）	殷柏龄（河南）抵日。马阴荣（山东）抵日。徐炯（陕西）抵日	杨枢
1906	杨枢（兼任）王克敏十二月任副总监督	李宝巽(湖北)归国。喜源(湖北)抵日。丁惟鲁（直隶）抵日。赵理泰（练兵处)归国。钱鸿逵(云南)于东京病故。李士锐（练兵处）抵日。刘秉桢（南洋)抵日。谢崇基(云南)抵日。金保权(江西）抵日。陈炳焕（湖南）抵日。马阴荣（山东）因病归国由丁惟鲁代理。徐炯（陕西）因病归国由缪延福代理。浙江、福建、四川、广东、广西、安徽各省监督由使馆参赞和随员兼办	杨枢
1907	杨枢、李家驹（兼任）王克敏副总监督		杨枢（十一月离任）李家驹（十一月到任）
1908	李家驹、胡惟德（兼任）王克敏副总监督撤去总监督、副总监督，新设监督，由田吴炤担任	周家树接替李士锐任练兵处陆军留学生监督	李家驹（八月离任）胡惟德（八月到任）
1909	田吴炤	周家树因亲病归国，吴宗煌接替练兵处陆军留学生监督	胡惟德
1910	田吴炤 胡元倓	吴宗煌因病请假，姜思治接任	胡惟德（六月离任）六至八月吴振麟临时代理 汪大燮（八月到任）
1911	胡元倓	黄遵楷、沈廷鉴、沈承祓、俞安澄任陆海军留学生监督。陆军部吴宗煌再度赴日，任陆军（兼海军）留学生监督	汪大燮

从而招来了留学生的极大反感。这一系列事件的发生，加之自费留学生的不断增加以及他们革命倾向性的明显化，促使他意识到有必要强化留学生的管理。1902年，蔡钧向外务部建议从国内派遣留学生总监督并专设留日学生监督处，十月，汪大燮被奏派赴日任总监督。但汪在任不到1年就被召回国内，总监督一职改由公使蔡钧兼任。

1906年，新设立的学部对留学日本政策作了大幅度的调整，并制定了"管理日本游学生章程"，通过对原有留学生监督处的改组和充实进一步强化了留学生的管理工作。在保持原来由公使兼任总监督的基础上，派布政使王克敏任副总监督，下设庶务、会计、文牍、通译4科，各科配备科长1名，书记和科员各若干名，同时于4科外设《官报》正副理事各1名，咨议员若干名，专职人员共计30余名[1]，并同时下令各省一律撤回地方监督。至此，真正形成了全体留日学生由监督处统一管理的体制。

但是，这一体制也仅持续了两年左右。1908年，在新任驻日公使胡惟德的建议下，学部重新修订了"管理日本留学生章程"，撤销监督处总监督和副总监督之职，监督处责任者改称"监督"，由学部另派田吴炤担任。

1910年，学部鉴于留日学生数减少之现状，大幅度缩小了留学生监督处的规模，并重新任命胡元倓为监督处监督。[2]

---

[1] 据《官报》第25期"咨送学部监督处人员简明履历及薪水数目册文"所载，光绪三十四年末监督处职员名单如下：庶务科何寿朋（科长）、卓勋、郑延祜、程毓霖，会计科夏循坦（科长）、张允高、马群亮、薛锡珍、叶金绶、陈震、田行煊，文牍科陈懋治（科长）、王盛春、程学銮、高栾，通译科杨彦洁（科长）、郭左洪、孙士杰、时功璠，官报理事李滋然、官报副理事曹和澄，咨议员林鹍翔、李家毂，庶务科书记杨佑、会计科书记萧培身、陈凤歧，文牍科书记褚德芬、陈祖溶、施绍棠、沈文绥、裕潘。

[2] 留日学生监督处的设立及其相关事项，详细情况还可参照黄福庆《清末留日学生派遣政策的成立及其展开》（〔日〕《史学杂志》1972年第81卷第7号，第42—48页）。

以上，对负责管理全体留日学生的总监督，包括副总监督、管理专员、监督的更替状况作了概观，从中不难发现其变化与留日学生的动向、政府留学政策的调整、驻日公使的立场等因素紧密相关。此外，在清末后期，随着留日学成人员的增加，监督处中上至监督下至部门人员，具有留日经历的"知日者"的比例明显提高。如上述田吴炤于1898年赴日入成城学校，胡元倓于1902年赴日入弘文学院，均为早期留日学生。

第二节 《官报》体例及刊行经过

1906年"游学生监督处"成立后，就将编辑发行《官报》作为一项重要工作，还特置"编报所"（亦称官报所），置正副理事各一名，专门负责《官报》的刊行事务。

据监督处规则所载，"编报所"主要职责为："官报正副理事员承监督之命按月编纂官报，得径向各科提取应行登载之件；官报预定于每月上旬编稿、送核、交印、校对，每月中旬出版，分寄内地，编纂官报不记页数，务将一月内所办各事按要登载，关于会计文件尤不可疏漏；对于交印、点收、分寄、发售等事，应由理事员责成司事经理其发售人款，并由理事员查对转交会计科。"[1]

《官报》编辑事项主要有："日本学校情形、游学往来人数、游学生成绩品性、官费生有无开除及自费生改官费者、每月各省学费等项收支数目、游学生之有疾病事故者、关于学务一切应行登载之

---

[1] 《驻日公使署游学生监督处规则》，《官报》第27期。

事。"[1]其所编"以表为最夥,凡学校之情形、学生之成绩,暨关于学界整理改良之政策,无不可据此以为稽核之准实,无异监督处之行政案,亦可作监督处之统计书也。然则欲洞察东京学界之实状,即此区区册子,固其参考之资料矣"[2]。由此可以窥知监督处刊行《官报》之旨趣。

《官报》封面署刊物名称、刊行年月、期号、刊行机构名称等。如第1期,署"官报　宣光绪三十二年十二月第一期　光绪三十三年□月□日发行　游学生监督处"字样[3]。第1—2期和第5期在目次之前载校勘表。从此校勘表看,第1期错误较多,达20处,第2期和第5期分别为8处和4处。

《官报》为月刊,自光绪三十二年十二月刊行第1期,遇闰月增刊一期,至宣统二年十二月,累计刊行50期[4]。除目前尚未发现的第3期外,其余49期的容量累计达8986页之多。分别是:

光绪三十三年正月至三十三年六月　第1—7期(缺第3期)　628页

光绪三十三年七月至三十四年六月　第8—19期　1568页

光绪三十四年七月至三十四年十二月　第20—25期　1254页

宣统元年正月至元年十二月　第26—38期　2832页

宣统二年正月至二年十二月　第39—50期　2704页

---

[1]《学部咨酌改管理游学生监督处章程并派田道充监督折片》,《官报》第23期。
[2]《官报发刊缘起》,《官报》第1期。
[3] 据《游学生监督处官报例言》(《官报》第1期)所载,官报的发行时间为次月二十五日。但从实际发行时间看,除有些未具体载明时间者外,多为次月上旬或中旬,如宣统元年三月第29期的发行日期为同年四月初七,同年四月第30期的发行日期为五月初四等。
[4] 其中光绪三十三年七、八两个月的第8期和第9期为合刊。

第六章　留日学生监督处《官报》及其史料价值

《官报》主要设"奏章"、"文牍"、"调查报告"、"经费报销"、"学界记事"等栏目。各栏登载的主要内容，《官报》"例言"中有如下明确规定：

  奏章 凡有关于监督处学务之奏报，悉行登载；
  文牍 凡与日本官衙暨日本各学校往来文牍，及与各行省将军督抚提学使往来公文函电等件，摘要登载；
  调查报告 凡监察员所报告各学校情形暨各学生出席缺席之勤惰，入学转学退学者之氏名，游学往来人数暨卒业时学生之成绩，游学生之有疾病事故暨入院出院者，均登载于此。
  经费报销 凡监督处开支款目暨各省官费学生支销实数，及医院医药费支销实数，每月学生贷借之款，均登载于此；
  学界记事 凡每月教育会提议条目暨决议要目，及关于学界一切事项，登载于此。[1]

此外，从第8期开始，增加"附录"一门，"凡关于学务事件有不能编入原定各门类者，悉刊入此门"[2]。第31期始"经费报销"栏目名称改为"经费底账"。"学界记事"栏目自15期开始内容趋向单一，几乎仅载"监督处公布"，而此前各期，除此之外还有"教育会记事"等学界相关事项。

监督处除刊行《官报》外，自光绪三十二年十一月至宣统二年十一月，还定期汇编《经费报销册》共9册，累计总量达3903页之多。

---

[1]《游学生监督处官报例言》，《官报》第1期。
[2]《官报》第8、9期（合刊）所载"本报广告"。

民国以后,监督处改称"中华民国留日学生监督处",虽然停止了《官报》和《经费报销册》的刊行工作,但仍刊行留学生调查报告书、各类统计表、名册、写真册等。

第三节 《官报》的收藏及利用状况

有关《官报》的收藏情况,大致可分为日本和国内两条线索。

日本方面,由于1923年东京大地震,中华民国留日学生监督处不得不撤离东京,并将大量的资料移送到日华学会[1],请其代管,而这些资料其中就包含《官报》。战后,实藤惠秀最先在日华学会发现并保存了《官报》(第8—50期)[2],但未能对其内容进行系统整理和研究;

---

[1] 原为以日本财界人士为中心于1918年创立于东京的民间组织,以给留日学生提供学习、生活等帮助为主旨。1921年发展为财团法人,后在经济上多次得到外务省的援助,因此也可视为半官方组织。曾经营留学生宿舍和日语学校"东亚高等预备校",并发行《日华学报》。1945年被新设立的日华协会所吸收。

[2] 早稻田大学图书馆除保存留日学生监督处发行的《官报》和《经费报销册》的缩微品外,尚保存着中华民国留日学生监督处刊行的《留学生调查报告书》4册、民国四年留学生统计表、民国五年度官私立各学校毕业生名册、民国五年度下半年各省官自费生简表稿、民国七年七月帝国大学在学生名册、民国七年八月本所管理之各省官费生人数一览、七年度秋季各经理处报告官费生人数一览、七年度自费生调查册、民国七年四月调查留日学生总册、民国八年五校在学生名册、民国八年各高等专门在学生名册、八年度考取五校及普通各学校新生名册、民国八年各帝大在学生名册、民国八年各私立大学在学生名册、民国八年春期各官费生册、八年度十月份各省自费生名册、八年十一月本处直辖官费生册、八年度官费生名册、民国八年各官私立高等大学专门毕业生名簿、九年度留日官费生总册、民国九年奉天自费生草册、民国九年江西私费生名册、九年度各单大高等专门学校录取新生名册、九年度各单大高等专门学校在学生名册、民国九年春季各高等专门卒业生名册、十年四月官费生调查表、民国十年十二月一高报名册、十年度自费生名册、民国十年十一月浙江留日公费生名册、官费生名册(年度不详)、早稻田明治日本法政四大学在学人数一览(年度不详)、五校学生写真册、各省留学生写真册等,分别各1册。

1967年，实藤惠秀在从早稻田大学退职前将所保管的《官报》和监督处留下的其他资料移交给早稻田大学图书馆，在由图书馆制作成缩微胶卷后，将资料原件交还给了当时中国在日本的唯一窗口——廖承志事务所的首席代表孙平化。[1] 目前，在日本能利用的《官报》就是早稻田大学所保存的缩微品。

　　再看中国国内，虽然早稻田大学图书馆归还给廖承志事务所的《官报》原本目前已不明去向，但一些图书馆尚保存着部分《官报》原本。据不完全统计，中国国内《官报》馆藏情况为：北京大学图书馆第20—31期；广西桂林图书馆第1—2、4—14、16—28、30—42、45—50期；中山大学图书馆第13—17期。此外，中国国家图书馆保存着第1—2、4—14、16—28、30—42、46—50期的缩微品。目前国内图书馆之所藏，估计是当时监督处在发行后定期寄往国内各省和学部等政府相关部署后遗存至今的《官报》。

　　此外，2001年笔者通过调查发现国内图书馆收藏部分《官报》后，从广西桂林图书馆复制了第1—7期（缺第3期），同时将复印件赠送给了早稻田大学图书馆。因此，早稻田大学图书馆是目前保存《官报》（缩微品）最全的图书馆。

　　《官报》作为近代留日学生及其他相关研究的重要资料，其史料价值不言而喻。然而，目前在众多的有关近代中国留日学生史的研究论文和著作中，对《官报》的利用还不多见，可以说《官报》还尚未得到充分的利用。这主要归因于它目前还尚未被众多的研究者所了解，同时即便了解，利用也甚为不便。据笔者管见，《官报》目前的利用情

---

[1]〔日〕阿部洋：《日中教育文化交流与摩擦》，第一书房1983年版，第410页。

况大致如下：

如前所述，实藤惠秀在战后虽从日华学会取得了《官报》及其他相关资料，并作了初步整理，但未能对它进行系统的研究，在其有关中国留日学生研究的众多研究著作中，也几乎未见对《官报》的引用；1994年，川岛真在《日本及台湾的清末民初留日学生相关资料——中国留日学生监督处文献、外务部档案、教育部档案》（《中国研究月报》48卷7号，1994年7月）一文中，对早稻田大学图书馆所藏《官报》的由来和收藏经过等作了介绍；1997年，大里浩秋和笔者以早稻田大学所藏《官报》为原始资料，制作了《〈官报〉中所见的清末浙江留日学生名单》（《中日文化论丛，1996》，杭州大学出版社，1997年12月）；1998年，笔者以《官报》中所见的有关"五校特约"留学的内容为中心，撰写了《清末"五校特约"留学与浙江省的对应》（《中国研究月报》52卷2号，1998年2月）一文；2001年，大里浩秋在《留学相关资料之中间报告》（《中日文化论丛，1999》，杭州大学出版社，2001年3月）一文中，涉及了《官报》的部分内容；2001年笔者通过调查发现国内图书馆收藏部分《官报》，从广西桂林图书馆复制了第1—7期（缺第3期），并于2002年撰写了《清末留日学生史研究的珍贵史料：〈官报〉》（《文献》，2002年第4期），以第1—2、4—7期为中心，着重对官报的史料价值作了介绍；2002年，大里浩秋、孙安石在其所编的《中国人日本留学史研究の現段階》（御茶水书房，2002年5月）中，作为附录收入了《官报》第1—2、4—50期的所有目录，为相关研究者了解《官报》的内容提供了方便；2002年，大里浩秋撰写《『官报』を読む》（《中国人日本留学史研究の現段階》所收），以第一期为中心，对《官报》的内容作了较为详细的介绍；2005

年，红帆撰写《日本学生监督处"官报"中的留日艺术学生》(《云南艺术学院学报》，2005 年第 4 期)，利用大里浩秋从早稻田大学图书馆所复制的《官报》，从中辑录出留日艺术学生名单，并介绍了部分学生的在日活动情况、清朝中央和地方政府对艺术留日学生的经费政策等。

第四节 《官报》的史料价值

《官报》包含了 1906 年末至 1910 年留日学生界方方面面的内容，而且是直接管理留日学生事务的"游学生监督处"所发行，其史料价值不言而喻。以下，先以《官报》第 1、2、4—7 期为例加以介绍。

如前所述，《官报》主要设"奏章"、"文牍"、"调查报告"、"经费报销"、"学界记事"等栏目。在此 6 期《官报》中，共载"章奏"3 篇，"文牍"54 篇，"调查报告"19 篇，"经费报销"表 12 种，"学界记事"25 篇。

"章奏"3 篇，分别是《学部奏设管理游学生监督处折》、《学部续奏管理游学日本学生章程折》、《使署增设监督处奏请派员经理折》，系与设立监督处及留日学生管理直接相关的奏折。《学部奏设管理游学生监督处折》在罗列了留日学生界所存在的诸如学生所入学校良莠不齐、部分学生行检不修贻笑外人、各省所派学生学费不一而引起诸多摩擦等问题点后，强调了在使署内专设游学生监督处以加强对学生的管理的必要性，从中也可以看出当时的政府管辖部门是如何看待学生留日过程中所产生的问题的。"学部续奏管理游学日本学生章程折"系学部已于光绪三十二十月十七日奏准《管理游学日本学生章程》的基础上欲酌增部分内容之奏折，而《使署增设监督处奏请派员经理折》中载有所奏派各员的名单。

"文牍"54篇，包括监督处与学部等政府部门就留学生的入学、毕业、学费等事项之往来"咨呈"或"咨文"，与各地总督、巡抚以及提学使往来的公文函电，与日本各相关学校或机构的往来文牍等。从这些"文牍"中，不仅可以看出监督处与以上各往来机构的联系内容，还可发现大批留日学生的派遣、就学、费用收支、在日表现等情况。如第2期《通咨各省督抚请将留学官立各大学及高等专门各学校自费生改给官费文》，指出按照学部奏定的"管理日本游学生章程"，凡自费生能考入官立高等或专门学校及大学者，应由监督处商请各省督抚改给官费，并附有符合该条件的13省138名（女生7名）学生的名单，具体为：直隶8人、山东2人、河南1人、江苏42人、安徽3人、江西3人、湖北8人、湖南2人、福建21人、浙江24人、广东12人、四川11人、贵州1人。由此可以发现当时自费留学生人数规模虽大，但能考入官立高等或专门学校及大学者人数相当有限。再如第6期"咨呈学部造送各省官费学生学费预算表"，具体标明了当时包括官立大学本科学生、官立学校学生、私立学校学生、陆军学校学生、津贴学生在内的各省（包括学部直属各机构）各类官费生的人数为2556人，经费总额960353日元，其中湖北458人177969日元为最多，吉林7人2800日元为最少。这一史料表明了1907年留日官费学生的总体规模和各省官费学生人数。第6期"致日外务省函"中，驻日公使兼留日学生监督杨枢鉴于留日学生中希望入日本各高等专门学校的学生剧增，而日本文部省直辖各高等专门学校因有定额而不能接收，故建议文部省能专为中国学生每年增加180名学额。众所周知，以增加学额为主要内容的,由学部与日本文部省协商达成并于1908年开始实施的"五校特约"留学计划,对实现留日学生从量到质的转变起到了关键性的作用。而杨枢的这一公函,正是清政府官方第一次就这一问题与日本官方联系的函件,其中已初见"五校特约"留学计划之雏形。

"调查报告"19篇,均为各类统计表,包括日本各类学校中国学生统计表、学生姓名成绩表、官费学生表、死亡学生表、患病学生表、请假学生表等。由于这些统计表大多标明留日学生的姓名、籍贯、费别、到东年月、所入学校及所学专业等基本信息,研究者可从中获取各种统计数据。如第1期所载"日本官立大学及高等专门学校中国学生统计表"和"东京私立各学校中国学生统计表",二者分别累计学校数为22所和16所,学生数为309人和6994人,较为准确地反映了当时日本各官立学校和东京的各私立学校中国留学生的分布情况。再如第4期"山东留学日本官费学生统计表",这一资料不仅显示了光绪三十三年三月山东省官费学生的总人数为80人,还详细地记载了他们的姓名、籍贯、学校和学科,其中24人就读于官立大学及高等专门学校,其余就读于各类私立学校。

"经费报销"表12种,包括监督处开支款目暨各省官费学生支销实数,及医院医药费支销实数,每月学生贷借之款等各类统计表,其中以贷借学生一览表和官费学生医药费表为多。如第1期"自费学生贷借表"记录了向监督处借款的250名自费生的姓名、籍贯、担保人和借款额。担保人各3人,均为官费生,且多为借款人的同乡,若借款者不能按时归还,即于保证人官费项内扣还;借款额限50元,并限两个月内清还。这些资料不仅反映了当时众多自费留学生的经济状况,从中也可看出他们的一些交友情况。再如第1期"官费学生医药费第一次决算表"，记录了 38 名患病学生的姓名、省别、住院日数和医药费数。此类"经费报销"表，作为研究留日学生在日生活状况的第一手资料，弥足珍贵。

"学界记事"25 篇，记录了各次"清国留学生教育协议会"会议的内容，和与留日学界相关的一些重要事件、规程、报告等。"清国留学生教育协议会"由驻日公使馆与日本接收中国留学生的各学校联合设立，系"以谋学生教育之完备，管理学生之便宜为目的"的组织，每月召开例会一次。"学界记事"栏记录了每次例会的经过、讨论内容和决议事项。与留日学界相关的事件、规程、报告，如"法政大学拟设中国留学生普通科"（第 1 期）、"毕寅谷罚停学费半年"（第 1 期）、"记山西遣派实业学生事"（第 2 期）、"游学生请假规则"（第 4 期）、"记东京高等工业学校吾国留学生试验成绩"（第 5 期）、"监察员王绍曾调查日清蚕业学校学生解散事报告"（第 7 期）等，形式多样，内容丰富。

综上所述，《官报》包含了与清末留日学生直接相关的庞大的信息，研究者可以从相关研究的各种不同角度进行利用。如笔者曾与大里浩秋将其中的浙江籍留日学生进行整理，从中可以了解清末浙江留日学生的大体规模和每一名留学生的比较详细的留学信息。以下以浙江籍学生鲁迅和殷汝耕为例，看看《官报》所记载的有关留日学生信息的情况。

《官报》第 4 期"调查南洋文科留东官费学生简明表"，其中有鲁迅兄弟的留学信息如下：周树人，陆师学堂派送，现入德语学校；周作人，三十二年闰四月派送，现入早稻田大学校，两人所领官费额按当时规定，均为"每人每年学费日金四百元"。此外，第 19 期"六月份请假归国学生一览表"载周树人自六月初四日至七月廿四日请假归国；第24期"咨送两江总督己酉年江宁上学期预算表册并催解学费文"、第29期"咨两江总督造送江宁己酉年下学期学费预算表册文"和"己酉年上学期江宁提学司学生学费表"也均载周树人和周作人每年官费额为400元；第33期"阳历七月份送病院学生及医药费细数并应扣住病院费表"载周树人自七月三日至七月七日因病入杏云堂病院花去医药费11元9角，并外诊一次花去2元5角6分；第34期"阳历八月份活支款项清单"载"支官费生周树人辍学回国川资五十元"；第40期"咨学部及各省开除官费学生名单文"载"周树人，辍学，学费领至（宣统元年）九月"等内容。[1] 由此可以发现鲁迅在1906年春离开仙台医学专门学校回到东京后不久至1909年夏回国的约3年时间内，其学籍主要在德语学校，并领取每年400日元的官费。目前，研究者普遍认为鲁迅在离开仙台回到东京后，主要从事文学创作等，虽挂名于德语学校，但实际上学并不多。笔者认为，鲁迅将学籍放入德语学校，固然主要与其对德语感兴趣有关，但与其为领取官费以维持在日生活也不无关系。因为当时在东京留学的各种费用，包括学费在内，每年约为二三百日元[2]，每年400日元的官费不仅可以支付全部留学费用，从其他多数官费生的情况看，还可以从中留出部分以作他用。有关鲁迅的留学费用，鲁迅本人在《杂论管闲事·做学问·灰色等》一文里提到："记得自己留学时候，官费每月三十六元，支付衣食学费之

---

[1] 据大里浩秋前述论文《『官报』を読む》介绍，早稻田大学所藏《经费报销册》第一册至第六册中也有鲁迅直至1909年9月每月领取33元官费的记录。
[2] 据记载，1901年前后留学日本的费用为年额150—200日元（章宗祥：《日本游学指南》），1906年前后的留学费用为年额180—306日元（崇文书局编：《日本留学指掌》）。

外,简直没有赢余"。而周作人在《鲁迅的故家·校对》则说:"鲁迅那时的学费是年额四百元,每月只能领到三十三元。"鲁迅本人说"简直没有赢余",可以理解为还是略有赢余的。至于每月的数额,则不难看出周作人的记忆比鲁迅本人更为准确。另外,鲁迅回国时间在1909年8月(农历六月),但据上述记载,其官费领至九月。

殷汝耕系浙江平阳籍清末留日学生,抗战胜利后因其亲日卖国行为被国民政府判处死刑,也可以说是民国时期重要人物。目前,在有关他的各类资料或读物中,对其留学日本的时间和经过往往语焉不详且众说不一[1]。而根据《官报》(至1910年)等记载,可知其留学日本的经过大致如下:1904年以福建省官费生的身份赴日留学,先入宏文学院,1908年4月考入第一高等学校特设预科,成为"五校特约"官费留学生[2],每月领取官费33日元[3],翌年入第七高等学校[4],1911年中途辍学回国,被学校开除学籍[5],后又赴日入早稻田大学政经科,

---

[1] 如《浙江近现代人物录》(浙江人民出版社1992年版)介绍其"早年留学日本,加入中国同盟会,1913年赴日早稻田大学政治经济科学习"。浙江省地方志编纂委员会编:《浙江通志》则认为:"殷汝耕(1885—1947),17岁(按年龄推算约为1902年。——引者)考进日本高等预科,专攻日语,后毕业于第七高等学校。1913年9月,'二次革命'失败,再赴日本,入早稻田大学政治科。"

[2] 《官报》第17期"第一高等学校考取学生一览表"记载其于光绪三十年九月以福建官费赴日留学,1908年4月考入第一高等学校第二部,成为"五校特约"官费留学生,此前毕业于宏文学院;第28期"咨学部查明官立高等专门学校及大学各校学生科目年级造册送核文"载:"殷汝耕、浙江籍、五校官费、第一高等学校第二部预科。"

[3] 《官报》第32期"己酉年上学期第一高等学生学费表"载殷汝耕1—6月每月领取官费33元,半年200元,尚余2元;第28期"第一高等学生校外预备加给费表"载1909年4—8月每月领取加费4元,合计20元;第28期"五校官费学生医药费表"载殷汝耕自3月23日至4月11日入顺天堂病院花费46元7角5分,外诊两次花费4元2角6分。

[4] 《官报》39期"己酉下学期第一高等及分配各学校学生学费表"载殷汝耕于第一高等学校预科毕业后分配至第七高等学校,7—12月每月领取官费33元,半年200元,尚余2元。

[5] 〔日〕兴亚院:《日本留学中华民国人名调》,兴亚院政务部1940年版,第155页。

1917 年毕业。[1]

近代中国留日学生数量庞大、成分复杂，他们在留学归国后扮演了种种重要角色。以留日学生为中心的近代中日教育交流，在研究中国近代人物、近代中外关系史、近代中国教育史等各个领域，均是必须着重涉及的内容。清末留日学生监督处发行的《官报》，以往以其所在鲜为人知等原因，学界对它的研究和利用尚还有限。由于它记录了 1907 年至 1910 年 4 年间与留日学生直接相关的各类奏折、监督处与日本相关机构及国内政府教育部门的往来文牍、调查报告、经费底账等方方面面的内容，具有较高的史料价值。尤其是有关留学生的各类调查表格，粗略估计约网罗了此 4 年间 1 万余名留日学生的各种相关信息，作为研究清末民国时期留日归国各类人物的史料，亦弥足珍贵。此资料的影印出版，必将对与留日学生相关的各类研究带来巨大的推动作用。

---

[1] 〔日〕兴亚院：《日本留学中华民国人名调》，第 367 页。

第七章

从《官报》看"五校特约"留学计划的成立过程及其实施状况

　　清末中国人留学日本,在经历了 1905 年前后的高峰期后,清政府下令停止速成留学教育,并实施了以提高质量为目标的"五校特约"留学计划,实现了由量到质的转变。

　　关于"五校特约"留学,实藤惠秀的《中国人日本留学史》和阿部洋的《中国近代教育和明治维新》等著作中均有提及,但迄今尚未见到更为深入具体的研究。本章以清末留日学生监督处发行的《官报》为主要材料,对清末"五校特约"留学计划的形成背景、形成过程及内容、实施状态进行考察,并以浙江省为例,分析"五校特约"留学计划对各省留日运动的影响以及在这一计划实施过程中各省所作出的反应。

第一节 "五校特约"留学计划形成的背景

一、速成留日所存在的问题

　　始于 1896 年的中国人留学日本运动,在 19 世纪末的数年内,不仅留学人数甚少，而且留日者多为浙江巡抚和湖广总督等少数督抚派遣的官费生，自费留日者所占比例极小。留学日本的必要性真正被社会各阶层所认识，除官费生外，大量自费留学生也涌入日本，形成真正的留日热潮，是在20世纪初。究其原因，不外乎清政府推行所谓的"新政"，明确提出将逐渐废止科举取士制度，奖励海外留学，大力提倡设立新式学堂；国内有识之士以及留日学生的积极呼吁；日俄战争日方的胜利使日本在国人心目中地位进一步提高；日本政府及民间的推波助澜，等等。

至1905年前后，在日留学生猛增到近万人。如此惊人的发展速度，在其他任何国家的留学史上绝无先例。这些留学者中，既有意识到亡国危机而怀抱大志者，也有仅为谋取功名利禄者；既有为"镀金"而赴日的举人进士，也有不顾丈夫和父兄的反对，断发放足，为实现理想而负笈东渡的女子；既有为求真知而刻苦学习者，也有耽于玩乐而经常旷课者。然而，不管动机如何，他们敢于踏出封闭的国门，呼吸异域的新鲜空气，这本身就是一大进步。更何况当时国内的新式学堂尚未完备，对追求新知的人们来说，留学不失为一条有效途径。然而，这种大规模的以速成为中心的留日教育，也存在着不少问题。

先看留日学生的大致构成比例、接受学校和教授科目。在留日高潮时期，官费生与自费生的比例约为3：7，从最终毕业的学校和专业看，其中速成科约占60%，普通科约占30%，专门学校和高中约占3%，大学约占1%，中途退学者约占6%。[1] 不难看出，速成科和普通科的学生占绝大多数。当时开设速成科的学校相当多，主要有：

---

[1] 留日学生监督处：《官报》第8—9期（合刊），第89—90页。

日华学堂（1898）、成城学校（1898）、清华学校（1899）、弘文学院（1902）、东京同文书院（1902）、实践女学校清国女子速成科（1902）、振武学校（1903）、东斌学堂（1903）、法政大学清国留学生法政速成科（1904）、明治大学附属经纬学堂（1904）等。速成科修业年限短则3个月，长则1年半，多为6个月或1年，普通科则两三年。教授科目，以法政速成科法律学科和弘文学院普通科为例，所开设的课程有：

法政速成科法律学科：

第一学期　法学通论、民法、宪法泛论、刑法、国际公法、经济学原理。

第二学期　民法、商法、行政法、国际私法、法院组织法及民事诉讼法、破产法、刑事诉讼法、监狱法。[1]

弘文学院普通科：

第一学年　修身、日语、地理历史、算术、理科示教、体操。

第二学年　修身、日语、地理历史、理科示教、算术、几何、代数、理化、图画、体操。

第三学年　修身、日语、三角、历史及世界形势、动物学、植物学、英语、体操。[2]

从以上课程设置上看，教学内容似乎相当充实，但实际上除了语

---

[1]〔日〕法政大学资料史委员会：《法政大学史资料集·法政大学清国留学生法政速成科特集》，法政大学资料史委员会1988年版，第9页。

[2]〔日〕实藤惠秀：《增补·中国人日本留学史》，黑潮出版1981年版，第80页。

第七章　从《官报》看"五校特约"留学计划的成立过程及其实施状况　　145

言学以外，其他课程几乎都是通过翻译进行讲授，教学效果大打折扣，而且普通科在日语课程上也占去了大量的时间。

留日学生就读于速成科与普通科者占90%，表明速成教育为留学生教育的主流。而接受中国留学生的速成学校在运作方法上也无不存在问题。

正像大多数研究者所指出的那样，速成留学日本热潮的形成，既有中方的迫切需要，也有日方的推波助澜。留学生大量涌向日本后，有些学校特别是私立学校，就将他们作为学校营利的对象。尽管认真负责的学校也有不少，但从总体上来看，在当时以营利为目的的学校占据多数。

1905年1月，前东京高等商业学校校长寺田，在有关中国留学生问题的谈话中指出："近来教育清国人的学校逐渐增加。特别是自费留学者，大多为富豪子弟，其消费金额也比其他官费生要多，因此，欲得其利益，并指望这些清国人赚钱的私立学校迅速地增加起来。教育清国人的私立学校之增加绝不是坏现象，但多数只是以利己或营利为目的。"[1]

此处所指出的学校及其经营者，正是被当时的留学生们戏称为"学店"和"学商"者。对这一类学校和经营者的"商法"，寺田进一步指出："特别是很多私立学校，完全是为了营利，他们要招收尽可能多的学生，因此倘若甲校各种费用一个月25日元，乙校就定收费标准为24日元，丙校再降至23日元，以图压倒其他对手。"学校间这种无序竞争的结果，导致本月进入甲校者，下月转到乙校，然后再转入丙

---

[1] 引自〔日〕法政大学资料史委员会：《法政大学史资料集·法政大学清国留学生法政速成科特集》，第193页。

校的情况也屡见不鲜。这样一种状态，正如寺田所言："又怎能陶冶学生品性，培养人才，实施清政府所期望的教育呢？"[1]

二、留日政策的转变

清政府学部所实行的录用各国留学回国者的考试，不失为检验留学生总体水平的一种良好手段。这一考试在每年的农历九月前后进行，以 1906 年的考试为例，人数众多的留日归国者在考试成绩上却远逊于留学欧美归国者。众所周知，中国人留学欧美，虽然开始时人数极少，但其起步要比留学日本早半个世纪，中间一度经历挫折，进入 20 世纪以后，人数又开始逐渐增多。据统计，1906 年赴美国留学生是 60 人，到 1908 年时，在欧洲的留学生也不超过 500 人。[2] 显然，1906 年前后留学欧美的回国者，在人数上无法与留日回国者相比。然而，考试的结果却触目惊心，以优等成绩被授予"举人出身"的 5 人中，留学日本出身者占 2 人，以最优等成绩被授予"进士出身"的 9 个人，则全是留学欧美出身者。因此，十分有必要对留学日本的效果进行反省。

清政府倡导留学特别是留学日本，其目的主要是为推行"新政"培养必需的人才。最初，官费留学生大体上均通过考试等形式选拔后派遣，而自费留学几乎不需要任何条件。1904 年，政府制定《奖励游学毕业生章程》，规定只要在日本的学校获得学历证明，就可以分别获得诸如举人、进士之类的头衔，并被授予相应的官职。虽然在奖励的同时，

---

[1] 引自〔日〕法政大学资料史委员会：《法政大学史资料集·法政大学清国留学生法政速成科特集》，第 193 页。
[2] 王奇生：《中国留学生的历史轨迹：1872—1949》，湖北教育出版社 1992 年版，第 45、57 页。

也制定了限制在日留学生活动的《约束留学生章程》，但直至翌年11月日本公布所谓的"清国留学生取缔规则"为止，由于不能得到日本政府的积极协助而未充分实施。1905年，随着留学生的激增，各种问题开始暴露：学业成绩不良，学生为了能在短时间内获得毕业文凭，大多都集中于速成专业等。而许多学生以日本为根据地转向反政府活动，更是令清政府忧心忡忡。有鉴于此，清政府决意采取措施限制留学日本，并获得了日本政府有关部门的帮助。1905年11月，以上述《约束留学生章程》为原案，日本政府发布了《关于公立私立学校接受清国人入学的规定》（俗称《清国留学生取缔规则》），这一规定名义上是为了强化留日学生的管理，实际上以取缔留日学生政治活动为主要目的。1906年3月，新设立的学部公布了《选派游学限制办法》，规定中学毕业以上程度者才能留学日本；同年8月，学部向各省发布了即刻停止派遣速成学生的指令。学部的这一规定和指令，宣告了速成留学时期的结束，同时也标志着留学日本开始进入了重视质量的时期。

第二节 "五校特约"留学计划形成过程及内容

一、留日政策改变后的具体对策

如前所述，清政府之所以断然实行限制派遣普通科留学生和停止派遣速成留学生的政策，是因为注意到了它所存在的一系列问题，并试图加以改善。但是，也应注意到问题的另一面，那就是由于当时国内普通教育逐渐普及，对日本留学的要求，开始逐步转移到高中、专门学校和大学教育上来。也就是说，虽然政府实行了限制派遣普通科留学生和停止派遣速成留学生的政策，但对高中、专门学校以上的留学并没有加以限制，其目的在于加强留学生管理的同时，集中有限的资金，强化更高水平的留学日本教育。这一政策的颁行，必然导致盛极一时的清国留学生速成学校，由于学生的减少将逐渐趋于萧条；另一方面，受学生名额的限制，中国留学生进入日本高中以及专科以上学校学习，将变得更加困难。

在此背景下，政府提出了如下相应的具体对策：充实留学生监督机构；指定私立留学生教育机构；为已进入国立高中、专门学校的自费生提供官费；争取文部省直属的国立高中、专门学校增加接收中国留学生的名额等。

首先，简单回顾一下留学生监督处的历史。为管理留学生而从国内派出留学生监督，在地方上始于最早派出留学生的浙江省，其所任命的第一任留学生监督是孙淦。之后，1899年，应驻日公使李盛铎的要求，工部主事夏偕复作为负责公使馆留学生事务的留学生总监督赴日。几乎同时，湖广总督和南洋大臣派钱恂前往日本，作为当地的留学生监督。进入20世纪以后，随着留学生逐渐增多，各省相继派出了留学生监督。1901年末，夏偕复辞去总监督，转任公使馆随员，总监督制度暂时中断，另设"管理专员"1人，负责处理公使馆的留学生事务。其后不久，蔡均接替李盛铎出任驻日公使，他在考察了留日学生现状后，感到有必要再设总监督，遂要求向日本派遣专任的总监督。外务部上奏任命员外郎汪大燮为日本游学生总监督，光绪二十八年十月初一日，上谕准奏。汪大燮旋即赴任，其下设办事员3人处理具体业务，汪大燮权限比前任夏偕复总监督扩大了许多。第二年，汪大燮因官职升迁被召回国内,总监督则由驻日公使杨枢兼任。1906年,伴随着赴日留学政策的大幅度调整,为达到强化留学生管理的目的,学部奏请制定了《管理日本游学生章程》,派遣布政使衔候补道王克敏为副总监督,其下设庶务、会计、文牍、翻译等科共配备20余人。同时,原来由各省派出的监督则被下令全部撤回。至此,名副其实的"游日学生监督处"可谓真正成立,它作为驻日公使馆的附属机构,负责管理全体留日学生的事务。

其次,是关于指定私立留学教育机构。1907年2月,确定早稻田大学、明治大学、法政大学、中央大学、东洋大学、宏文学院、经纬学堂、东斌学堂、成城学校、同文书院等19所私立学校,为留学生教育指定学校。由新成立的留学生监督处与上述19所学校组成"留学生教育协议会",力图通过此组织,强化留学生的管理。

第三,关于考入国立高中、专门学校及大学的自费生转为官费的规定,将在本章后半部分,结合浙江省执行"五校特约"计划时的情况进行具体阐述。

二、"五校特约"留学计划形成过程及内容

学部为了争取扩大文部省直属的国立高中、专门学校接收中国留学生的名额,经与日方多次交涉,达成了"五校特约"留学计划。

中国留日学生中最早进入高中、专门以上学校的学生是公使馆招收的特别留学生唐宝锷、胡宗瀛、戢翼翚等,他们于1899年从嘉纳治五郎负责的私塾式学校(1899年后改名为"亦乐书院")毕业后进入东京专门学校;另外,由浙江省派遣的汪有龄、钱承志、陈榥、何

燏时、陆世芬、吴振麟等，也于1899年9月入第一高等学校。由于这些早期的留日学生均通过严格的选拔，加之赴日后专心于学业，因此他们的学习成绩大多非常优秀。而且，从日本的官立高中以及专门以上的学校方面来看，因中国留学生人数较少，相关规定比较宽松，留学生入学大多不受名额的限制。但是，到1905—1906年前后，由于留学生人数急剧增加，学生整体水平下降，希望进入高中和专门学校者明显增加，但入学考试合格率却很低。据驻日公使兼留日学生总监督杨枢的调查，1906年前后希望进入国立高中、专门学校及大学者仍达2000人之多。[1] 而当时除特殊情况者外，国立高中、专门学校接收中国留学生的人数，多数情况下，每校仅十多人。加之当时部分学校还出现了拒收中国留学生的风潮，如当时7所国立高中就有5所曾拒绝中国学生入学。[2]

为了缓和这一状况，学部委托杨枢为扩大国立高中、专门学校的接收范围与文部省进行交涉。通过交涉，文部省的答复是：根据议会讨论决定，文部省直属学校的经费，在扩大中国留学生接收范围时，中国方面必须补偿学校的建设费和设备费。据《文部省直辖学校关于清国留学生教育案之经费调概算》[3] 记载：东京高等工业学校、第一高等学校、大阪高等工业学校等19校合计接收学生950人，其建设补助费和设备补助费达305600日元。由于当时的清朝政府一时难以筹措这一资金，杨枢遂通过外务省向文部省表示希望每年由日本方面接收180人入学，具体是：文部省直属高中50人，高等师范学校25人，

---

[1] 留日学生监督处：《官报》第12期，第10页。
[2] 留日学生监督处：《官报》第8、9期（合刊），第122页。
[3] 同上，第96页。

高等工业学校 50 人，高等商业学校 25 人，高等农林学校 15 人，专门医学校 15 人。后来，除高等农林学校因对方不肯下调过高的费用而不得不放弃外，另外五所学校经反复交涉，终于在 1907 年 8 月，最后与文部省达成了大致为如下内容的协议：

1. 接收学校、人数、补助费：
东京高等师范学校　25 人　1980 日元/年（不再另收学费）
第一高等学校　50 人　8768 日元/年（不再另收学费）
东京高等工业学校　40 人　8000 日元/年（另收学费每人 50 日元）
山口高等商业学校　25 人　7000 日元/年（不再另收学费）
千叶医学专门学校　10 人　只收学费
2. 入学者须有相当学力，且入学考试合格。
3. 协议期限为 15 年。

得到文部省的答复后，杨枢立即命文牍科长林鹍翔制定出《游学计划》[1]送交学部。计划详细写明了每年的学生数及经费预算，经费分担办法，毕业学生的分配等。其中也有一些未必合理的地方，如关于经费分担办法，规定不管各省留学生数多少，均平均分担上述 150 人的总费用，这必然招致许多留学生人数较少甚至没有留学生的省份的强烈反对。之后，学部参考此计划，奏请按派遣留学生人数的多少，将各省分为"大省"、"小省"，让大、小省以 3 比 2 的比例分担五校留学所需的经费，光绪三十二年十一月三十日，上谕准奏，至此，一个

---

[1] 留日学生监督处：《官报》第 8、9 期（合刊），第 89 页。

由各省分担费用的所谓"五校特约"留学计划正式形成。[1]

如前所示，每个学生给五校的补助费因学校不同而有所差异，但据平均计算，每人每年约190日元。而且，据此前学部已奏定的《管理日本游学生章程》规定，政府必须为通过国立高中、专门学校及大学入学考试的留学生提供官费，以支付其学费和生活费，两者合计每人每年的费用被定650日元。按此计算，第一年的经费，直隶、奉天、山东、河南、江苏、江西、安徽、浙江、福建、湖北、湖南、广东、四川等13个留学生大省分别分担9人的份额，计5850日元；吉林、黑龙江、山西、陕西、甘肃、新疆、广西、贵州、云南等9个小省，分别分担6人的份额，计3900日元。当然，从第二年开始，加上新入学学生的费用，所需经费会成倍增加。另外，由于特约五校中，除千叶医学专门学校外，其他学校皆设置1年的预科，而且第一高等学校的毕业生，还计划升入帝国大学，因此，学费支出第8年为峰值，预算经费为大省32600日元，小省21800日元。

学部的奏折，还包括以下内容：

1. 五校留学计划实施后，各省停止从国内选派官费留学生，即使由于官费留学生毕业等原因，使官费留学生定员出现了空缺，也不再补充新的官费留学生。但是，考入高中、专门以上学校者，须按前定章程支付官费。

2. 由于希望进入高中、专门学校的在日留学生人数众多，两年内不宜再向日本输送留学生。两年后送往日本的具有中学毕业程度的学生，其进入高中、专门学校之前的费用自理。

---

[1] 留日学生监督处：《官报》第12期，第1—20页。

第七章　从《官报》看"五校特约"留学计划的成立过程及其实施状况

3. 因特约五校的入学完全由竞争决定，所以各省的入学人数不作规定。毕业生由学部按各省分担费用的比例统一分配。以优先分配到输出省为原则，在当该省份人数有多余时，则分配到邻省或更远的地方。分配去其他省份者，由抽签决定[1]。

第三节 "五校特约"留学计划的实施状况

1907年形成了"五校特约"留学计划，从1908年开始实施。本节依据留学生监督处发行的《官报》资料，对1908—1910年"五校特约"留学计划的实施状况进行分析。

一、五校入学学生数

先将1908—1910年间各省考入五校的学生数列表如下。（见表1）

从上表统计数字可见，每年五校入学学生总数大致与计划数相同，数字的增减幅度不大，但值得注意的是，各省之间的数字差异较大。3年合计，相对经费分担较少的小省中，如黑龙江省、甘肃省、新疆省无一人进入五校，而大省浙江、湖南、广东、四川四省的入学人数竟占总数的一半。由于入学取决于学生个人之间的竞争，产生差距不足为怪。但为什么各省的竞争能力会有如此大的差异呢？在后面，我们将以浙江省为例进行剖析，在此先不涉及。

---

[1] 留日学生监督处：《官报》第12期，第1—20页。

表1　1908—1910年各省考入五校学生数统计[1]

年份	学校	浙江	湖南	广东	四川	直隶	湖北	江苏	江西	福建	贵州	山东	安徽	云南	山西	广西	陕西	奉天	河南	吉林	蒙古	合计
1908	一	11	16	4	4	2	3	2	4	3	2	2	1	1	1	0	3	0	0	1	0	60
	二	1	8	1	2	3	4	2	1	0	2	1	1	5	0	0	0	0	0	0	0	31
	三	5	5	0	4	4	4	0	1	0	1	0	1	0	0	0	0	0	0	0	0	25
	四	10	5	8	3	6	6	4	6	2	2	4	1	1	0	0	0	0	0	0	0	58
	五	4	1	0	1	0	1	2	0	0	0	0	1	0	0	0	0	0	0	0	0	10
	合计	31	35	13	14	15	18	10	12	5	7	7	4	7	2	0	3	0	0	1	0	184
1909	一	10	7	11	1	1	6	2	2	5	2	0	2	0	1	0	0	0	0	0	0	50
	二	1	1	3	2	3	0	3	4	6	0	0	0	0	0	1	0	1	2	0	0	27
	三	5	4	3	5	1	1	0	0	0	0	3	1	0	0	0	0	0	0	0	0	23
	四	9	2	8	3	2	2	7	0	4	0	0	2	0	0	0	0	1	1	0	0	44
	五	5	1	1	0	0	0	1	2	0	0	0	0	0	0	0	0	0	0	0	0	10
	合计	30	15	26	8	13	9	13	8	15	3	3	4	0	1	1	0	1	3	1	0	0	154
1910	一	8	6	6	7	2	2	4	1	5	2	3	0	0	0	2	0	1	0	1	0	50
	二	1	2	2	3	3	1	2	1	0	2	0	0	0	0	0	3	0	1	0	0	21
	三	0	3	1	7	3	3	1	2	0	3	0	0	1	0	0	0	0	0	0	0	25
	四	6	5	5	3	2	1	2	1	3	0	1	3	0	2	0	0	0	0	0	0	40
	五	0	1	3	2	0	2	0	0	0	0	1	0	0	0	0	0	0	0	1	0	11
	合计	15	17	17	21	8	7	9	10	7	7	6	7	1	4	5	1	2	1	1	1	147
总计		76	67	56	43	36	34	32	30	27	17	16	15	8	7	5	5	2	2	1	485
排次		1	2	3	4	5	6	7	8	9	10	11	12	13	14	15	16	16	17	18	19	

说明：表中的一、二、三、四、五，分别指第一高等学校、东京高等师范学校、山口高等商业学校、东京高等工业学校、千叶医学专门学校。

---

[1] 此表格及以下表2至表4系笔者根据留日学生监督处刊行的《官报》各期相关资料综合而成。

二、五校报考合格率

那么，报考五校的考生合格率又是怎样呢？我们通过1909年五校报考人数以及合格人数的统计数字进行分析。（统计数字仅限第一高等学校、东京高等师范学校、山口高等商业学校三校，详见表2。）

根据表2的统计数字计算可得知，第一高等学校的合格率是11.68%，东京高等师范学校是25.47%，山口高等商业学校是16.55%，平均合格率为14.86%，合格率相当低。其中参加第一高等学校考试的学生428人，合格者只有50人，合格率最低，竞争程度最激烈。第一高等学校应试者众多，与报考者希望此校毕业后再进入帝国大学深造的升学动机直接相关。由于竞争率高，1909年春季，第一高等学校入学考试时，甚至发现6名学生有作弊行为，结果受到了监督处的处罚。此后，监督处宣布，凡入学考试作弊者，如果是官费生当即取消其官费资格，如果是自费生永远取消其参加考试的资格。

表2 1909年"五校"入学考试人数及合格人数统计

		浙江	湖南	广东	四川	直隶	湖北	江苏	江西	福建	贵州	山东	安徽	云南	山西	广西	陕西	奉天	河南	吉林	蒙古	盛京	合计
第一高等学校	合格人数	10	7	11	1	1	6	2	2	5	2	2	0	0	0	1	0	0	0	0	0	0	50
	考试人数	65	47	57	41	33	52	33	24	16	9	15	5	1	4	13	0	0	9	2	0	0	428

(续)

		浙江	湖南	广东	四川	直隶	湖北	江苏	江西	福建	贵州	山东	安徽	云南	山西	广西	陕西	奉天	河南	吉林	蒙古	盛京	合计
东京高等师范学校	合格人数	1	1	3	2	3	0	3	4	6	0	0	0	0	0	1	0	1	2	0	0	0	27
	考试人数	13	10	15	5	8	11	7	12	7	1	5	6	0	0	1	1	4	0	0	0	0	106
山口高等商业学校	合格人数	5	4	3	2	5	1	1	0	0	0	0	2	0	0	0	0	0	0	0	0	0	23
	考试人数	26	20	15	15	16	16	9	3	5	3	3	3	0	0	5	0	0	0	0	0	0	139
合计	合格人数	16	12	17	5	9	7	6	11	2	2	2	0	1	1	2	0	0	0	0	0	0	100
	考试人数	106	77	87	61	57	79	49	39	28	13	23	14	1	4	19	1	4	9	2	0	0	673

说明：表中第一高等师范学校的山西省无考生，而合格人数却有1人，由于留日学生监督处《官报》的原始资料如此，此表照录之。

三、各省缴纳五校经费状况

留学生入学考试竞争激烈，各省学额分配不均已是不争的事实。

第七章 从《官报》看"五校特约"留学计划的成立过程及其实施状况 157

然而，各省特别是留学人数少的省份，照样要承担留学经费，就成为一个棘手的问题。首先，各省获悉五校留学计划后，对经费承担问题反应极其敏感。据留学生监督处记载，到1908年5月末为止，来自地方的信件很多，其中除江宁（江苏省的经费由江苏省和江宁府分担，称之为江宁）、湖北、湖南、山东、广西、云南、山西表示愿意执行学部奏定章程之意向外，四川、贵州、福建等省对章程表示十分不理解，不同意承担经费。奉天只同意缴纳分担经费数额的3/10。还有许多省份不作任何表示，持观望态度。尽管学部要求当年度的经费到旧历六月末必须全部缴清，可事实上1908年度直至11月份上缴率只有39%，而1909度旧历六月末上缴率也仅达到57%。无奈，监督处只好通过日本方面的银行融资来支撑局面，这种情况长此以往，必将导致留学计划最终难以实施。有鉴于此，监督处多次要求学部能出面督促各省依照奏定章程规定，及时缴纳经费。但是由于当时规定留学经费不允许从税收中支出，许多省份的确存在难以调拨这笔资金的实际困难。于是陕西省向度支部要求本省留学经费能从杂税或厘金（1%的商业税）中提取，获得许可。这一做法使学部受到了启示。宣统元年（1909）十一月初九日，学部与度支部共同上奏，希望准许各省均按照陕西省的先例，从杂税或厘金中支付留学经费，并停止支付官费留学生的修学旅行费以节省费用，上谕准奏。这样，各地支付留学经费的来源问题大致得到了解决。尽管如此，此后各省之间在留学经费缴纳方面差距拉大的事实仍未改变。现将截至宣统二年（1910）四月各省该缴纳经费总额和未缴纳额的统计数字列表如下。（见表3）

表3 各省留学生经费缴纳情况

省份	3年合计分担总额	未缴纳额	省份	3年合计分担总额	未缴纳额	省份	3年合计分担总额	未缴纳额
奉天	35100	17550	福建	35100	8775	陕西	23400	5858
直隶	35100	17550	湖北	35100	8775	甘肃	23400	7800
山东	35100	8775	湖南	35100	17550	新疆	23400	19500
河南	35100	16550	广东	35100	17850	广西	23400	5850
江苏	35100	13163	四川	35100	3573	贵州	23400	20015
江西	35100	8775	吉林	23400	21060	云南	23400	6850
安徽	35100	30100	黑龙江	23400	19500	合计	666900	281314
浙江	35100	0	山西	23400	5850			

说明：表中数字单位为日元。1910年前后1日元约合0.65两库平银。

从表3的统计数字可以发现：首先，全额缴纳的只有浙江1省，仅缴纳约1/10的有安徽、吉林、贵州、新疆4省，这一数字格外引人注目；其次，按大省小省分开计算，其未缴纳率大省约为37%，小省约为53%，说明留学生人数少的小省，与大省相比，对分担五校留学经费所采取的态度更为消极，或者甚至可以说是采取了某种程度的抵抗。

第四节　"五校特约"留学计划对浙江省的影响

一、浙江早期官费留日学生数的变化

如上述三个统计表所示，浙江省报考以及考取五校的学生均居于各省榜首，而且还率先缴清了1908—1910年3年所承担的全部五校留学经费。

在清末中国人留学日本的运动中，浙江省始终是一个十分引人注目的省份。1897年浙江派遣杭州蚕学馆学生嵇侃、汪有龄，1898年从求是书院和武备学堂派遣文武各4名学生留学日本，开创了各省派生留日的先河；直至清末，浙江省留学生人数始终居于各省排名的前五位；浙江籍的鲁迅、周作人、蒋介石、蒋百里、秋瑾、章宗祥等中国现代史上的知名人物，都具有留学日本的经历等，诸如此类的例子不胜枚举。

浙江省在日留学生人数上虽始终名列前茅，但有一段时期，官费生的派遣却出现了停滞。19世纪末，在热心教育的杭州府太守林启和浙江巡抚廖寿丰等的积极努力下，浙江省率先派遣官费留日学生，引人注目。不久，廖巡抚离任，林太守也在1900年去世，曾一度领先于其他各省的官费留学生的派遣明显减少。1903年，在日中国留学生增加到1000人左右，浙江籍留学生也增加到154人。这154人中，自费生占绝大多数，约40名官费生中，本省派遣者近20余人，其余为南洋、使馆或四川官费。而在当时，在湖广总督的积极提倡下，湖南、湖北大批输送留日学生，官费生已大幅度超过了浙江。针对这种情况，浙江留日学生对浙江省的官僚们进行了批判，他们指出："浙江犹能于

留学界占第二三等位置者，独赖有自费生耳。浙江之财富不亚于湘鄂，筹余京饷，认摊赔款数亦不亚于湘鄂，而独于造人才筹学费，大吏辄咨嗟叹曰：'没有钱，没有钱。'承大吏之风旨者，亦辄满口答应曰：'是！！是！！筹款子却是很难的事。'呜呼，以吾辈之眼光观之，其不急之务，可省之款，掷黄金于虚牝者，殆不可算。"[1]

此后，浙江省的官费留日学生派遣得到了一定程度的改善，但自费生占绝对多数的状况依然没有改变。1904年浙江的留日学生193人中，官费生增至73人；1905—1906年，在留日学生急剧增加的时期，虽然无准确的统计数字，但自费生还是占大多数。例如，在1905—1906年间日本驻杭州领事馆领事累计4次给日本外务大臣的报告书中，提及浙江向日本派遣的留学生共有29名，其中官费生仅3名。[2]

二、浙江籍五校官费生名列前茅的原因

1906年学部依据奏定《管理留日学生章程》，规定凡是考入国立高中以及专门学校以上的自费留学生都将给予每年400—500日元的官费，而且无人数限制，这对浙江省的自费留学生来说，无疑是一大福音。据此，至1907年末，浙江省就有41名自费生转成了官费生。但是，至1908年，由于考入国立高中以上学校的人数的增加，加之"五校特约"留学计划也开始实施，各地的留学经费负担明显加重。为了

---

[1] 孙江东：《敬上乡先生请令子弟出洋游学并筹集公款派遣学生书》，《浙江潮》第7期，光绪二十九年七月，第5页。
[2] 《提交清国留学生人名表之件》，日本外务省外交史料馆所藏《在本邦清国留学生关系杂件》（杂之部）第1卷。

减轻各地的负担，光绪三十四年（1908）十二月十二日，学部奏定以当时各省官费生人数为基数，只有在部分学生毕业定员不满时，才允许已考入国立高中以上的农、工、格致、医学专业学校的自费生，按入学时间顺序填补空缺。这一政策，意味着自费生即使考上国立高中以上学校，也受到名额和专业限制，特别是像浙江这样自费生很多的省份，取得官费留学资格变得更加困难。而特约五校，尽管入学考试竞争激烈，但一旦考入就能取得官费，因此有实力的自费生纷纷转向五校。1909年，浙江省报考五校者及合格者人数均列全国第一，正是这一政策使然。

尽管1910年浙江省率先全部缴纳分担的五校留学经费非常引人注目，但与此相反，浙江省对考入其他国立高中以及专门学校以上学校的学生却并没有及时履行支付官费的义务。即浙江省在优先缴纳分担的五校经费的同时，又多次向留学生监督处表示无法缴纳其他留学经费，消极地对待其他学校经费的缴纳。这是促成浙江省的自费留学生在转成官费生的问题上竞争激烈，而且集中于报考五校的又一重要原因。

此外，浙江省考入五校的学生数名列各省前茅，与浙江考生的五校入学考试合格率较高也无不相关。这一点，从上述《1909年"五校"入学考试人数及合格人数统计表》中不难看出。

除了浙江省之外，福建、陕西、贵州也主张除五校之外，无力支付其他的官费留学生经费；1910年末，江西省也要求五校以外的官费留学生从164名减至50名。有鉴于此，学部不得已作出补充规定，要求监督处不再推荐上述五省的学生参加五校之外国立高等以上学校的入学考试，而只允许他们应考五校[1]。由此，1910年后，这五个省特别是浙江省报考五校的学生势必会进一步增加。

三、五校官费生与普通官费生的消长

"五校特约"计划实施以来，各省五校以外的官费留学生，由于上述原因呈减少趋势，这可从下列统计表的数字得到证明。

表4 五校以外的官费留学生数前8位的省份及其人数

排序 年次	1	2	3	4	5	6	7	8
1908年	湖北 388	湖南 313	江西 207	江苏 198	浙江 179	奉天 100	直隶 100	四川 94
1909年	湖北 207	湖南 201	江西 184	浙江 177	江苏 167	四川 90	福建 76	山东 72
1910年	湖南 180	江西 164	湖北 160	江苏 108	浙江 82	山东 72	四川 71	直隶 69

但是，从1911年开始，上述浙江、福建、陕西、贵州等省，将不再新产生五校以外的其他学校的官费留学生。不仅如此，其他省份也完全有可能会效仿这一先例，进一步减少五校以外的官费生。这一结果必然导致五校的入学竞争将更加激烈。

---

[1]《咨浙江江西巡抚待补生挨补完竣再行实行新章文》，留日学生监督处《官报》第48期，第12页。

以上就"五校特约"留学计划形成的背景、经过、实施状态进行了考察,并以浙江省为例对地方政府对此问题的反应以及所采取的相应对策进行了分析。

与日本学生同教室上课,是进取的中国留学生梦寐以求的愿望,但在速成为主的留学时期,绝大多数学生都未能实现这一愿望。"五校特约"留学计划的实施,进入五校的中国留学生,享受到与日本学生同堂上课、同样考试的权利。原则上讲,一次考试不及格者留级,二次考试不及格就有被令退学的危险,因此留学生们唯一的出路就是专心功课,努力学习。从学生成绩表上看,入学第一年成绩不合格(丁)的情况还比较多,但由于连续出现两个"丁"就意味着被淘汰(学生成绩分为甲、乙、丙、丁四级),所以,随着年级的增高,不及格者明显减少。这是实施"五校特约"计划以来,与速成为主的留学时期部分学校只要交钱,就用不着担心毕不了业,拿不到文凭的那种情况相比,所发生的一大变化。不过,五校中,没有设立预科的千叶医学专门学校,和原来就设有预科的东京高等师范学校,留学生一入学就与日本学生同教室上课;第一高等学校、东京高等工业学校、山口高等商业学校这三所学校,由于单独为中国留学生设置了一年的预科,在预科学习的一年期间,中国留学生不与日本学生共同上课。

"五校特约"留学计划的实施,是从以速成为主的混乱的留学日本阶段向以高中及专门以上的学校,进而向以实学为中心的有秩序的留学阶段转换的重要一环。仅至1910年,3年间就已向五校输送了485名学生。由于在留学政策上实现了从追求数量到追求质量的转变,留日归国者的学业水平不断提高。以1910年秋学部实施的各国留学毕业生录用考试的结果为例,合格者561人中,留学英美者共计34名,法国 7 名，德国 3 名，俄国 1 名，其他 516 名全部是日本留学归国者。[1]这与前述 1906 年的考试结果形成了鲜明的对照。

然而，如果注意到因受实施"五校特约"计划等因素的影响，而造成其他国立高中以及专门以上的学校的留学生在持续减少这一事实的话，就会明白官费留学生总数在 1908 年以后在逐渐减少。也就是说，尽管"五校特约"留学计划由于中日两国的协力而顺利实施，但不仅是自费留学生，就是官费留学生在总人数上也在逐渐减少。就人数而言，此时中国人留学日本运动已经过鼎盛期而开始走下坡路。

进入民国以后，"五校特约"留学计划继续得到实施。根据中华民国留日学生监督处的统计，1919 年时，五校中的东京高等商业学校，已被明治工业专门学校所替代。这一年，五校在学的中国留学生为 624 人，其中新生为 158 人。[2]

---

[1]《日本留学生好果》，《朝日新闻》，明治四十三年九月四日。
[2] 笔者据中华民国留日学生监督处编《民国八年五校在学生名册》、《八年度考取五校及普通各学校新生名册》统计所得。

第八章
浙江早期留日学生

纵观清末浙江留日运动的发展，若根据政府派遣情况和留日学生的数量加以分析，笔者以为大致可细分为四个时期。第一时期：自1897年至1898年，浙江省在这一时期的官费派生留日工作为各省首倡，故可称"首倡期"；第二时期：1899—1900年，在这一时期，浙江省的官费生派遣出现停滞，赴日者仅为少数几名自费生和北洋、使馆官费生，故可称"停滞期"；第三时期：1901—1905年，1901年浙江省重新开始派遣官费生，此后，赴日的官费生和自费生均逐年递增，至1906年达顶峰，故可称"递增期"；第四时期：1907—1911年，这一时期，无论是官费生还是自费生，在总人数上呈逐年减少趋势，故可称"递减期"。

本章着重就上述第一时期即1897—1898年浙江省派生留日情况，和非浙江省派遣的浙江留日学生情况，结合中日两方面的史料，主要通过考证的方式加以梳理，试以澄清学界对这一时期浙江留日学生的诸多不一说法。同时对这一时期浙江留日学生活动中最为突出的译书活动，以及这一时期的浙江留日学生监督的事迹作一考察。

第一节　近代中国最早的地方官费留日学生

一、13名使馆学生的赴日

中国最早选派留日学生始于何年？要回答这一问题，首先须回顾一下创始于1882年的中国驻日使馆内的东文学堂。1877年，以何如璋为首任驻日公使、张斯桂为副使、黄遵宪为参赞的清国驻日使馆在东京设立。赴日当初，由于以为中国与日本文字相近，加之当时国内一时也无合适人选等种种原因，而没有从国内带去专门的译员。可是在一年后，何如璋便向总理衙门称："东文翻译最难其选，因日本文字颠倒，意义乖舛，即求精熟其语言者亦自无多，臣等只得暂觅通事二名。"[1]有鉴于此，何如璋立即奏请招募华童赴驻日使馆学习日本语言文字，以备将来之选，遗憾的是在他的任期内未能付诸实施。[2]1881年，清政府任命黎庶昌为第二任驻日公使，黎同样以使署需用东文翻译为由，再次奏请招致学生设馆肄业，以3年为期，不久获准在使馆内设东文学堂，于1882年开馆。[3]自此，使馆陆续从国内选拔学生赴日，由使馆延聘日人为东文教习来馆授课，以培养翻译人才。甲午战争前后，学堂一度中止。

光绪二十一年（1895）七月，裕庚任驻日公使。遵照总理各国事务衙门的旨意，裕庚在上任后不久即着手在使馆内恢复设立东文学

---

[1] 王彦威纂、王亮编：《清季外交史料》卷十四，《使日何如璋等奏分设驻日本各埠理事折》，文海出版社1963年版，第32—33页。

[2] 王宝平：《清代中日学术交流的研究》，〔日〕汲古书院2005年版，第373—376页。

[3] 故宫博物院：《清光绪朝中日交涉史料》卷五，《总理衙门奏遵议在日所招东文学生毕业后应如何待遇片》，文海出版社1963年版，第22页。

堂，并计划就地延请东文教习，认真训课以期有成。但是，后来在与日本文部大臣西园寺公望协商时，对方建议在使馆内闭门授课，不如将学生送至日本学校学习。西园寺认为，在馆内学习，每日不过数小时，其余仍说华语，难以有成，以前馆内所招致的学生成才甚少，原因也在于此。裕庚采纳了西园寺公望的建议，并打算今后对招来日本的学生严加管理，如发现有不求上进、不堪造就者，随时遣回，绝不迁就。裕庚将此计划汇报给总理衙门，总署随即函复裕庚，认为所拟计划切实可行。此后，裕庚遂派驻横滨领事吕贤笙赴"上海苏州一带"招募唐宝锷、戢翼翚、朱光忠、胡宗瀛、吕烈辉等13名学生，于光绪二十二年五月初五日抵达日本东京使署。但是，这13名学生并非均来自上海、苏州一带，如唐宝锷为广东籍，戢翼翚为湖北籍，吕烈煌为安徽籍，系吕贤笙之族亲。[1]

关于这13名留学生的姓名，实藤惠秀在其《中国人留学日本史》提到："1896年旧历三月底，清朝首次遣派学生十三人抵达日本，他们是：唐宝锷、朱忠光、胡宗瀛、戢翼翚、吕烈辉、吕烈煌、冯訚谟、金维新、刘麟、韩筹南、李清澄、王某、赵某。"[2]以后这个说法几成定论并一直为学界所沿用。但据外务省外交史料馆所藏《在本邦清国留学生关系杂纂》中收录的驻日公使裕庚五月初八日致西园寺公望的书信中所附的名单可以得知，这13人分别是：韩寿南（23岁）、朱光忠（22岁）、冯訚模（20岁）、胡宗瀛（20岁）、王作哲（19岁）、唐宝锷（19岁）、戢翼翚（19岁）、赵同颉（19岁）、李宗澄（18岁）、瞿世瑛（18岁）、金维新（18岁）、刘麟（18岁）、吕烈辉（18岁）。

---

[1] 汪叔子：《近代中国人留学日本原始考》，《中日关系史研究》1992年第2期。
[2] 〔日〕实藤惠秀著、谭汝谦等译：《中国人留学日本史》，三联书店1983年版，第1页。

二者之间朱忠光（朱光忠）、冯阊谟（冯阊模）、韩筹南（韩寿南）、李清澄（李宗澄）、吕烈辉（吕烈烽）各相差一字，另外王某和赵某各是王作哲和赵同颉。此外，两者虽都是13人，但其中一人（各为吕烈煌与瞿世瑛）全然不同。笔者再次查阅了外务省外交史料馆所藏的《在本邦清国留学生关系杂纂》中裕庚光绪二十二年十月初三日致日本外务大臣大隈重信的书简，发现当时李宗澄、韩寿南、赵同颉、王作哲4人已经回国，作为补充，使馆再次从福建和安徽分别招来22岁的黄涤清和16岁的吕烈煌，将他们送入前面13名（除已回国者）学生所入的学校。因此，很明显，实藤惠秀所提到的吕烈煌是以后来日的，而瞿世瑛应该补入五月初五抵日的学生名单中。此外，据笔者管见，似尚未有人提到过李宗澄等4人回国后所补充的二人的来日情况。

首批13人抵日后，裕庚将他们的教学委托给文部大臣西园寺公望，再由西园寺公望转请高等师范学校校长嘉纳治五郎负责教学。嘉纳在附近的神田三崎町租一民房作宿舍兼教室，并派该校教授本田增次郎任监督，更请教员数人进行教学。东文授课在住宿处进行，而数学、理科、体操等普通课则借用高等师范学校的教室进行上课。[1]

这13名学生中，共有4人（姓名如上所示）不久或因"纨绔成性、紊乱规则"被"登时撤令内渡"[2]，或因频频受到日本小孩"豚尾奴豚尾奴"的嘲弄，加之不适应日本食物而弃学回国。[3]

舒新城在《近代中国留学史》中，以《宏文学院沿革概略》为依

---

[1]〔日〕松本龟次郎：《中华留学生教育小史》，东亚书房1931年版，第6页。
[2] 故宫博物院：《清光绪朝中日交涉史料》卷五十二，《出使日本大臣裕庚奏拟变通东文学生请奖章程折》，文海出版社1963年版。
[3]〔日〕实藤惠秀著、谭汝谦等译：《中国人留学日本史》，第19页。

据，认为"政府派遣学生去日本留学始于光绪二十二年"[1]。实藤惠秀在《中国人日本留学史》一书中也认为上述13名学生的赴日是中国人留学日本的发端。[2] 黄福庆在《清末留日学生》一书中则称："此13名留日学生并非清政府计划下所派遣者，当时清廷尚无固定的留学政策，裕庚此举，只是基于驻日使馆业务上需要之半官方式'使馆学生'。惟他们已正式进入日本学校就读，故应视为中国最早之留日学生。"[3]

对此持否定论者也不鲜见。如桑兵在《留日学生的发端与甲午战后中日关系》一文中指出，这些青年的所谓"留学"，不过是在延续原使馆东文学堂的基础上的略加变通，即将使馆独办的东文学堂改由日本文部省委托的高等师范学校兼管部分教务，课程由专务日文扩大到一些基础科目，学堂由使馆迁到高等师范学校附近，但这并未改变东文学堂的性质。因为，使馆培养翻译人员这一培养目的没变，学堂及学生隶属于使馆这一隶属关系没变。并认为"1898年3月，南洋官费生杨荫杭、雷奋、扬廷栋等一行数人抵达东京，是为中国最早的官费留日学生"[4]。但据笔者考证，杨荫杭等人的赴日时间是在光绪二十四年冬，他们并不是1898年中国最早派遣的留日学生。

细野浩二和王宝平则在严密考证的基础上，认为使馆招致的学生张文成、唐家桢、冯国勋等人已经进入中村正直和三岛毅的学塾中学习，若以进入日本学堂学习为界定留日学生的标准，那么他们已经可

---

[1] 舒新城：《近代中国留学史》，上海文化出版社1989年影印本，第21页。
[2]〔日〕实藤惠秀著，谭汝谦等译：《中国人留学日本史》，第19页。
[3] 黄福庆：《清末留日学生》，中央研究院近代史研究所1975年版，第13页。
[4] 桑兵：《留日学生的发端与甲午战后中日关系》，《华中师范大学学报》1986年第4期，第25页。

以称作中国最早的留日学生。[1]

汪叔子将官费赴日留学的最初时期划分为三个阶段。将1882年东文学堂开馆作为近代中国官费留学日本之始，迄至甲午战争爆发，称"原始阶段"；自裕庚于光绪二十一年七月赴日至光绪二十四年的"百日维新"为"转变阶段"；自"百日维新"至同年清政府确定留学日本的政策为"确立阶段"。[2]

笔者认为，这13名学生恰恰处在一种承前启后的特殊地位。从他们被派往日本的经过、学习目的及隶属关系上看，与前使馆内的东文学堂学生无异；从他们进入日本学校就读这一点上看，虽然在此之前也已有人进入日人经营的学塾学习，但这仅是个别现象，13名学生全体同时被安排进入日本学校就读，则为后来者之先。因此他们可以称作使馆招致的特殊留日学生，而并非国内最早派遣的普通意义上的留日学生。

二、杭州蚕学馆率先官费派生留日

那么，中国最早正式从国内派遣留日学生又是始于何时何地呢？先看1897年的留日学生情况。

日本著名学者实藤惠秀堪称研究中国人留学日本史最有影响的人物。自1920年代起，他即着手搜集清末以降有关中日文化交流的史料，并立志要撰写一部中国人留学日本的史书。经10多年的努力，获

---

[1] 〔日〕细野浩二：《近代中国留日学生史的起点及其相关情况》，早稻田大学东洋史恳谈会编《史滴》第12号，1991年。王宝平：《清代中日学术交流の研究》，汲古书院2005年版，第391页。

[2] 汪叔子：《近代中国人留学日本原始考》，《中日关系史研究》1992年第2期。

得数千种与留日学生有关的图书和资料,并以此为基础,于1939年写成《中国人留学日本史稿》,由东京日华学会出版。战后,他重新改写《史稿》,经多次增订改易,于1960年以《中国人留日学生史之研究》作为学位论文,获文学博士学位。同年,出版《中国人留学日本史》一书,1970年再次增订出版。该书对中国人留学日本的原因、留学经过以及留学生在日本的文化、政治活动等都进行了详细的阐述。在实藤惠秀的这一著作中,未涉及1897年赴日的留学生。附录中,所载1897年的留日学生数为9人,而这9人就是1896年赴日的13人除去抵日两三个星期后,因"觉得日本食物难以下咽,恐怕会伤害健康"而归国的4人后留在日本的学生。[1]即实藤在该书中没有提出1897年赴日的留学生。继此书之后,几乎所有涉及早期留日学生数的文章和著作,或是不提及1897年的留日学生数,或是沿用实藤惠秀的观点,认为1897年的在日学生数为9人。如:黄福庆《清末留日学生》未涉及1897年的留日学生数;南开大学李喜所曾对1896—1912年的留日学生人数列表统计,但缺1897年[2];王晓秋则沿用实藤惠秀的观点,认为1897年的在日学生数为9人[3]。

  自80年代开始,也有研究者指出浙江省于1897年曾派2人留学日本,并认为浙江省官派留学生去日本较其他省为早。[4]但未见该2

---

[1]〔日〕实藤惠秀著、谭汝谦等译:《中国人留学日本史》,第19页。
[2] 李喜所:《辛亥革命前的留日学生运动》,《纪念辛亥革命七十周年学术讨论会论文集》上册,中华书局1983年版,第606页。
[3] 王晓秋:《近代中日文化交流史》,中华书局1992年版,第355页。
[4] 何扬鸣:《浙江留日学生与辛亥革命》,《杭州大学学报》1993年第2期,第92页;吉田和子:《近代制丝业的导入和江南社会的对应》,平野健一郎编:《近代日本与亚洲——文化的交流与摩擦》,东京大学出版会1984年版,第73页。

名学生被派遣的经过、赴日时间、留学情况等详细的研究报告。

经查阅相关资料，笔者发现1897年从浙江派赴日本留学的二名学生是嵇侃和汪有龄。1897年由罗振玉等在上海创办的《农学报》，几次提及了杭州蚕学馆派生留日的内容：

> 杭州蚕学馆已于上月十三日开学，学生三十人，备取学生三十人，额外二十人，留学日本者二人。[1]
>
> （杭州蚕学馆）出洋学生：湖州德清附生嵇侃、杭州钱塘附生汪有龄，丁酉孟冬赴日，戊戌夏，汪有龄奉浙抚廖中丞改派东京学习法律。现在日本东京琦玉县儿玉町竞进社内习蚕，每月由学馆供给伙食束修外，各给月费洋十元。[2]

《农学报》的上述记载大略表明了杭州蚕学馆派嵇侃、汪有龄赴东留学的时间、学习科目以及经费提供情况。

再看日本方面的资料。《日本留学中华民国人名调》系兴亚院政务部通过委托日本专门学校以上的各学校进行调查后，于昭和十五年（1940）编成。尽管如其序言所述，该调查报告存在一些疏漏和错误，但不失为了解留日学生情况的珍贵原始材料。在"东京高等蚕丝学校"[3]一栏内，共有毕业生64人，除嵇侃一人外，其余63人的毕业年月、专攻科目、原籍都有较详细的记载，唯嵇侃一人的毕业年月、专攻科目栏空缺。这一空缺不全，恰恰透露出嵇侃可能就是该校最早

---

[1] 引自朱有瓛：《中国近代学制史料》第一辑，下册，华东师大出版社1986年版，第948页。
[2] 同上，第950页。
[3] 〔日〕兴亚院：《日本留学中华民国人名调》，兴亚院政务部1940年版，第351页。

的中国留学生。

《浙江潮》系浙江留日学生在1903年于东京创办的刊物。其第7期"敬上乡先生请令子弟出洋游学并筹集公款派遣学生书"一文载："至若吾浙江者，岁丁酉已有官派学生嵇君（伟）（'伟'疑'侃'之误）、汪君（有龄）二人到东学蚕业（汪君以病早回国，嵇君于辛丑年夏卒业回国），是为中国官派学生至日本之滥觞。"[1]足见嵇、汪两人的留日在当时的留日学生界并非鲜为人知，浙江留日学生还以本省能最先派生留日为豪。

三、杭州蚕学馆概况

杭州蚕学馆创设于光绪二十三年（1897）七月（准设年月），馆址在杭州西湖金沙港，是中国最早的培养蚕桑专业技术人才的专门学校。蚕学馆能在杭州首创，主要有如下两方面的原因。

众所周知，自古以来世界蚕业首推亚洲，亚洲则以中国为最，而中国又以江浙为盛。1958年，浙江吴兴钱山漾出土的新石器时代的丝绢残片，证明浙江约在公元前2700年前就已有蚕丝生产。[2]而至近代，日本蚕丝业发展迅猛，其原因在于日本能不断从国外引进先进的养蚕法，同时国内又有一批致力于蚕业研究的人才。19世纪末，蚕瘟（微粒子病）蔓延，日人学习法国技术，采用600倍显微镜逐一检验蚕种母体，淘汰带病蚕种，有效地控制了蚕瘟。而在中国，由于蚕病的蔓

---

[1] 孙江东：《敬上乡先生请令子弟出洋游学并筹集公款派遣学生书》，《浙江潮》第7期，光绪二十九年七月，第4页。

[2] 袁宣萍：《浙江丝绸文化史话》，宁波出版社1999年版，第7页。

延，蚕业生产衰退，蚕丝质次价昂，出口日减，蚕利被日本所夺。而当时的蚕丝出口，正如杭州府太守林启所言："就时局而言，为中国之权利；就王政而言，为百姓之生计；就新法而言，为本源之本源；就浙省而言，为切要中之切要。"[1] 如何挽回中国蚕业之衰势？设馆传授推广日本新技术被认为是一条有效途径。当时浙江宁波海关税务司康发达曾著一书，书中言及中国若不对蚕瘟加以重视，倘遇年岁不好，蚕子将有灭绝之一日。他认为倘若设学堂以资改进，只需3年就可以见成效，每年经费以银3万余两计算，3年只需10万两，即可挽回蚕丝之利。[2] 这对于当时以蚕丝为出口之最的浙江来说，可谓是一本万利。而倘若学堂真能在浙江首创成功，其他各省必来仿效，这对于当时迫切希望领风气之先的浙江省来说，更可谓机不可失。

另一方面，林启自光绪二十二年春调任杭州知府以来，积极推行新政，主张创办各类新式学堂，并认为振兴浙江实业，应以蚕业为要。他目睹民间养蚕连年歉收之现状，决定采纳康发达所著书中有关蚕务的建议，于光绪二十三年夏禀请当时浙江巡抚廖寿丰筹款创设养蚕学堂，先请试办3年，经费拟照康发达所拟10万之数，后减之又减，以3万元为额，划分3年。同年七月浙抚总署批准开办，林启亲任蚕学馆总办。[3]

光绪二十三年九月初一日，蚕学馆开始在杭州西湖金沙港关帝祠旧址动工兴建馆舍，光绪二十四年二月二十九日竣工，共用去建屋费约银9300两。光绪二十四年三月十三日（1898年4月1日）蚕学馆

---

[1] 林启：《杭州林太守请筹款创设养蚕学堂禀》，《集成报》卷十九，第6—8页。
[2] 同上。
[3] 引自朱有瓛：《中国近代学制史料》第一辑，下册，第949—950页。

开学。所设课程包括物理学、化学、植物学、动物学、气象学、土壤学、桑树栽培学、蚕体生理学、蚕体解剖学、养蚕学、显微镜操作、制种、蚕茧检验、生丝检验等,学制2年。初聘曾被派往法国学习的江生金任总教习,江辞职后,经日本驻杭领事馆的介绍,改聘日本宫城县农学校教谕轰木长担任。"馆正"初聘邵章,邵辞,后改聘沈铭。"学生数额三十名,不论举贡生童,有能家世业蚕,文理通顺,年在二十左右,明敏笃静者,准其报名投考。惟短视人于显微镜不相宜。"首期额内学生实到25名,自贴伙食不交学费的保送额外生8名。第一届实际毕业者共16名,他们大多被派往杭嘉湖宁绍五府所创的养蚕会充任教习。[1]

蚕学馆于1908年改名为浙江中等蚕桑学堂。以后,虽经数次易址和改名,但其作为蚕桑学校的性质始终未变,并且自创办至今学校几乎从未中断过。现浙江丝绸工学院、浙江大学蚕学系等前身均为杭州蚕学馆。

四、杭州蚕学馆派生留日的经过

蚕学馆派学生留日的时间在光绪二十三年七月获准设立至光绪二十四年三月正式开学期间。林启在向浙抚申请设立蚕学馆时,曾草订学堂章程。节录如下:

> 学堂以省垣为主,学生学成后,即分带仪器,派往各县并嘉

---

[1] 郑晓沧:《戊戌前后浙江兴学纪要与林启对教育的贡献》,《浙江文史资料选辑》第1辑,第100—101页;朱有瓛:《中国近代学制史料》第一辑,下册,第949—950页。

湖各府，劝立养蚕公会，以为推广。教习或两人，或先请一人。学生年在二十内外，要聪明静细，并已通文义者，招考时先录取三十名或五十名存记。学生课程，须由教习手定大概。广购六百倍显微镜，酌量经费，愈多愈好。先行翻译日本蚕书图说，成书后要广为传播。（蚕室温度）亦宜以寒暑表为准，日本此表价值不过百文，当由局采买，听民间零星来购。学堂初创，修造房屋，购买外国仪器，用款颇为浩繁，今请款三万六千两，开局须先支六千两，以后三年，每年各一万两。[1]

此章程对延请教习、招生要求与名额、学生课程、购置仪器、翻译日本蚕书以及经费开支等都有所规定，但未提及派生留日一项。

在蚕学馆筹备期间，建议林启派人留学日本的是罗振玉和孙淦[2]。

罗振玉（1866—1940），字叔蕴，浙江上虞人，后迁居江苏淮安。在创设农学会之前，其主要精力大半耗于经史考据之中。1896年，汪康年、梁启超在上海创办《时务报》，罗振玉得知后，"莫名钦佩"，认为中国"欲开锢闭，则兴学校为要图；而开学校之先声，则报馆为尤急"[3]。进而与友蒋伯蕴商议"中国事"，觉得唯有振兴农学，最易试行，遂于光绪二十二年与蒋在上海发起农学会，刊行《农学报》。《农学报》除刊登有关农事的报道和消息外，主要还登载译自各国的农学著作和文章，其中尤以藤田丰八译自日本书报者为多。次年又创东文

---

[1] 《设立养蚕学堂章程》，《集成报》卷十九，第8—9页。
[2] 郑晓沧：《戊戌前后浙江兴学纪要与林启对教育的贡献》，《浙江文史资料选辑》第1辑，第101页。
[3] 上海图书馆：《汪康年师友书札》第3册，上海古籍出版社1987年版，第3152页。

学社，培养了樊炳清、王国维等诸多人才。

孙淦，字实甫，上海人，大阪华商。与汪康年、罗振玉等交往甚多。他不仅建议浙江省派人赴日习蚕，还从日本寄显微镜等急需器具给农学会，让其转赠给浙江蚕学馆。[1]对此，林启曾有"孙实甫先生英英向义，于人情物理又甚有理会，我辈读书人愧之"[2]之感慨。浙江最初选派学生赴日时，还被浙抚廖寿丰举为留日学生监督。清国留学生会馆成立后，他又是该馆积极的"赞成员"。[3]

林启在罗振玉、孙淦的建议下，开始选派留日学生。其选派经过，虽然缺乏详细的记载，但当时林启给汪康年的一封手札却能给我们提供诸多线索。现照录之。

> 派生往东洋学蚕，前系实翁（指孙淦——引者）云三人，一切只费千元，弟仍托其到时再查。兹尊函云每名须五百，弟本拟只派两人，半则经费为难，半则外间之论蚕学，均云法胜于日。今蚕会第十四册东洋论蚕，亦自言不如意、法、支那。此虽精益求精之意，要其不如法国，则西人公言之。故只添派一人与嵇生同学。弟同乡亲友及浙垣门生求去者多，均不敢假借，暗中觅得德清沈秀才锡爵，养蚕甚熟，人似明静，但相知未久。正在斟酌间，得尊函举有一人，汤蛰翁亦拟代为觅一人。蛰翁贤名，弟早闻诸何太守与足下，皆深顾大局者，实为信佩。但鄙意只添派一人，烦足下与蛰翁商酌，谁为可派之人，即以派往东洋。冶游之

---

[1]《蚕镜东来》，《农学报》第 5 期，第 5 页。
[2] 上海图书馆：《汪康年师友书札》第 2 册，上海古籍出版社 1986 年版，第 1161—1162 页。
[3] 清国留学生会馆：《清国留学生会馆第三次报告》，清国留学生会馆 1903 年发行，第 20 页。

地，须择聪明而笃静者方好，已否学蚕，尚为不拘。二君均为蚕学觅人，非为人觅入蚕学也。添派一人择定后，尽可前发，不必函商迟滞。汤蛰翁为问安，此信乞呈鉴为祷。再问箸安。弟林启又顿。初一日。又：派定后，须急行，急学东国语文，明春学蚕方来得及。孙实翁云，行费由上海徐菊如先兑，该生凭札（所派一人，何县、何名，乞函示），俟弟补寄。弟林启又顿首。初一日（汪注：十一月初九到）。[1]

林启此信，是在汪康年和汤寿潜（原名震，字蛰仙）两人都提出愿为他推荐一名赴日留学生，但学额只有一名的情况下，决定让汪直接与汤商量，选择其中一人作为赴日生后，给汪康年的答复和说明。结合《农学报》所载《杭州蚕学馆表》中"湖州德清附生嵇侃，杭州钱塘附生汪有龄丁酉孟冬赴日"[2]的记载，我们不难得出：1. 孙淦等人最初建议派遣的留学生是三人，林启出于经费等各方面的考虑，才决定只派两人；2. 嵇侃和汪有龄并非同时赴日，嵇侃在林启十一月初一日致汪康年上述书简时已赴日，即他的赴日时间在孟冬十月，而汪有龄则是在十一月初九日汪康年接林启书简后，得到汪康年或汤寿潜的举荐才得以赴日的。

汪有龄究竟何时赴日，属谁举荐？这在他抵日后写给汪康年的书信中有较详细的记述。十一月十六日傍晚，汪有龄与汪康年道别后，即登上轮船，因该轮装货未毕，直到十七日下午1点钟才出发。晚上，货轮搁浅，不能开行，至十八日破晓方行驶正常。二十一日清晨进日

---

[1] 上海图书馆：《汪康年师友书札》第2册，第1162页。
[2] 引自朱有瓛：《中国近代学制史料》第一辑，下册，第949—950页。

本马关海口，二十二日下午 1 点过后，轮船行抵神户。时正遇孙淦赴东京办事，故暂宿在神户孙的友人王鹤庭家中。在信中，他还对汪廉年的鼎力推荐，无比感激，表示"但求稍有心得，庶君可以对林公，鄙人可以对君"[1]。

汪康年对汪有龄鼎力推荐的原因可能在于他们之间的族亲关系。汪有龄在有些信件中直称汪康年为"穰卿吾侄"，汪大燮为汪康年的堂兄，而汪大燮称汪有龄为子健叔，可见汪有龄与汪康年是叔侄关系。

五、杭州蚕学馆嵇、汪二生的留日经过[2]

在为数不多的有关嵇、汪二生留日经过的史料中，上海图书馆编《汪康年师友书札》第 1 册所收的汪有龄在日期间给汪康年的 30 余封信件，可以说是最有价值的资料。在此，主要依据这一史料，对此作一考察。

嵇侃抵日后，先在孙淦处小住，不久迁往山本宪的私塾中，就山本学习东语，后因政府护照尚未接到，常被巡捕查问，故又将行李搬回孙淦处。在得知汪有龄已抵神户后，嵇侃于十一月二十九日从大阪前往相见。这是他们两人的首次见面。此次相见，两人"谈论甚洽"，于是同进大阪，一起住孙淦处。

初到日本，因不谙东语未能与日人接洽，且每见日本报纸，虽

---

[1] 上海图书馆编：《汪康年师友书札》第 1 册，上海古籍出版社 1986 年版，第 1054—1056 页。
[2] 本节未标明出处的有关嵇、汪二生留日经过的间接引用部分，均据上海图书馆编《汪康年师友书札》第 1 册第 1054—1104 页所收汪有龄致汪康年的信件。

"眼痒难熬",但又看不懂,深以为憾,只是两人"朝夕讨论,尚颇有乐趣"。不久,汪有龄也师从山本学习语言,一直至光绪二十四年三月十五日左右入东京崎玉县儿玉町儿玉村竞进社学习蚕学。两人从山本学习日语三四个月。

嵇、汪两人赴日后师从山本,这与山本此前和汪康年、罗振玉的接触直接有关。

山本宪(1852—1928),号梅崖,自幼好读史书,为生计当过技工。1879年进"大阪新闻社"担任记者,1881年受邀成为《稚儿新闻》主干人物,翌年《稚儿新闻》停刊后,任《中国日日新闻》主笔,不久因该报停办而失去工作。1883年在大阪开设汉学塾,后曾因故被捕入狱,出狱后在继续经营私塾的同时,为多家报社撰过稿。1895年,受聘成为关西法律大学(现关西大学前身)讲师,次年因眼疾而辞。1897年秋冬季,游览了中国的天津、北京、上海、苏州、汉口、南京等地,并著游记《燕山楚水记游》。在上海期间,经古城贞吉、藤田丰八的介绍,结识了汪康年、罗振玉、梁启超等人。以后,与汪康年、罗振玉交往甚多,汪康年常将《时务报》寄与他,而山本也不时摘译一些如《朝日新闻》等日本报纸上的文章寄给汪康年,刊于《时务报》,同时也为罗振玉翻译书报寄送到上海。

嵇、汪二人从山本学习日语虽仅三四个月,但据山本所言,二人均"语学大进,可刮目",至三月中旬已是"操语甚熟"。这虽是他称赞两人并略带夸张的套话,但也从一侧面反映出嵇、汪两人的学习情况。

嵇、汪二人在进蚕业学校竞进社蚕业讲习所后,正是春蚕饲养季节。特殊的学习内容,决定了他们的学习方式是边学边干,在实践中进行学习。这一期间,他们刻苦好学的精神深受好评,尤其是嵇侃,

"在竞进社甚攻苦,天雨采桑,跣足行十余里",林太守得知后,甚为欣慰,还寄去银40元以资奖励。[1]而汪有龄因身体原因不能过耐劳苦,他本人也因此深感遗憾,表示只要力所能及,必全力以赴。

嵇侃在竞进社内学至光绪二十四年八月,继而改入东京西原蚕业讲习所再习1年,[2]后来入东京高等蚕丝学校学习[3],毕业后于1901年夏回国。[4]罗振玉曾在《杭州蚕学馆成绩记》一文中,称赞嵇侃"坚苦笃实",被"东邦人士推为中国留学生之冠"[5]。

汪有龄的情况则与嵇侃有所不同。汪此次东行的直接使命是考究蚕务,这一点汪本人也非常自觉,认为"考究蚕事,乃挽贫为富之机",力当切实用功,以不辜负派遣者的期望。同时也表示"此行固因考究蚕务,然大而政治艺事,小而游览谈笑,俱当随在留心"。事实上,在赴日后至离开竞进社蚕业讲习所期间,其行动基本上遵循了这一意图。这一期间,他除随山本学习东文和力所能及地学习蚕业之外,对时事政治表现出了强烈的兴趣。闻当时朝鲜往各国游历者竟有千余人之多,到日本者约有300余人(后言30余人),认为倘他们学成而回,我中国会成为朝鲜之"砧上肉、釜上鱼",从而力言中国必须派生游学、派员游历。还与汪康年商讨国内形势,认为今日"大局日非,伏莽将起,我辈愿为大局效力,必须联络人才,以厚其势"。他还将当时的国人分成三类:"极昧者,若明若昧者和有明而夹以傲气而杂以私

---

[1] 《蚕馆考绩》,《农学报》第47期,第12页。
[2] 同上。
[3] 〔日〕兴亚院:《日本留学中华民国人名调》,兴亚院政务部1940年版,第351页。
[4] 孙江东:《敬上乡先生请令子弟出洋游学并筹集公款派遣学生书》,《浙江潮》第7期,光绪二十九年七月,第4页。
[5] 《杭州蚕学馆成绩记》,《农学报》第120期,第1页。

念者。"这些都反映出他关心时务、谋及大局的性格。

　　光绪二十四年正月,《农学报》、《时务报》相继刊出"杭州蚕学馆招生章程",其中有患近视者不宜学习蚕学之说,而汪恰恰患近视。嗣后孙淦还接到杭州来信,有"汪必须在年内回国"等语,孙将此信及《时务报》上的章程示汪,汪阅后大为伤感。事后,由汪康年出面请求延期,孙淦则多次致信林太守,认为"龄质尚可造,而于蚕务则未经学习,恐不能容易奏效"等,建议让汪改学其他专业。经汪康年的努力,期限得以延至两年。不过此时的汪有龄虽尚言"此次东行,职在考究蚕务,自当以蚕务为分内之事",但他又怀疑自己是否能稍有所成,透露出他的真正志向已不在蚕业。此间,林太守曾阅读到汪在日本的日记,也觉得其"语多悲愤,足见有心时局",并甚感敬佩。而且"廖中丞读后也极其推许"。廖还通过林启委托汪调查日本武备学堂章程、学习年限、费用等情况,以资浙江省选派学生赴东习武备参考。

　　六月初,杭州林太守致函监督孙淦,准许汪有龄改学其他专业。至此,在汪康年和孙淦的共同努力下,汪有龄不仅可以继续留在日本,而且还可以改学自己感兴趣的专业,可谓因祸得福。

　　被准许改换专业后,汪有龄于六月进入了高楠顺次郎创办的专为从速教成中国学生的学校——日华学堂。同时入该校的还有浙江省从求是书院选派的陆世芬等4名文科学生。汪在日华学堂的学习,可谓刻苦,其所学课程除语言外,其他如算学、理化、史地等大多均前所未学,为不"贻中国羞、负爱我者期望",表示只有加倍努力,余无捷径。他还常常思考学问与经济的关系,认为"有经济者未必长于学问,有学问者未必长于办事",因此为图中学振兴,"年壮者当练出办事才干,年幼者当自仞专门学问,交相为助",充分体现出他刻苦学习、勤

第八章　浙江早期留日学生　183

于思考、心系时局的性格和特点。

由于过度用功,加之本身体质并不强健,自光绪二十四年入春以来,汪的身体状况渐感不佳。据医生称,其病若不注意保养,恐成痨症。此时,汪边服药,边坚持学习。至八月,病情加重,医生称不仅脑神经十分衰弱,且患慢性胃病,非药物所能治,乃劝其回国静养。汪无奈于光绪二十五年(1899)八月下旬搭船回国。

六、杭州蚕学馆派生留日的意义

蚕学馆派生留日是林启采纳罗振玉等的建议并克服经费不足等困难后得以实现的。嵇、汪两人的东渡也说明了一个事实,即甲午战争的失败使朝野有识之士开始将目光转向日本,并开始希望通过向日本派遣留学生学习西方近代技术。就蚕学而言,当时技术领先国为法国、意大利和日本,尤其是法国于1870年发明了用600倍显微镜检验母蛾的方法,有效控制了给蚕业带来最大威胁的微粒子病(俗称蚕瘟),发明人巴斯德因此还获得了法国政府每年2500法郎的重奖。[1] 故中国最先派往学习蚕业的国家并非日本而是法国。1892年,浙江派宁波江生金(后曾任蚕学馆首任教习)赴法国学习养蚕新法和检种技术,是为中国派人出国学蚕之肇始。[2] 日本在19世纪80年代起,先后设立各种蚕业讲习所、蚕丝试验场等,还于1892年成立大日本蚕丝会,通过开展研究和学习推广国外新技术,使蚕丝业取得了突飞猛进的发展。中

---

[1] 中国农科院蚕业所等:《世界蚕丝业科学技术大事记》,中国农科院蚕业所1986年编印,第24—25页。
[2] 同上,第29页。

国派往学蚕的国家从西方的法国转向东方的日本也正是这一趋势使然。

据现在所拥有的资料，除驻日使馆招致的特殊学生和上述杭州蚕学馆所派遣的 2 人外，还未发现在 1897 年之前有被从国内派往日本的官费学生。因此，杭州蚕学馆开创了国内派生留日风气之先声。就此而言，其意义远远大于派生留学本身。除驻日使馆招致的特殊学生外，嵇侃、汪有龄是国内最早官费派遣的，同时也是 1897 年唯一的官费留日学生，他们的赴日预示着国内大举派生留日时代即将到来。

第二节 1898 年的浙江留日学生

一、中国派生留日政策的确立

甲午战争后，日、俄、德、法等帝国主义国家你争我夺地瓜分中国，严重的民族危机促使维新运动迅速高涨。与此同时，随着教育改革呼声的渐起，各种新式学堂在全国各地相继出现，派生留学日本逐渐成为人们的共识。1898 年 3 月，洋务派官僚湖广总督张之洞著《劝学篇》，力陈通过开设新式学堂和派生留日以普及近代教育的必要。维新派人士更是不失时机，认为："昔日本变法之始，派游学生于欧美，至于万数千人，归而执一国之政，为百业之师，其成效也。"[1] 乞光绪帝下诏派生留学。由此可见，洋务派与维新派尽管在变法问题上存在针锋相对的矛盾，但在派生留日问题上却不约而同。

---

[1] 康有为：《清广译日本书派游学折》，《康有为政论集》上册，中华书局 1981 年版，第 303 页。

直接促成清政府确立派生留日政策的是日本驻华公使矢野文雄。1898年5月，矢野在事先未征求外务大臣同意的情况下，函告总理衙门，称："日本政府拟与中国倍敦友谊，藉悉中国需才孔亟，倘选派学生出洋学习，本国自应支付其经费。"而后又面陈："中国如派肄业学生陆续前往日本学堂学习，人数约以二百人为限。"[1]

矢野文雄的上述举动自有其不寻常的目的。他在事后给外务大臣西德二郎的信中称："此举不仅有助于此次要求之成功，而受我感化之人才播布于其古老帝国之中，实为将来在东亚大陆树立我势力之良策。……由于此辈学生来我国，如是则我国之势将悄然骎骎于东亚大陆。"[2] 显而易见，其"倍敦友谊"的背后隐藏着在中国扩张势力的野心。

然而，在维新运动不断高涨，派生留日已成为人们共同呼声的当时，日本方面的"友好表示"对开始注意到培养近代专门人才之必要性的中国无疑具有极大的吸引力。首先对此表示赞成的是山东道监察御史杨深秀。1898年6月1日，杨上奏《请议游学日本章程片》道："臣以为日本变法立学，确有成效，中华欲游学易成，必自日本始。……顷闻日人愿智吾人士，助吾自立，招我游学，供我经费，以著亲好之实。……国家虽不计此区区经费，亦何必拒之，重增嫌怨。"[3] 1898年6月21日，总理衙门共同商酌后，奏陈《遴选生徒游学日本

---

[1] 陈学洵、田正平：《中国近代教育史料汇编·留学教育》，上海教育出版社1991年版，第325页。

[2] 〔日〕矢野文雄著、云述译：《矢野文雄呈西德二郎机密等41号信》，《近代史资料》第74号，第95页。

[3] 故宫博物院：《清光绪朝中日交涉史料》卷五十一，文海出版社1963年版，第34—35页。

事宜片》道："……拟即妥定章程,将臣衙门同文馆东文学生酌派数人,并咨行南北洋大臣,以及两广、湖广、闽浙各督抚,就现设学堂中选年幼颖悟粗通东文诸生,开具衔名,咨报臣衙门,知照日本使臣,陆续派往。"[1]

光绪帝阅后于 1898 年 8 月 2 日谕军机大臣等："出国游学,西洋不如东洋。东洋路近费省,文字相近,易于通晓,且一切西书均经日本摘要翻译。着即拟订章程,咨催各省迅即选定学生陆续咨送;各部院如有讲求时务愿往游学人员,亦一并咨送,均毋延缓。"[2] 至此,选派学生赴日留学遂成清政府的一项国策。

二、1898 年浙江省派遣的留日学生

中国正式确定派生留日政策在 1898 年 8 月,而浙江却在同年四月就已派遣学生赴日,为同年全国派生留日之先。

浙江选派官费留日学生的设想远在上述决策确立之前,这可从当时日本外务大臣西德二郎的信中得知。西德二郎在阅悉矢野文雄以书面向清政府提出日本愿接受清国留学生并支付一切经费一事后,觉得此事"颇出本大臣意料",并认为实际能否达到矢野所期之目的甚难预料。而且,"察迹来清国顾及自身利害,各地颇有自行向我帝国派

---

[1] 陈学洵、田正平:《中国近代教育史料汇编·留学教育》,第 325 页。据此,总理衙门的上奏时间为光绪二十五年五月十四日(1899 年 6 月 21 日),但据细野浩二的研究,应为光绪二十四年,此文从细野之说。详见细野浩二《关于中国对日留学史的一个问题——清末派生留日政策确立过程的研究》,早稻田大学史学会编《史观》第 86—87 号。

[2] 朱有瓛:《中国近代学制史料》第 2 辑,上册,《光绪二十四年六月十五日上谕》,华东师大出版社 1986 年版,第 17 页。

遣留学生之举,如浙江巡抚要求派遣来日研习陆军兵学留学生四名,文学研究留学生四名,复有湖广总督提出在近期派出多数留学生之打算"[1]。西德外务大臣有关浙江巡抚希望派生留日的这一信息,来自当时日本驻杭州领事馆的汇报,日本外务省外交史料馆尚保存着当时的这些机密信件。

浙江巡抚要求选派的这8名留学生就是光绪二十四年四月从求是书院选派的何燏时、陈榥、陆世芬、钱承志等4名文科生和从浙江武备学堂选派的萧星垣、徐方谦、段兰芳、谭兴沛等4名湘鄂籍学生。

求是书院创办于1897年,是一所讲求实学,"以培养人才为第一义"的新式学堂。[2]其所以沿用"书院"之名是"虑杭绅或又中阻"[3],足见其用心之良苦。为创办求是书院,陈仲恕、汪康年早在1895年就曾各方奔走,但由于官绅梗阻,而久久未能实现。直至1897年林启任杭州知府,顶住多方压力,并获得浙江巡抚廖寿丰的支持,才得以创办。林启亲任总办,陆懋勋任监院,陈仲恕任文牍斋务。

求是书院首次选派学生赴日在光绪二十四年四月。当时,陆懋勋应礼部试,陈仲恕代监院,"林公嘱选学生留学日本,当即商定陈乐书、何燮侯、钱念慈、陆仲芳四人,为各省派往留日之首倡"[4]。

这4名学生赴日后,暂寓东京目挽町二丁目厚生馆,日本外务省

---

[1] 〔日〕矢野文雄著、云述译:《矢野文雄呈西德二郎机密等41号信》,《近代史资料》第74号,第97页。
[2] 《浙江巡抚廖寿丰请专设书院兼课中西实学折》,引自朱有瓛《中国近代学制史料》第1辑,第250页。
[3] 陈仲恕:《本校前身求是书院成立之经过》,《中国近代学制史料》第1辑下册,第257页。
[4] 同上,第257页。

则派外务省候补译官酒勾祐三进行教学，每日两小时，专教东文。[1]后迁往东京本乡区驹达西片町19号一幢租用的民房。[2]在中岛裁之的监督下，除继续学习东文外，开始学习算学、地理等普通学。初时，这一教室兼宿舍的房门上曾悬一牌曰"中华学馆"[3]，据笔者分析，这"中华学馆"就是后来"日华学堂"的前身。日华学堂于"明治三十一年（1898）六月开办，专为从速教成清国学生，俾之学习言语及普通各科，以为异日精研高等专门各科之地步。初由浙江省求是书院派来文学生四名"[4]。其校址初设东京本乡西片町。[5]日华学堂与"中华学馆"不仅创办时间大致相同，而且首批学生完全吻合，地址也完全一样，可见"日华学堂"之名称基本上可以断定是由"中华学馆"演变而来。十月至十一月间，学校迁至东京小石川区指个谷町140号，[6]次年再迁至本乡区东片町145号。[7]

何燏时等求是书院所派4生于1899年9月，在日华商兼留日学生监督孙淦的联系下，进入第一高等学校。后钱承志入东京帝国大学法科，陈榥、何燏时入东京帝国大学工科，陆世芬入高等商业学校。

与上述求是书院4生同时赴日的尚有从浙江武备学堂选派的肖星垣、徐方谦、段兰芳、谭兴沛4人。目前对此4生的派遣时间和派遣者尚诸说不一，试举较有代表性的二例：

---

[1] 上海图书馆：《汪康年师友书札》第2册，第1145—1146页。
[2] 上海图书馆：《汪康年师友书札》第1册，第1089页。
[3] 《清国留学生之近况》，〔日〕《教育时论》总479号，第52页。
[4] 《日华学堂章程要览》，引自陈学恂、田正平主编：《中国近代教育史料汇编·留学教育》，第334—335页。
[5] 〔日〕实藤惠秀：《增补·中国人日本留学史》，黑潮出版1981年版，第66页。
[6] 上海图书馆：《汪康年师友书札》第1册，第1091页。
[7] 同上，第1095页。

实藤惠秀在《增补·中国人日本留学史》中认为："1898年，日本参谋本部福岛安正等军人，对中国当局力说留学日本的必要，先由湖广总督张之洞选派谭兴沛、徐方谦、段兰芳、萧星垣4名秀才到日本。"[1]

黄福庆在《清末留日学生》中则认为："中国学生留学日本学习武备，始于1898年。先有浙江巡抚派遣吴锡永、陈其采、舒厚德、许葆英等四名，继有湖广总督张之洞派遣之谭兴沛、徐方谦、段兰芳、萧星垣。"[2]

上述两说，前者认为谭兴沛等4生并非浙江派遣，而是由湖广总督张之洞所派。后者对谭兴沛等4人的派遣与前者持相同观点，但同时又提出浙江派遣的吴锡永等4生是中国最早留日习武备的学生。

为理清谭兴沛等四生的派遣者和究竟谁是中国最早留日习武备的学生，笔者查阅了较多的资料，现列举一部分。

1910年前后作成的《浙江武备学堂同学录》[3]所载"先入本校继由练兵处派往日本留学陆军者"一栏有：

姓名	次章	年龄	籍贯	住所
萧星垣	紫亭	40	湖南善化	现住北京
段兰芳	玉田	41	湖南茶陵	未知下落

1898年8月22日，日本开发社派《教育时论》社副社长辻武雄来华视察教育，先后考察了天津、北京、上海、武汉、南京、苏州、

---

[1] 〔日〕实藤惠秀：《增补·中国人日本留学史》，第65页。
[2] 黄福庆：《清末留日学生》，中央研究院近代史研究所1975年版，第33—34页。
[3] 浙江图书馆古籍部所藏抄本。

杭州等地的教育情况，历时近6个月。在杭州，主要参观了当时较为著名的新式学堂求是书院、武备学堂和蚕学馆。其对武备学堂有如下记载：

> 武备学堂系去年春创设，乃专门培训陆军士官之处。……此堂学生四名于去年留学本邦，现就学于成城学校。[1]

松本龟次郎《中华留学生教育小史》就成城学校留学生部的起源有如下记载：

> 成城学校留学生部创设于明治三十一年，校长为当时的参谋总长川上操六。……第一批学生系从浙江省派遣的四名，据云居中斡旋者是当时（驻杭州领事馆）领事速水一孔。这四生分别是谭兴沛、徐方谦、段兰芳、萧星垣。[2]

《浙江潮》第7期《敬告乡先生请令子弟出洋游学并筹集公款派遣学生书》一文载：

> 戊戌四月，遂有求是书院学生钱承志、陈榥、何燏时、陆世芬四君，偕武备学堂学生肖星垣、徐方谦、段兰芳三君（疑漏一人。——引者）东渡，肖、徐、段三君，湘鄂人，于壬寅三月毕

---

[1] 《杭州片信》（上），〔日〕《教育时论》总506号，第33页。
[2] 〔日〕松本龟次郎：《中华留学生教育小史》，东亚书房1931年版，第13页。

业，今充浙江营官。[1]

1899年，日本参谋本部大佐福岛安正来华，力劝清国派生留日。1899年4月9日，福岛与两江总督刘坤一于南京进行了长达两小时的会谈。《对支回顾录》下卷记录了其会谈内容，其中有福岛如下谈话：

> 贵国派学生来敝国学习陆军以浙江抚台所派之四名为最先。此四名学生尽管东渡之初无东文基础，东文及普通科均从初步学起，但据余此回起程前往成城学校所观，四人已能阅东文，且地理、历史、理化、算术等均已通概要。他们就学日本，从去年七月算起仅不过九个月，其进步实在令人惊叹。[2]

《教育时论》杂志以"清国武备学生入成城学校"为题载：

> 上月下旬，位于牛达原町的成城学校受参谋本部之托，接受了清国武备学生入学，清国留学生来本邦留学乃史无先例，故该校在待遇等方面都十分注意。[3]

综合上述所列资料，可以得出萧星垣等4名湘鄂籍学生是在先入浙江武备学堂后，与习文科的求是书院4生一起由浙江巡抚派往日本

---

[1] 孙江东：《敬上乡先生请令子弟出洋游学并筹集公款派遣学生书》，《浙江潮》第7期，光绪二十九年七月，第4页。
[2] 〔日〕东亚同文会：《对支回顾录》下卷，原书房1968年版，第272页。
[3] 〔日〕《教育时论》总477号，第27页。

的。抵日后，于6月下旬入成城学校，至1898年4月仅过9个月就已能阅东文且初通普通学之概要，他们是中国近代最早赴日习武备的留学生。

1898年浙江省所派留日学生除上述8名外，尚有十月派出的嘉兴籍吴振麟。[1]吴系自备资斧，并经林迪臣太守考试后由浙江巡抚廖寿丰咨派出国，属私费官派性质。[2]1900年后被转为官费生。

吴振麟赴日后先入日华学堂肄习东文和普通学，渐次与先入学的求是书院4生加先由蚕学馆选派学蚕后改学文科的汪有龄等5人合为一班，并于光绪二十五年秋同入第一高等学校。[3]吴人第一高等学校后的情况，当时任留日学生监督的孙淦于光绪二十六年四月二十一日致汪康年的信件中有如下记载：

去年秋间，同进第一高等学校，当是时诸生在日华学堂颇有不满之意，并谓考求语言，非与东人同居，终不得俚谚委曲之详。视察东土事实，窥测东士性情，非与东士同居，亦不得隐微秘密之真。当时诸生联名驰书外部，弟亦为之进言，请移文文部省，俾诸生进学校寄宿舍。惟进宿舍不如进学校之便，文部饬学校职员生徒会议可否，后经许可，同进寮者共有四人，浙江何、吴二生，外有南洋公学二生。惟寄宿舍中诸事皆自操箕帚，饮食简苦，不待而言，未几何时，诸生遂不回。念当时进舍时之颇费唇舌，

---

[1] 《癸卯三月至甲辰十月留日学生调查录》，清国留学生会馆《清国留学生会馆第三次报告》，附录第1页。
[2] 上海图书馆：《汪康年师友书札》第1册，第1104页。
[3] 上海图书馆：《汪康年师友书札》第2册，第1466—1467页。

并忘却致外部一书措词如何坚定,相率退归日华学堂,惟该生一人尚溷迹九百倭士之中,此亦见其节操一斑。校中冬季、春季两试,皆能争人所先,观其向学情殷,此际正所谓炉火纯青之候,兴高采烈之时,倏忽以资斧不继,半途而弃,无论当局者黯然以伤,索然无味,即在旁观者,孰不惋惜深之。以学问论,无论其早岁蜚声庠序,游学于楚、于苏、于沪,即在此间与东土士大夫诗文往还,亦颇负其名。至于外洋语言、文字之学,亦尝争胜于各省游学秀髦济济之中。以年岁论,浙中来者渠固最幼,左右较量,无不合格。[1]

孙淦作此信并着力称赞吴振麟的目的,是在闻知浙江省又将派官费生留日后,希望通过汪康年的斡旋而将吴转为官费。有此目的在先,对吴的评价或言辞略加夸张,或只言其长而隐其短,都在情理之中。可以说,吴后来被转成官费,孙淦的此"荐书"所起的作用是不可忽视的。后来,吴以官费入东京帝国大学,并于光绪三十年六月毕业于该校法科。

三、1898年非浙江省派遣的浙江籍留日学生

1898年,除浙江省率先派生留日外,湖广总督及南北洋大臣等也相继派出留日学生。当时浙江籍学生被选派的有南洋官费生:就读于南洋武备学堂的许葆英、华振基、陈其采、吴锡永、徐厚德等5人,

---

[1] 上海图书馆:《汪康年师友书札》第2册。

及就读于南洋公学的章宗祥、富士英2人。此外，尚有使馆官费生王鸿年。[1]

许葆英等5人于光绪二十四年十一月抵达日本。[2]与他们同时赴日并入成城学校的尚有南洋武备学堂的其余9人，以及湖北武备学堂的19人，共33人。成城学校于1899年1月21日为他们举行了入学式，日本参谋总长兼该校校长川上操六在仪式上发表了演说。[3]

成城学校系日本陆军士官学校的预备校，前述浙江所派4名湘鄂籍学生为其最早接收的中国留学生。学校为中国留学生另设教场和宿舍，最初中国留学生宿舍暂借"东京牛込区中之町60番地"之一幢二层民房，后因中国派往学生的增多，学校改在东京牛込区河田町为他们专设了宿舍。

进成城学校接受预备教育的时间为16个月，受毕预备教育后，被分配到各连队，以"士官候补生"的身份接受1年的正式教育，然后进入陆军士官学校接受1年的后期教育，修毕士官课程，再入联队任"见习士官"半年，最后取得士官资格。[4]

日本陆军士官学校自第1期（1900）至第29期（1936年入学），中间经历36年，先后在该校就读的中国学生累计达1435人，[5]其中

---

[1]《清国留学生》，《教育时论》总497号，第22页；《同学姓名报告》，《清国留学生会馆第二次报告》附录。

[2]《浙江潮》第3期《壬寅卒业诸君题名》、《清国留学生会馆第报告》（2—5）中均记华振基的抵东年月为光绪二十五年（1899）二月，但据1899年2月5日刊行的《教育时论》（总497号，22页）所载，华振基于1899年1月21日与许葆英、陈其采、吴锡永、徐厚德4人同时入成城学校。

[3]《教育时论》总497号，第22页。

[4] 黄福庆：《清末留日学生》，中央研究院近代史研究所1975年版，第37页。

[5]《日本陆军士官学校中国留学生名录》，《近代史资料》总80号，第52页。

第八章 浙江早期留日学生 195

不乏后来的军政界要人。该校1901年毕业的首期毕业生共40人,上述浙江籍学生吴锡永等5人均在其内。[1]

浙江籍富士英、章宗祥为上海南洋公学堂所选派。目前,各种资料对他们抵东年月的记载颇不一致。先看富士英的抵东年月。江苏籍杨荫杭、雷奋、杨廷栋3人也均为同期南洋公学所选派,故一同录之,以资比较。

姓名	籍贯	抵东年月(光绪)	毕业年月(光绪)	学校
富士英	浙江海盐	二十四年二月	二十八年九月	早稻田大学
杨荫杭	江苏无锡	二十四年二月	二十八年四月	东京帝国大学
雷奋	江苏华亭	二十四年二月	二十八年四月	东京专门学校
杨廷栋	江苏吴县	二十四年二月	二十八年四月	东京专门学校*

说明:*《同学姓名调查录》,清国留学生会馆:《清国留学生会馆第三次报告》附录,第1—83页。

上述资料被认为是记载留日学生抵东年月等情况的最原始且较具价值的资料。若依此,富士英等人的抵东年月似乎是在光绪二十四年二月。笔者至今所见众多研究留日学生的论文、书籍大多只指出1898年南北洋大臣、湖广总督、浙江求是书院等派生留日,较少涉及他们赴日的具体时间。偶见桑兵对留日学生的发端所作研究的论文,亦认为:"1898年3月(光绪二十四年二月)南洋官费生杨荫杭、雷奋、杨廷栋等一行数人抵达东京,是为中国最早的官费留日学生。同时到

---

[1] 在郭荣生校补的《日陆军士官学校中华民国留学生名簿》中,"舒厚德"栏所列出生地为"江苏上海县",待考。《浙江潮》第3期所载"壬寅卒业诸君题名"中,所载舒厚德的籍贯为"宁波慈溪"。另外,《近代史资料》第80号中所列的第一期陆军士官学校中国留学生名录中漏列了浙江籍许葆英。

东的还有富士英（浙江）、卢籍东（广东）等人。"[1] 可见，作者将富士英等人的赴日时间看成是光绪二十四年二月，且以此为依据，判定他们是中国最早的留日学生。

但是，查阅上海南洋公学和日本日华学堂的资料，发现所载富士英等人的赴日是在光绪二十四年冬。

《南洋公学大事记》载：

> 光绪二十四年冬，派师范院生章宗祥、雷奋，中院生杨廷栋、富士英、杨荫杭、胡礽泰留学日本。[2]

《日华学堂章程要览》载：

> 本学堂明治三十一年六月开办……初由求是书院派来文学生四名。本年一月由南洋公学堂派来文学生六名。……明治三十二年（1899）一月入学：浙江湖州府乌程县人章宗祥、浙江嘉兴府海盐县人富士英、江苏松江府华亭县人雷奋、江苏太仓州宝山县人胡礽泰、江苏常州府无锡县人杨荫杭、江苏苏州府吴县人杨廷栋。[3]

可见，南洋公学堂所派富士英等6人是在光绪二十四年冬抵日后不久入日华学堂的。这还可以通过对与他们同时赴日的章宗祥的调查

---

[1] 桑兵：《留日学生的发端与甲午战后的中日关系》，《华中师范大学学报》1986年第4期，第29页。
[2] 朱有瓛：《中国近代学制史料》第一辑，下册，第524页。
[3] 《日华学堂章程要览》，引自陈学洵、田正平主编：《中国近代教育史料汇编·留学教育》，第334—335页。

第八章　浙江早期留日学生　　197

加以佐证。《清国留学生会馆第三次报告》中的"毕业留学生名单"（癸卯三月至九月）章宗祥栏载：

姓名	籍贯	到东年月	毕业年月	学校
章宗祥	浙江乌程	光绪二十四年十二月	光绪二十九年四月	帝国大学法科

另外，同时赴日的江苏籍胡礽泰因在光绪二十六年冬被直接从日本改派赴美留学，[1] 故清国留学生会馆的多次报告中均未见其名。

因此，可以断定，南洋公学堂选派富士英等6人的赴日时间是在光绪二十四年十二月。那么，除章宗祥、胡礽泰两人外，其余富士英等4人的抵东年月何以会出现"光绪二十四年二月"之记载呢？是他们故意虚报，还是调查者的疏漏，有待进一步研究。

浙江籍使馆官费生王鸿年光绪二十四年十月抵日后最初所入学校不详。光绪三十年六月毕业于东京帝国大学法科。[2]

四、其他1898年的浙江籍留日学生

1898年浙江籍留日学生除上述13人外，从《清国留学生会馆报告》所载毕业留学生名单中尚可见到汪以钟、陈方铮、孔祥百3人，现照录如次：

---

[1] 《日华学堂章程要览》，引自陈学洵、田正平主编：《中国近代教育史料汇编·留学教育》。
[2] 桑兵：《留日学生的发端与甲午战后的中日关系》，《华中师范大学学报》1986年第4期，第29页。

姓名	年龄	籍贯	到东年月（光绪）	毕业年月（光绪）	学校
汪以钟(凤臣)	27	浙江秀水	二十四年五月	二十四年十一月	弘文学院速成师范
陈方铮(锵甫)	23	浙江海宁	二十四年五月	二十四年十一月	弘文学院速成师范
孔祥百(志怡)	26	浙江	二十四年五月	二十四年十一月	弘文学院速成师范

而在《浙江潮》第 3 期所载"壬寅卒业诸君题名"中，汪以钟、陈方铮 2 人的抵日年月及毕业时间却为：

姓名	年龄	籍贯	到东年月(光绪)	毕业年月（光绪）	学校
汪以钟(毓臣)	30	嘉兴秀水	二十八年五月	二十八年九月	弘文学院速成师范
陈方铮(锵甫)	25	杭州海宁	二十八年五月	二十八年九月	弘文学院速成师范

众所周知，弘文学院是在嘉纳治五郎所创办的"亦乐书院"的基础上发展起来的。1896 年由驻日使馆选派的 13 名学生赴日后被委托给当时任高等师范学校校长的嘉纳治五郎后，嘉纳租借神田三崎町一丁目二番地的一所房子作为校舍兼宿舍，并派本田增次郎任监督，再聘教师专门教育这 13 名中国学生。这就是后来被命名为"亦乐书院"的私塾式学校。至 1902 年，因留学生人数逐渐增加，嘉纳才将亦乐书院迁址于牛込西五轩町，扩建校舍后改名为弘文学院，其教学工作进入正轨。弘文学院的学制以三年制的普通科为主，后应留学生的要求，设立了速成师范科。

弘文学院设立于 1902 年，故上述有关汪以钟、陈方铮、孔祥百 3 人于光绪二十四年十一月毕业于弘文学院速成师范的记载有误。汪陈 2 人的赴日时间按《浙江潮》第 3 期所载，应为光绪二十八年五月，而孔祥百的准确赴日时间尚有待其他资料加以旁证。

上述两节分别对1897年和1898年的浙江留日学生进行了考察。现将这两年的留日学生情况归纳如下：

表1　1897—1898年浙江留日学生一览表

姓名	籍贯	抵日年月	费别	预备校	专门学校	赴日前学校
嵇侃（慕陶）	德清	光绪二十三年十月	浙江官费	大阪山本宪私塾、竞进社蚕业讲习所、西原蚕业讲习所	东京高等蚕丝学校	杭州蚕学馆
汪有龄（子健）	钱塘	光绪二十三年十一月	浙江官费	大阪山本宪私塾、竞进社蚕业讲习所、日华学堂	法政大学	杭州蚕学馆
钱承志（念慈）	仁和	光绪二十四年四月	浙江官费	日华学堂、第一高等学校	东京帝大法科	求是书院
陈榥（乐书）	义乌	光绪二十四年四月	浙江官费	日华学堂、第一高等学校	东京帝大工科	求是书院
何燏时（燮侯）	诸暨	光绪二十四年四月	浙江官费	日华学堂、第一高等学校	东京帝大法科	求是书院
陆世芬（中芳）	仁和	光绪二十四年四月	浙江官费	日华学堂、第一高等学校	高等商业学校	求是书院
吴振麟（止欺）	嘉兴	光绪二十四年十月	自费后转浙江官费	日华学堂、第一高等学校	东京帝大法科	
章宗祥（仲和）	乌程	光绪二十四年十二月	南洋官费	日华学堂、第一高等学校	东京帝大法科	南洋公学
富士英（意诚）	海盐	光绪二十四年十二月	南洋官费	日华学堂、第一高等学校	早稻田大学	南洋公学
吴锡永（仲恩）	乌程	光绪二十四年十一月	南洋官费	成城学校	陆军士官学校	南洋武备学堂

(续)

姓名	籍贯	抵日年月	费别	预备校	专门学校	赴日前学校
陈其采（蔼士）	归安	光绪二十四年十一月	南洋官费	成城学校	陆军士官学校	南洋武备学堂
舒厚德（质甫）	慈溪	光绪二十四年十一月	南洋官费	成城学校	陆军士官学校	南洋武备学堂
许葆英（伯明）	海宁	光绪二十四年十一月	南洋官费	成城学较	陆军士官学校	南洋武备学堂
华振基（祝三）	长兴	光绪二十四年十一月	南洋官费	成城学校	陆军士官学校	南洋武备学堂
王鸿年（鲁番）	永嘉	光绪二十四年十一月	使馆官费	（不详）	东京帝大法科	

第三节　浙江早期留日学生的译书活动

一、翻译日书风气的形成

甲午战争前，中译日文书籍寥寥无几。据《中国译日本书综合目录》统计，中译日文书籍1660—1867年仅4种，1868—1895年仅8种。但是，这一时期的西书翻译却相对较盛，且有许多为专门培养翻译人才而设立的机构。京师同文馆创立于1862年，最初仅设英文馆，次年设法文馆和俄文馆，1872年增设德文馆，直至甲午败战后的1896年才添设东文馆。1863年李鸿章仿京师同文馆在上海设广方言馆，招收汉人入学，该馆初设英文、法文两馆，虽一度添设东文馆，但因愿学者寥寥而停办。1876年，江南制造局附设翻译馆，专译西方格致制造等书籍。此外，尚有由教会主持的以翻译西书为中心的译书活动。由此可见，与西书的翻译相比，日书的翻译，不论从译书数量上还是从与其相关的机构上看，都未被重视。

甲午战争后，日本在国人心目中的地位骤升。1896年，京师同文馆率先增设东文馆，预示着翻译日书开始受到重视；其后，1897年梁启超在上海创设大同书局，明确翻译对象"以东文为主，而辅以西书，以政法为先，而次以艺学"[1]。同年，罗振玉在上海设东文学社，培养了如樊炳清、沈纮等一大批中国早期的东文翻译人才。此外，尚有日本人创办的福州东文学堂（1898）、杭州日文学堂（1898）、泉州彰化学堂（1899）、天津东文学堂（1899）、厦门东亚学院（1900）、北京东文学社（1901）等一大批以教授东文为主的学堂。这些都标志着日本及其语言已开始被人们所重视。

二、译书汇编社与浙江留日学生

留日学生在翻译日书方面初见成效是在1900年，其标志是留日学生的第一个翻译团体译书汇编社的成立并开始大量翻译日本书籍。据该社刊行的《译书汇编》第二年第3期的社告，可知其主要成员共14人，他们是：

戢翼翚　　东京专门学校毕业生
王植善　　上海育材学堂总理

---

[1] 梁启超：《饮冰室文集类编》（上），〔日〕下河边半五郎明治三十七年（1904）发行，第741页。

陆世芬	东京高等商业学校学生
雷　奋	东京高等商业学校学生
杨荫杭	东京高等商业学校学生
杨廷栋	东京高等商业学校学生
周祖培	东京高等商业学校学生
金邦平	东京高等商业学校学生
富士英	东京高等商业学校学生
章宗祥	帝国大学法科学生
汪荣宝	庆应义塾学生
曹汝霖	中央大学学生
钱承志	帝国大学法科学生
吴振麟	帝国大学法科学生

以上，除王植善是《译书汇编》代派处之一的上海王氏育材学堂之负责人外，其余13人均为留日学生。其中，浙江留学生有陆世芬、富士英、章宗祥、钱承志、吴振麟等5人，足见浙江籍学生在该社中所占的比重。

译书汇编社的定期刊物《译书汇编》刊登"以政治一门为主"的译书，如政治行政、法律经济、政治政理各门，每期所出或4类或5类，间附杂录。另外，兵农工商专门之书也时有译出并择要刊行。[1]

《译书汇编》创刊于1900年12月，创刊号所刊登的译作有：

---

[1]《简要章程》，《译书汇编》第1期，第2页。

表 2 《译书汇编》创刊号所载书名一览表

书名	作者
政治学	〔美〕伯盖司
国法泛论	〔德〕伯伦知理
政治学提纲	〔日〕鸟谷部铣太郎
社会行政法	〔德〕海留司烈
万法精理	〔法〕孟德斯鸠
近世政治史	〔日〕有贺长雄
近时外交史	〔日〕有贺长雄
19世纪欧洲政治史论	〔日〕酒井雄三郎
民约论	〔法〕卢骚
权利竞争论	〔德〕伊耶陵

以上共10种。在此创刊号的卷末尚载有"已译待刊书目录"共21种，第2期增至22种，第7期猛增至34种，说明其译稿数量远远超过刊登数，反映了该社成员非凡的译书热情。遗憾的是，这些已刊登和已译待刊的书均只标书名和原著者，而未注明译者，除少数在后来印成单行本后标出译者外，大多均已无法究明其译者，因而只能将它看作是译书汇编社的共同成果。

译书汇编社所译之书大多为东西方资产阶级的政治学说等学术书籍，对于促进国内政治文化的进步，推动思想启蒙运动起了重大的作用。梁启超曾赞扬《译书汇编》："能输入文明思想，为吾国放一大光明，良好珍诵。"[1]《新民丛报》也曾评价："诸报中，除《江苏》一报未出版外，其余数种，语其程度则《译书汇编》为最。"[2]

---

[1] 梁启超：《饮冰室文集类编》（上），第794页。
[2] 引自黄福庆：《清末留日学生》，第165页。

三、陆世芬与教科书译辑社

继译书汇编社之后，还成立了以编译出版中学教科书为主的教科书译辑社。该社出版的《物理易解》一书的"版权保护令"称："据留学日本生员陆世芬等禀称：窃生等在日本东京纠合同志，设教科书译辑社，编译东西教科新书，以备各省学堂采用。"[1] 可见该社的负责人是浙江留日学生陆世芬。

在《译书汇编》第二年第3期"教科书译辑社广告"栏内，有"本社发行所设日本东京本乡区丸山福山町15番地"字样，这一所在地恰与译书汇编社的发行所相同。再看《译书汇编》创刊号封底简启："中国乏才，由无教育；教育之难，由于无书。同人现编辑小学、中学各种教科书，然兹事体大，海内名流有素留意此事者，望赐函见教，以匡不逮。"由此可见，译书汇编社在开始出版《译书汇编》的同时，就有编辑出版中小学教科书的计划，只是由于出版中小学教科书与译书汇编社所定译书内容"以政治一门为主"之章程相距甚远，故另设"教科书译辑社"作为分社专事编译出版中小学教科书。陆世芬在译书汇编社中排位第三，但由于其前王植善并非在日留学生，故在日成员中，除社长戢翼翚外，第二位就是陆世芬。这样，由陆世芬来负责译书汇编社的唯一分社教科书译辑社就不难理解了。

教科书译辑社成立后，组织译辑了大量的中小学教科书，其中又以中学教科书为多。据《译书汇编》第二年第3期卷末之广告，可知其初期的出版计划包括下列书籍：

---

[1]〔日〕实藤惠秀：《增补·中国人日本留学史》，第266页。

表3 教科书译辑社计划出版书籍一览表

书名	作者
伦理学	
东洋史	
中国地理	
中（等）地文学	矢津昌永
初等几何学教科书	长泽龟之助
平面三角学	菊池大麓
中等化学教科书	
中等植物学	三好学
新式矿物学	胁水铁五郎
体操教苑	
法制教科书	
中等管理教科书	
中国历史	
西洋史	
中等万国地理	矢津昌永
算术小教科书	藤泽利喜太郎
代数学	上野清
中等物理教科书	水岛久太郎
普通生理教科书	片山正义
中等动物学	石川千代松
图画术	
国民新读本	
经济教科书*	

说明：*〔日〕实藤惠秀：《增补·中国人日本留学史》，黑潮出版1981年版，第266页。

另据《江苏》第1期卷末广告，[1]教科书译辑社已刊和"近已付梓，不日出版"的书籍共有：

---

[1] 江苏同乡会：《江苏》1903年第1期，第203—206页。

表4 教科书译辑社出版书籍一览表

书名	著译者
中学地文教科书	神谷市郎著
中学物理教科书	水岛久太郎著（陈榥译）
中学生理教科书	美国斯起尔原著（何燏时译补）
中学化学教科书	吉田彦六郎著
物理易解	陈榥撰（译辑）
社会学提纲	美国吉登葛斯原著（吴建常重译）
青年教育	
国家教育	
教育原理	（季君译）
普通经济学教科书	王宰善辑著
中学地理教科书※	夏清贻著
中学代数教科书※	（陈榥译）
中学几何教科书※	周家彦著

上述广告书目，除带"※"号的3种以外，其余均有对该书所作的广告式说明，如《中学物理教科书》条称："是书为日本水岛久太郎原著，义乌陈榥译补。陈氏于日本帝国工科大学肄业，研究物理确有心得，故能说理透辟，措词明达，于数学公式尤所详备，洵理科之佳本也。至其装订华丽、绘图精致，尚其余事。"再如《中学生理教科书》条，称："是书为美国斯起尔原著，暨阳何燏时译补。说理既精，考证尤确，每篇悉附试验方法以供临时参考。插图四十幅，用最精铜板，明细可爱，洵中等生理教科之善本，前此得未曾有者也。"由此可见，这些说明对浙江陈榥、何燏时所译书籍的评价较高。陈、

何二人均非译书汇编社的成员,但他们在为教科书译辑社编译书籍方面却似乎非常活跃。

谭汝谦主编的《中国译日本书综合目录》共收录1883—1978年中国大陆、中国台湾和中国香港地区、日本及其他地区出版的中译日书共5000余种,是迄今所收中译日书最多的综合目录。从该目录中,笔者检得教科书译辑社出版的书籍有:

表5 教科书译辑社出版之书籍

书名	编著者	译者
中学算理教科书	水岛久大郎	陈榥
初等平面几何学	菊池大麓	任允
中学物理教科书	水岛久太郎	陈榥
物理易解		陈榥（编译）
物理教科书	水岛久太郎	陈榥
中等最新化学教科书	吉田彦六郎	何燏时
中学地文教科书	神谷市郎	
植物之生理	田原正人	高铦
教育学原理	中岛半次郎等	季新益
社会学提纲	市井源三	吴建常

纵观前述《译书汇编》第二年第3期所载教科书译辑社初期计划出版的书籍目录、《江苏》第1期所载已刊或近刊目录以及《中国译日本书综合目录》所载该社出版书目录,这三者中,后两者所载书目内容较为接近,而此两者与第一者之间却相差甚远,可见其最初的出版计划在后来作了较大的调整。教科书译辑社究竟编译了多

少教科书，由于资料匮乏，难以得出确切的统计数字。尽管也有该社编译之书不下几百种之说，[1]但据目前所占有的资料，似乎只有几十种。

四、浙江早期留日学生译书目录

早期浙江留日学生两年共计15人，其中除派往习蚕的嵇侃和习陆军的吴锡永等5人外，其余所有习文科的学生全都参加了译书活动。他们有的侧重于负责编辑出版工作，如陆世芬；有的侧重于翻译，如陈榥；有的不仅译书，还亲自执笔著述，如章宗祥。他们的译书和著述为后人留下了一笔宝贵的文化财富。据谭汝谦主编《中国译日本书综合目录》，这些浙江早期留学生的译书见表6。

另据《江苏》第1期卷末书目广告，陈榥、何橘时尚分别有：《中学代数教科书》、《中学生理教科书》等译书。

以下仅是现在尚能查知的书目，此外，可能还会有已佚或未被发现的书目，还有一些如《译书汇编》中所载的未署译者姓名而无法确认译者归属的书籍。

表6译者中，章宗祥自不待言，其他人在归国后也均曾活跃于不同的舞台。如：汪有龄，清末历任湖北农务局译员、《商务官报》主编、法律馆纂修、京师大学堂教习等职。入民国后，历任南京临时政府法律局参事、法律编查会副会长、《公言报》主编、北平朝阳大学校长兼律师等职。何橘时，回国后曾任浙江省矿务局技正、学部主

---

[1] 中华书局编辑部：《纪念辛亥革命七十周年学术讨论会论文集》（上），中华书局1983年版，第627页。

表6 早期浙江留日学生所译书籍

译者	书名	编著者	出版年代	出版机构
汪有龄	日本议会史	工藤武重编	1904年	江苏通州翰墨林书局
钱承志	外交通义	长冈春一著	1911年前	上海作新社
陈榥	中学算理教科书	水岛久太郎著	1945年前	教科书译辑社
	物理易解	（编译）	1902年	教科书译辑社
	物理教科书	水岛久太郎编	1945年前	教科书译辑社
	中学物理教科书	水岛久太郎著	1914年	教科书译辑社
何燏时	中等最新化学教科书	吉田彦六郎编	1945年前	教科书译辑社
	法制经济通论	户水宽人著	1910年	上海商务
王鸿年	步兵斥候论	稻村新六校订	1902年	上海南洋公学
	宪法法理要议	穗积八束著	1945年前	译者发行
	骑兵斥候答问	陆军教导团	1911年前	上海南洋公学
章宗祥	日本刑法	日本政府编	1905年	北京修订法律馆
	各国国民公私权考	井上馨著	1901年	译书汇编社
	国法学	岩崎昌等著	1901年	译书汇编社
富士英	满洲调查记	冈田雄一郎著	1906年	（不明）

事、员外郎、工商部矿政司司长、京师大学堂教习、北京大学校长等职。陈榥，回国后任陆军部军实司科长，1912年以陆军少将身份督理上海制造局，在任期间被授予二等文虎勋章，1914年因不满袁世凯统治而辞去上海制造局职务，任北京大学教授。王鸿年，回国后于1906年考取法科举人，以内阁中书任用，供职学部兼京师大学堂译学馆教席，后历任外交部丞参部佥事、留学生考试襄校官、外交部佥事、驻日公使一等秘书官、驻朝鲜总领事、代理驻日全权公使、驻日本横滨总领事等。

五、浙江早期留日学生译书活动之特点

清末派遣留日学生的目的在于希望通过日本输入西方近代文明。在此意义上，若将日本看作西方文明传入中国的中间站，那么留日学生则是异国文化从日本传入中国的载体。他们置身于疾步迈向近代化的日本，更深切地感受到中国的贫弱，这一强烈的反差激发了他们利用所学的新知向国内输入异国文明的强烈欲望。为达此目的，译书被认为是最直接有效的手段。这一工作，早期留日学生做得尤为突出。

浙江早期留日学生中研习文科的9人无一例外地都参加了译书活动，译书风气之盛可见一斑。而且，他们的译书活动大多有组织有分工地进行，所译之书则集中为政法书籍和中学教科书。

译书汇编社中，主要成员三分之一以上是浙江早期留日学生。其定期刊物《译书汇编》中所收译作全部不署译者姓名，而是以团体名义问世，这是该社分工合作式的工作方式所致。他们有的负责统筹计划工作，有的负责编辑工作，有的则专事翻译，共同目的是源源不断地向国人介绍外国新知，以满足国人对新知识新思想的渴求。陆世芬和吴振麟二人均为译书汇编社的主要成员，而且陆世芬后来还单独负责教科书译辑社的工作，但后人却未见他们单独署名的译书，其原因恐怕就在于此。

上一节所列浙江早期留日学生译书目录中，中学教科书为7种，政治类4种，法律类3种，军事类2种，史地类1种，计17种。尽管此17种并非译书之全部，但从中可看出早期浙江留日学生的译书以政法类书籍和中学教科书占绝对多数这一事实。而且，政法军事类共9种书籍纯为学术性著作，这与后来创办的如《浙江潮》(1903)、

《游学译编》等刊物所载译书的政治倾向性形成鲜明的对比。从中也反映出这些早期留日学生的译书目的主要是为了向国内输入新知识、新思想。

浙江早期留日学生的译书偏重于政法类和教育类书籍，这无不与当时所处的政治大变革时代紧密关联。政治的变革，学制的改革，大批新式学堂的创设等都不仅要有大批政法及教育方面的人才，而且还必须提供大量的书籍来满足学校和社会的需要。留日学生正是基于这一时势，结合自己所学的专业进行翻译，如所译政法类书籍最多的章宗祥其所学的专业为法科，所译中学数理教科书最多的陈榥为帝大工科。此外，如汪有龄、钱承志、何燏时等也均结合自己的专业进行译书。

浙江早期留日学生的译书尤其是政法类书籍中，有不少是当时的名著。如汪有龄译《日本议会史》、章宗祥译《国法学》、《日本刑法》、《各国国民公私权考》等在后来均出现了多种译本，而上述译本均是其中最早的译本。中学教科书类书籍中，如陈榥编译的《物理易解》在光绪二十八年出第一版后，至光绪三十二年短短4年就已出了8版，[1]其广受欢迎程度可见一斑。

第四节　浙江早期留日学生监督孙淦事迹

在漫长的中日文化交流历史长河中，东渡日本的中国人作为一个

---

[1]〔日〕实藤惠秀:《近代日支文化论》，大东出版社1941年版，第117页。

特殊的整体，对促进中日两国历史的进步以及中日关系的发展都起到了相当重要的作用。在古代，是大批的大陆移民将先进的大陆文明输入日本，从而推动了日本经济的发展和社会的进步，并对日本古代文化的形成起到了强力的催化作用。在近代，数以万计的华侨华人分布在长崎、横滨、大阪、神户等地，往返于中日两国之间，有力地推动了中日两国经济、技术和文化等领域的交流，在中日两国的交往中扮演了重要的双向促进者的角色。

孙淦，一位名不见经传的清末在日华商，在浙江省于1897年率先派生留日时，主动承担留学生的监督工作，成为中国留学生史上最早的留学生监督，并为留日学生相关事务作出了诸多贡献。

在以往的有关近代留日学生史的研究中，对留日学生监督所作的研究尚不多见。本节在对留日学生监督作一概观的基础上，着重对留日学生史上最早的留学生监督孙淦的事迹作一考察。

一、生平

由于孙淦仅为一商人，所以很难找到有关他生平的记录。但从当时与他有过交往的人物所留下的记录中，可以发现一些线索。

1903年6月，直隶省学校司督办胡景桂受直隶总督袁世凯之命，赴日进行教育考察，并在滞日期间于大阪会见了孙淦。胡景桂在其日本视察记《东游纪行》中，对孙淦有如下描述：

> 孙淦，字实夫，浙人。在日本二十余年，初充监督，现为南

帮首事，红十字会亦列其名。谈许久，颇知时务。[1]

孙淦的赴日经过及其具体时间尚待进一步调查，但若以上述记录判断，其赴日时间大约在1870年代至1880年代。自1871年《中日修好条规》签署以来，由于在日华侨的商业活动可以得到充分的保护，中国人赴日贸易者急剧增加，贸易场所也由原来主要集中在长崎一地，逐渐向横滨、神户、大阪、函馆等地扩散。这一时期的在日华侨，大致分"福建帮"、"广东帮"、"三江帮"三大帮派，"福建帮"和"广东帮"的成员组成较为单纯，而"三江帮"的成员除江苏、浙江、江西三省外，还有来自安徽省以及华北地区的一些成员。1882年，大阪的"三江帮"华侨在大阪组建了地方性组织"三江公所"，专为大阪的"三江帮"华侨开展服务。1895年，"三江公所"分裂为"大阪大清南帮商业会议所"（南帮）和"大阪北帮商业会议所"（北帮），华北一带的华侨开始归属于"北帮"。根据以上胡景桂的记录，孙淦于1903年前后，曾担任过大阪"南帮"华侨的首事。

孙淦虽长年旅居日本，但其与国内官绅的交往也相当频繁，如社会名流浙江人汪康年、罗振玉以及当时的杭州知府林启等人就与他有过密切的接触，这些都可以从孙淦给汪康年的书简中得知。由上海图书馆编撰的《汪康年师友书札》中所收录孙淦的书简共30封，其卷末还录有《汪康年师友各家小传》。《小传》在汪康年胞弟汪诒年所作的《汪穰卿先生师友书札姓氏录》的基础上，由编撰者补充调整后作成，其中孙淦的"小传"如下：

---

[1] 王宝平、吕顺长：《晚清中国人日本考察记集成·教育考察记》下卷，杭州大学出版社1999年版，第618页。

孙淦，字实甫，上海人，清光绪间首由浙抚廖寿丰举为留日学生监督，后任职于日本邮船会社。译有《日本赤十字社社则》。余不详。[1]

将以上《小传》与前面胡景桂的记述作一比较，不难发现其中相矛盾之处。

首先是孙淦的籍贯。上述两处引文中分别称孙淦是浙江人和上海人，此外，本章后半部分中的引文中也有两处称孙是上海人。笔者原以为，由于胡的考察记录是著者在日本与孙直接面谈后作成，可信度较大，而且，从孙淦所接触的官绅多为浙江人、被任命为浙江留日学生监督、向浙江的学堂捐赠器械等一系列事件看，其对浙江的时务甚为关心，以此推断，其为浙江人的可能性也较大。另一可能就是孙淦虽为浙江人，但其出生及赴日前的主要活动均在上海，故许多记录中均称其为上海人。[2]

其次是"小传"中"曾由浙抚廖寿丰举为留日学生监督，后任职于日本邮船会社"的记录存有疑问。孙淦辞去留日学生监督的时间是1900年，另据当时的留日学生及赴日考察者的相关记录，孙淦至少在辞去监督后的五六年内，主要在神户和大阪经商，而未见其入日本邮船会社的记录。考虑到19世纪70—80年代曾有不少中国人赴日后受雇于日本三菱或其他商船公司的情况，孙淦在赴日当初，曾任职于日本邮船公司的可能性比较大。

---

[1] 上海图书馆：《汪康年师友书札》第4册，上海古籍出版社1989年版，第4126页。
[2] 浙江大学日本文化研究所：《江戸・明治期の日中文化交流》，〔日〕农山渔村文化协会2000年版，第135—137页。

对于孙淦生平以及以上疑问，笔者后来通过寻访孙淦亲族的后人，了解到了一些新的情况。2004年，笔者在日本大阪见到了孙淦亲族的后人广实平八郎氏，据他介绍，孙淦前妻亡故后于1905年在大阪与日本人广实赖子结婚，自己是广实赖子胞弟广实仪一之子，由于孙淦事业有成，自己的父亲和自己在生活上曾受到过孙淦的许多关照。孙淦于1858年出生于上海，但具体的来日时间和来日后前二三十年的经过并不清楚，只知1905年前后在大阪川口经营杂货贸易商铺"益源号"，与广实赖子再婚后生有二子，1920年将"益源号"让给妻弟即自己的父亲广实仪一经营，回到中国丹东开设"丹华公司"，1938年在丹东去世。

二、最早的留日学生监督

1897年11月，浙江巡抚从杭州蚕学馆派嵇侃和汪有龄赴日留学，除1896年由驻日公使馆招致的13名特别留学生外，此为中国近代最早由地方政府派遣的公费留日学生。而两人的派遣则直接与罗振玉和孙淦的动议有关。尤其是孙淦，不仅在派遣前建议浙江派人赴日留学，作调查留学费用等事前准备，在派遣后还被浙江巡抚任命为监督，从为他们联系学校至照料日常生活，尽到了监督的责任。

1898年，浙江再从求是书院和武备学堂派遣了8名留日学生，由于8人所入的学校均在东京，这对身在大阪的孙淦来说，在管理和监督上产生了诸多的不便。尽管如此，他还是屡次前往东京处理学校事务，并始终保持与国内的联系，尽到了监督的职责。

1898年冬，湖广总督以及南洋大臣分别从湖北、江苏等地派遣了

20名学生留日,并从国内派遣了专任监督。至此,孙淦考虑到其他省份的留日学生监督均为国内所派的官员,加之随着浙江留日学生人数的增加,管理难度增大,于是通过高凤岐和汪康年表示了辞去监督一职的决意。他在给汪康年的书简中,大致叙述了他的辞职理由和他对新监督的期望:

> 浙省学生监督之事,荷承吹嘘筹画,不胜铭感。但当日为泛人照料,故不敢辞。尔来江鄂所派益众,监督均系大员兼之,学生皆系高贵,恐不易办(今各省自派监督难免各相佐袒,况浙之武备,已分两党)。故已托啸翁代辞矣。然则此事攸关大局,培植人才,即我国将来维新大器,监督尤为紧要。宜公选有声望识达者统属之,尚祈我公鼎力说之,则国事幸甚,诸生幸甚。[1]

结果,孙淦于1900年初辞去了监督职务。此后,浙江留日学生监督一职改由1899年赴日专理南洋和湖北留学生事务的钱恂兼任。有资料表明,当时浙江巡抚给钱恂的任命书乃由驻杭州日本领事馆转交。当时的若松儿三郎领事给日本外务大臣的书简大致描述了这一经过:

> 从浙江求是书院派来本邦的留学生陈等人之监督,向来由多年在日本的上海人孙淦担任。因该人在大阪从事商业,往返东京费时耗费,难以充分尽其职责,故现已由湖北特派之学生

---

[1] 上海图书馆:《汪康年师友书札》第2册,第1456页。

监督钱恂兼任。浙江巡抚刘树堂致钱恂的公文现已至浙江洋务总局，而总局因未详该监督之住所，故委小官转交。现小官将其转送回日本。[1]

三、清国留学生会馆"名誉赞成员"

中国人同乡意识强，地方主义色彩浓厚，而在身处异国他乡的华侨和留学生身上，这种倾向表现得更为明显。旅日华侨形成"福建帮"、"广东帮"、"三江帮"，留日学生以各省为单位组成形式多样的同乡会，并以此为中心开展各类活动。

由留日学生自己组织而成的团体，除各种同乡会外，1902年在东京还设立了全国性留学生组织"清国留学生会馆"。据会馆刊行的《清国留学生会馆报告》介绍，其组织由总长、副长、干事、名誉赞成员、评议员组成。总长和副长由留学生总监督或地方留学生监督担任，干事由留学生担任，评议员由各同乡会选出的代表构成。而名誉赞成员则由官绅商学各界人士组成，他们或给予会馆经济上的援助，或利用自身的地位对会馆的工作给予支持，是会馆运营不可或缺的支持力量。据1903年3月刊行的第二次报告所载，包括钦差出使英国专使大臣贝子载振、安徽游历官江苏候补道李宗棠、使署留学生监督夏偕复、前浙江留学生监督孙淦、北洋留学生监督赵理泰、东京外国语学校汉语讲师金国凑、公使馆及领事馆部分参赞和随员、赴日视察的部分官绅等，会馆赞成员共有38人。而至1904年5月，据使馆第四次报告所

---

[1] 日本外交史料馆所藏《在本邦清国留学生关系杂件（留学生监督并视察员之部）》，外务省受40645号。

载，赞成员总人数增加到了177人，可见会馆得到了各界人士的大力支持。

孙淦以"前浙江留学生监督"的名义任会馆名誉赞成员，但其当时真正的身份是在日贸易华商，而在第四次报告所载之177名赞成员中，商人身份者仅孙一人。作为会馆名誉赞成员，孙淦不仅捐资给予经济上的援助，而且利用他在日多年而熟悉日本的有利条件，承担起了接待新来学生的任务。在会馆章程第九条中，"招待新来学生"被列为会馆日常事务的第一条，并专门制定了"招待规则"。规则对各口岸的接待人员作了具体规定：

> 招待地方有二：一在横滨，一在新桥。凡由神户起岸者，本馆干事当至新桥招呼；由横滨起岸者，本馆干事当至横滨招呼。其神户、上海、天津三处均有本馆赞成员代为经理。计开：
> 神户冯君悦甫　神户山下町清国领事馆
> 孙君实甫　神户海岸仲通清商益源号
> 上海王君培孙　上海大东门内育才学堂
> 天津张君亦湘　天津玉皇阁前日日新闻社[1]

在神户上陆的留学生，作短暂的停留后，大多再乘车前往大阪或东京，因此孙淦的接待工作主要就是前往港口迎接并为学生预约住宿和交通，为他们提供各种便利。孙淦的接待工作是否与其从事的商业行为有关，因资料所限尚不得而知，但他倾注满腔热情为留日学生做

---

[1] 清国留学生会馆：《清国留学生会馆第三次报告》，清国留学生会馆1903年发行，第9页。

大量的服务性工作，与他虽身处异乡却保持强烈的爱国心，关注国内时务，对中国人留学日本的重要性有着深刻理解等是分不开的。

四、照料来日视察者

清末中日文化交流的主流是中国人"以日为师"，通过日本这一窗口，致力于学习西方的近代文化科学知识。向日本派遣留学生、派官绅赴日考察、招聘日本教习来华任教、翻译日本书籍等，则为其主要途径。

孙淦不仅对留学生，而且对从国内前来日本视察者也是尽其所能，为他们提供各种帮助。这可以从许多考察者留下的记录中得到证明。

光绪二十九年四月，实业家张謇自费赴日考察实业和教育，以大阪和东京为中心，足迹遍及长崎、神户、京都、名古屋、静冈、青森、函馆、札幌、小柑、姬路、仓敷、松永等，除参观考察各种学校、工厂、银行、农场、牧场、盐田外，还出席在大阪举行的第五次日本内国博览会，并会见了众多日本各界知名人士。张謇在神户上陆后，受到了孙淦以及同在神户经商的李光泰、吴锦堂等的迎接，第二日孙淦还专程陪同张謇前往大阪参加博览会。此次博览会，包括皇族载振在内的大批官吏，江苏、湖北、湖南、山东、四川、福建等地的贸易商等，来自国内的参加者达数百人。为此，日本一称作"清韩协会"的组织，事先为中国人联系了住宿的旅店。孙淦对"清韩协会"之称呼及其所从事的活动表示反感，拒绝了他们联系的旅店，并专门筹集资金另外在高丽桥附近租下旅店"清宾馆"，专供国内参加者使用。在张謇前往各地参观考察的过程中，孙淦或亲自陪同，或提供各种方便，使张謇深为感动。张謇在其考察记《癸卯东游日记》中，联系到上述孙淦拒绝"清韩协会"所预约的旅店一事，不禁发出"爱国者，华商也，商真不负国"[1]的感叹。

五、"人类馆"事件之交涉

然而，最能反映孙淦之爱国精神的是1903年大阪举行博览会期间发生的"人类馆"事件。

所谓"人类馆"，是由西田正俊等人发起于博览会会场附近设立的展示所谓的"异人类"的场所，预定雇用北海道的虾夷、台湾地区的生番、琉球、朝鲜、清国、印度、爪哇等地7种人，"于馆内演固有特性及生息之程度"，供前来参加博览会者观览，而"其演技次第悉照坪井博士调查世界风俗写真帖办法"[2]。在其紧锣密鼓筹备的过程中，日本《大阪朝日新闻》、《国民新闻》等报纸都对其作了报道。在日留学生最早注意到中国人也将作为野蛮人参展这一消息，于是他们立即行动起来，以清国留学生会馆的名义，通过留学生总监督汪大燮向公使馆以及国内政府报告，并及时与在大阪的孙淦取得联系，希望他能以商界名义做一些阻止工作。

孙淦从留学生会馆得到消息后，立即与博览会议长取得联系，要求主办方立即修改展出计划，取消中国人及朝鲜人的展出，否则将以商界名义呼吁国内人士拒绝参加博览会，取消在博览会开幕日大阪华

---

[1] 王宝平、吕顺长：《晚清中国人日本考察记集成·教育考察记》下卷，第541页。
[2] 《留学界记事》，《浙江潮》第2期，光绪二十九年二月，第133页。

商为表示祝贺而鸣放爆竹的计划，并在门前悬挂黑旗以悼民族之不幸，给主办者施加了压力。与此同时，还迅速前往神户领事馆，详细报告了"人类馆"设立的最新动态。此后不久，领事馆向大阪府提交了代表在日官绅商学各界反对人类馆计划展出中国人的抗议书。[1]

此后，留学生、以孙淦为首的华侨商人、领事馆的努力终于奏效，日本警署告示各报社，要求他们立即停止登载有"清国"、"支那"字样的广告，中国人的展出计划被除去。另外，由于当时台湾地区正处在日本的"统治"之下，中国人无权进行交涉，主办者最后还是从台南等地雇佣了数名男女展出。

六、捐赠器械

孙淦与罗振玉和汪康年等人的交往，以及通过罗、汪等人向杭州知府建议从杭州蚕学馆派遣留日学生的事迹，在前面已有述及。另据《农学报》等资料所载，孙淦还通过在上海的罗、汪等人向浙江的新式学堂提供所需器械，以其力所能及的行动为浙江的教育事业服务。如《农学报》第5期所载：

> 蚕镜东来　杭州林迪臣太守，锐意振兴蚕学，倩人物色蚕师、访购仪器，而仪器之中，尤以察验蚕瘟之显微镜为最要。今上海孙君实甫，由大阪寄来德国依里茨所制之六百倍显微镜一架，捐交本会，嘱转寄杭州学堂备用。孙君慷慨好义，令人钦佩。而杭

---

[1] 清国留学生会馆：《清国留学生会馆第二次报告》，清国留学生会馆1903年发行，第15页。

州蚕学之兴，亦可拭目俟之。[1]

孙淦的义举博得了众多官绅的好评和尊敬。就连杭州知府林启也不禁感叹："孙实甫先生英英向议，于人情物理又甚有理会，我辈读书人愧之。"[2]

孙淦作为一名"识时务"的商人，在1897年国内留日风气尚未形成的时期就建议浙省向日本派遣留学生，使浙省成为全国最先派生留日的省份；学生赴日后，被浙江巡抚任命为浙省留日学生监督，同时成为中国最早的留日学生监督，为浙省乃至中国的早期留日事业作出了贡献。不仅如此，在辞去留日学生监督后，通过向留学生会馆提供援助、照料留日学生及赴日视察者等力所能及的行动，始终关注国内的新政事业，被誉为"爱国华商"。

清末中国人的日本留学，是近代中日文化交流史上最为壮观的事件。类似孙淦那样的人物，尽管就文化交流史的角度而言，其所具有的身份比较特殊，但他们为推进留日运动，为近代中日文化交流作出了自己的贡献。

---

[1] 《农学报》第5期，第5页。
[2] 上海图书馆编：《汪康年师友书札》第2册，第1161页。

第九章
浙江留日学生的人数及其构成

在清末留学日本热潮中，浙江学子或受官费派遣，或自备资斧，纷纷东渡求学，曾出现"浙人以官私赴日本游学者相望于道"[1]的盛况。浙江不仅在留日学生的派遣时间上早于其他各省，而且留学生人数也始终名列前茅。那么，自1897年至1911年，浙江省究竟有多少学子东渡日本？他们又来自浙江的哪些地区？赴日后主要进入哪些学校？学习哪些专业？这些问题，至今均未见系统的研究。搞清这些问题，不仅可以进一步宏观把握清末浙江留学日本的历史，而且对于近代中国人留学日本史的研究，也将起到一定的促进作用。

第一节 浙江留日学生人数

一、浙江留日学生人数

凡是阅读过有关留日学生的著作或论文者，均可发现在这一类著

---

[1] 冯自由：《中华民国开国前革命史》中编，上海书店1990年版，第2页。

述中，几乎都对留日学生人数有所论述，如某年全国或某地方的在日留学生人数是多少等等，但极少有人提及清末十余年间全国或某地区究竟累计有多少人曾东渡日本留学。笔者参考了各种资料，对1897—1911年间浙江省每年的在日留学生数作了整理统计，同时还制作了"清末浙江留日学生名录"[1]，对此十余年间的浙江留日学生总人数进行了统计。先看逐年的浙江留日学生数。（见表1）

关于每年留日学生的人数，所据史料不同，所得出的结果可谓千差万别，尤其是在一些与日本相关者的日记或游记中，所记数据不仅相互间差距较大，而且多为大概的估计数。上表中，除1905年全国留学生总数为实藤惠秀综合各种资料推定的大约数字外，其他均为有出典的统计数字。

至1903年，浙江留日学生数达154人，位居江苏省之后名列第二。154人中，自费生占大多数，官费生仅40余人。官费生中，本省派遣者约20余人，其余为南洋、使馆或四川官费。[2]至1904年虽达191人，但由于湖南、湖北、四川、江苏等省以官费为主的留学生的大量增加，浙江省的排名退居第五。1905—1906年，由于留日学生的急剧增加，留学日本达到顶峰期，但遗憾的是未能找到这两年的精确统计数据。

1908—1911年，由于实施了五校特约留学政策，官费生也开始由五校官费生和普通官费生两部分组成。这一时期，由于速成留学政策的废止，以及学部制定的《选派游学限制办法》（1906）的公布，自费留日者开始减少，加之部分已经赴日的自费留学生通过各种渠道转为官费，留日自费生和官费生的比例大致各占一半。

---

[1] 本书限于篇幅，未能收录。
[2] 孙江东：《敬上乡先生请令子弟出洋游学并筹集公款派遣学生书》，《浙江潮》第7期，光绪二十九年七月，第4页。

表1 清末浙江留日学生人数

年份	浙籍人数	全国总人数	资料来源及说明
1897	2	11	使馆学生9名,浙江所派2名
1898	15	61	本书第八章;《约章成案汇览》卷三十二游学门下
1899	未详	207	《增补·中国人留学日本史》附表
1900	未详	未详	
1901	41	274	《新民丛报》所载《中国留学生新年会记事》[1]
1902	未详	未详	
1903	154	1058	《清国留学生会馆第三次报告》
1904	191	2406	《清国留学生会馆第五次报告》
1905	未详	约8000	实藤惠秀《中国人留学日本史》中译本附表
1906	未详	7283	日本外交史料馆档案《在本邦支那留学生关系杂纂》[2]
1907	官费生181	6797	浙江籍官费生据《官报》第6期,全国人数据日本外交史料馆档案《在本邦支那留学生关系杂纂第一》
1908	31+179	184+2413	均据留日学生监督处《官报》整理而成,加号前后分别为五校官费生和普通官费生,自费生未详。另据日本外务省档案《在本邦支那留学生关系杂纂第一》,1908—1910年全国留学生总数分别为5216、5266、3979人。
1909	61+177	338+1634	
1910	76+82	485+1347	
1911	未详	3328	日本外交史料馆档案《在本邦支那留学生关系杂纂第一》

说明:1.引自王晓秋:《近代中日文化交流史》,中华书局1992年版,第353页。
　　　2.引自〔日〕二见刚史、佐藤尚子:《中国人日本留学史关系统计》,《国立教育研究所纪要》第94号,1978年3月,第101页。

以上表1897—1898、1901—1904、1908—1910年共9年的浙江留

日学生累计数和全国留日学生累计数推断，浙江省清末留日学生数约占全国总人数的十分之一。那么，清末浙江留日学生的总数大致又有多少呢？笔者近年来曾致力于清末留日学生名单的收集，并对其中的浙江留日学生进行了整理，制作完成了"清末浙江留日学生名录"，共收入留日学生1200余人，凭相关资料判断，估计网罗了清末浙江留日学生总数的三分之二左右。因此，笔者推定，清末浙江留日学生总人数约为2000人，全国总人数为2万人左右。

二、浙江省留日学生人数名列前茅的原因

清末浙江能率先派生留日，而且留日学生总人数能占全国总数的约十分之一，每年的在日学生数均名列前茅，其原因是多方面的。

派遣留学生取人之长以补己之短，是世界各国为加速本国的发展而常采取的手段之一，也是世界各国间文化交流的一种重要形式。留学生的派遣，与一个国家或地区一定历史时期的政治、经济以及文化状况密切相关。

在近代，伴随着外来侵略，中国社会处于急剧动荡和变化之中，浙江地处中国东南沿海，是受资本主义国家入侵最早的省份之一。1842年的《中英南京条约》，开创了外国强迫中国开港的先例，宁波被列为"五口通商"港口之一。之后，浙江的温州和杭州在英国和日本的胁迫下也相继开埠。宁波港的开放，率先打破了浙江在清政府锁国政策下的封闭状态。自此，从西方资本主义国家大量涌入的"洋货"加速了浙江自给自足的自然经济的解体；与此同时，由于资本主义国家对浙江廉价农副产品的输入，使浙江的农产品商品化得到了迅猛的

发展。这一封建自然经济在外来资本入侵下的逐渐解体，给浙江近代民族资本的产生提供了客观条件，事实上，浙江的民族资本也正是在这一时期开始产生并得到了初步的发展。在民族工业中，浙江的棉纺织业和缫丝业的发展最为突出。宁波通久源纱厂、杭州通益公纱厂、萧山道惠公纱厂、杭州世经缫丝厂等是当时浙江规模大且有影响的民族资本工厂的代表。[1]

甲午战争后，严重的民族危机促使早期的维新思潮迅速发展成了民族资产阶级要求救亡变革和发展资本主义的变法维新运动。浙江民族资本主义的发展，为维新运动的兴起打下了基础。当时浙江籍维新人士中，较为著名的就有汪康年、汤寿潜、章炳麟、陈虬、宋恕、张元济、陈黻丞、孙诒让等一大批代表人物，他们或著书撰文宣扬维新思想，或创办学会、学堂、报刊等，通过各种不同的方式开展活动。维新运动期间，这些浙江籍主要维新人物虽大多分布在上海、北京等地，但他们对浙江的维新状况寄予极大的关心。如汪康年在1895年夏，鉴于故乡尚无讲求实学之学校，遂"冒暑回杭，亲谒各绅，议改某寺为学堂"，尽管遇到重重阻力，但他仍"不为所阻，时时游说于官绅之间"。[2] 汪康年的这一建议，虽然一时未能付诸实施，但成了创办求是书院的动议。

维新运动在浙江蓬勃开展，极大地开通了浙江的社会风气。这种开放的社会风气，为浙省在清末能率先派生留日创造了客观条件；而当时杭州府太守林启、浙江巡抚廖寿丰等人的主观努力，终于使这一具有历史意义的举措得以实现。

---

[1] 参见汪敬虞：《中国近代工业史资料》第2辑，科学出版社1957年版。
[2] 汪康年：《汪穰卿遗著》，文海出版社1963年版，附录年谱第5页。

林启，字迪臣，福建侯官人，生于清道光十九年（1839），清光绪二年进士。曾任陕西学政、浙江道监察御史、浙江衢州府知府，光绪二十二年调任杭州府知府，光绪二十六年卒于杭州府任所。

林启自调任杭州知府后，以劝农桑、兴教育作为其推行新政的主要措施。这些政策措施，林在任衢州知府期间都曾实施过，但在具体内容上却有所不同。在任衢州太守期间，他实施了整顿正谊书院、立义塾12处等兴学举措。[1]在任杭州太守的4年间，林的最大贡献在于创办了一大批近代教育机构并选派学生赴日留学。维新期间，于杭州创办的学校除浙江武备学堂为浙江巡抚廖寿丰奏设外，求是书院、蚕学馆等都是在林启的积极主张和筹办下创立而成。1897年，梁启超获悉杭州兴办学堂已有成议后曾致书林启，表示"无任怀喜"，并认为兴办学堂"各省州县颇有提倡，而省会未或闻焉，浙中此举，实他日群学之权舆"。[2]这些新式学校的创办，不仅对浙江的教育事业影响巨大，而且还波及全国。

这些新式学堂创办后，所设课程均以"实学"为主，而且还开设东文课，聘请日人教习授课。本书上篇第一章中所论述的早期浙省官费留日学生更是无一例外地全部都从这些学校中遴选，由林启兼任总办的蚕学馆甚至在筹办的过程中就选派人员赴日留学。这些被选派的学生都是成绩优秀且对新学感兴趣者。他们大多具有坚定的信念和远大抱负。如何燏时被求是书院选派留日后办妥手续回家辞行，结果被不愿儿子漂洋涉险的父亲禁锢家中，最后，他不得不从书房破窗而出，

---

[1] 浙江省政协文史资料研究委员会：《浙江文史资料选辑》第1辑，第99页。
[2] 《与林迪臣太守谈浙中学堂课程应提倡实学书》，《饮冰室合集》文集第2册，中华书局1941年版，第2—4页。

连夜赶到杭州，后与诸生一道毅然出国。[1]

林启守杭虽仅4年，但他在兴农重教方面的业绩可谓巨大。治蚕丝者称林启"不独吾浙蚕丝之先哲，实为全国蚕丝赖以革新之元勋"，从事教育者则推其为"吾浙教育开山之祖"[2]，而留日学生在分析浙省能率先派生留日的原因时则称："林最热心爱国，勇于办事，而廖又能俯纳善言，故能毅然为各省倡。"[3] 这些都是后人鉴于林启的贡献所给予的很高的评价。

以上从主客观两方面分析了浙省留日运动能走在全国前列的原因：近代浙江民族资本主义的发展，促进了浙江维新运动的蓬勃兴起，并因此使浙江形成了一个开放的社会风气；林启等人大力兴办教育，提倡新学，并直接从各新式学校选派人员留日，是浙省能成为各省首倡的关键。

早期浙江留日学生和赴日官绅的榜样作用，以及他们的广泛宣传和积极呼吁，对促进留日学生的增加也起到了重要的作用。在清末，不仅兄弟相随留学日本比比皆是，夫妇同往、父子相伴，甚至全家、全族先后均留学日本的事例也屡见不鲜。在这一过程中，周围的先行者对后来者的直接影响可谓巨大。陈其采于1898年以南洋官费留学日本，其兄陈其美就在他的直接影响和资助下于1906年东渡留学日本；1899年，吴兴（今湖州）籍钱恂赴日任湖北留日学生监督，其家族中除其弟钱幼楞、钱夏（玄同）外，还有2子、1媳、1婿等先后入日本

---

[1] 何荣穆：《先父何燮侯事略》，《浙江文史资料选辑》第28辑，第59—60页。
[2] 张宗祥：《重建林社记》，《浙江文史资料选辑》第1辑，第118页。
[3] 孙江东：《敬上乡先生请令子弟出洋游学并筹集公款派遣学生书》，《浙江潮》第7期，光绪二十九年七月，第4页。

学校，并带动了周围的一大批同乡赴日留学。

留日学生们的日本留学体验，使他们更加深切地体会到日本之所以迅速强盛，是因为自明治维新后日本致力于学习西方的近代科技文化，同时也使他们认识到效法日本并通过日本学习西方乃中国自强的一条捷径。于是，他们或以书信的形式向亲朋好友介绍留日的好处，或著书介绍留学的具体方法，或撰文劝说家乡官绅筹款派遣留日学生，通过各种方式和途径呼吁家乡人民以更快的速度派更多的学子赴日留学。

吴兴籍章宗祥以南洋官费于1898年留学日本。1901年，他以自己留学日本数年之经验，并利用暑假"搜集日本学校诸书，考察日本游学之情形"，编成《日本游学指南》一书。该书分游学之目的、游学之年限、游学之经费、游学之方法4章，系统地描述了留学日本前需了解的各个环节，成了当时不可多得的畅销书。在此，我们不妨来看一看章宗祥在绪论中对留学日本的必要性的精辟论述：

> 游学之益何在？曰：人有恒言"百闻不如一见"，欲取他国之长，以补吾国之短，非亲历其境，不能得其益也。日本维新元勋若伊藤侯等，其始皆学于外国，吸取其文明，归而散之其国，遂成今日之富强。近年日本游学外国者，总计官费自费，年复不少。其尤盛者，有富室岩崎某，其子弟七八人，自最稚者以外，悉游学各国，无一家居者。其知己国之不足，而热心以效他国之长若是。以日本今日，已足介于列强，相与并存，而其国人向学，尚如此其盛。何况吾国于所谓新学问者，尚在最幼稚之时代，然则有志之士，宁可复蜷乡里，以终吾世耶？然而游学之事，亦大不易言。凡天下之理，自最下层欲一跃而至最上层者，鲜有不蹶

者。……今日之日本，其于吾国之关系，则犹桥耳。数十年以后，吾国之程度，积渐增高，则欧美各国固吾之外府也。为今之计，则莫如首就日本。文字同，其便一；地近，其便二；费省，其便三。有此三便，而又有当时维新之历史，足为东洋未来国之前鉴。故赀本一而利息十者，莫游学日本若也。又况数年以来，东游之效，已有实验可征。吾国有志之士，大之为国，小之为己，其有奋然而起者欤。[1]

绪论以日本人游学欧美各国为例，说明游学对强国日本尚如此受重视，对中国来说当然就显得更为急迫和重要。同时，通过当时流行的"文字同"、"地近"、"费省"三大便利因素，和可资借鉴的日本维新成功的经验，强调中国人与其留学欧美，不如先留学日本显得更为现实。

《浙江潮》第3期通讯栏所载《敬上乡先生请令子弟出洋游学并筹集公款派遣学生书》，洋洋洒洒一万二千言，字句悱恻感人，读来不禁令人荡气回肠。倡议书以浙江留日学生同乡会的名义作成，由留日学生孙江东主笔。文章先从现实状况出发全面论述了浙省筹款增派留日的必要性和紧迫性，然后从浙江的实际出发，专门拟就了筹款的具体方法，并详细阐述了留学的具体目的。"东京多一留学生，即将来建造新中国多一工技师；东京多一浙江留学生，即将来建造新浙江多一工技师！"[2] 字里行间，无不透露出留日浙江学子爱我中国、爱我家乡的拳拳赤子之心。

---

[1] 章宗祥：《日本游学指南》，浙江图书馆藏，刊行年未详，第1页。
[2] 孙江东：《敬上乡先生请令子弟出洋游学并筹集公款派遣学生书》，《浙江潮》第7期，光绪二十九年七月，第5—6页。

此外，浙江自古所形成的开放的文化传统，浙江人所具有的勇于开拓、积极进取的精神，浙江地处沿海所具有的交通便利条件，浙江与日本的历史渊源关系，甲午战争给浙江带来的直接影响，等等，也都对浙江留日运动的形成和发展起到一定的促进作用。

第二节　浙江留日学生的生源组成和地区分布

一、浙江留日学生的生源组成

清末浙江留日学生主要由官费生、公费生和自费生组成。官费生除浙江官费外，尚有五校官费、学部官费、使馆官费、南洋官费、北洋官费和极少数其他省份的官费；公费生分省内各地方公费、学堂公费等种类，但此类公费生有时往往也称官费生，故在留日学生名单原始资料上表现出来的人数极少；自费生指那些由学生自己筹集经费赴日留学的学生，他们的经费除家庭补助外，有时也可从学校或热心官绅处获得小部分资助，而且自费生赴日后，部分成绩优秀者还可以通过各种渠道转为官费生。据对"清末浙江留日学生名录"中费别明确的809人次所作的统计，以自费生为最多，共计414人次，官费生次之，计388人次，而公费生仅7人次。

从清末留日的各个时期看，浙江留日学生中自费生和官费生的比例也不一样。19世纪末的几年时间内，留日学生人数不多，而且几乎均为官费生；20世纪初开始至留日高潮期的1905、1906年前后，自费生比例逐渐增加并超过各类官费生之总和；1906年，学部制定并实施《选派游学限制办法》后,对自费留日学生的派遣作了一些限制,自费赴日留学者开始减少,加之部分已经赴日的自费留学生通过各种渠道转为官费,官费生的比例明显增加,约与自费生持平。

尽管各省在各个不同时期的情况有所不同,但浙江留日学生中自费生与官费生的这一比例,可以说基本上与当时全国乃至各省留日学生的总体比例是一致的。例如,据推算,福建省清末留日学生总人数约在400名左右,其中1908—1910年间自费生为90人,官费生为72人。[1]

无论自费生,还是官费生,他们以来自当时的各类新式学堂者为最多。此外,留日前就已是秀才、举人、进士的科班出身者,甚至已具有大小官衔的各级官吏,人数也不在少数。

二、浙江留日学生的地区分布

浙江留日学生在全省各个地区的分布极不均衡。先看1903年4月在日浙江留学生的地区分布:当时的119名留学生中,来自杭州府40人、绍兴府26人、温州府17人、嘉兴府10人、宁波府10人、湖州府9人、台州府6人、金华府1人,衢州、严州、处州三府均未有留日学生的派遣。[2]

根据对"清末浙江留日学生名录"的统计,学生的地区分布如下表:

---

[1] 张先清:《清末福建的留学生》,《中日关系史研究》第53期,1998年4月。
[2] 《分校分府现在人数统计》,《浙江潮》第3期附录,光绪二十九年三月,第12页。

表2 清末浙江各府县留日学生数

各府学生数	各县学生数
杭州府133	仁和县53、钱塘县33、海宁州36、富阳县2、余杭县2、临安县1、于潜县、新城县、昌化县、(杭州6)
嘉兴府34	嘉兴县6、秀水县14、嘉善县、石门县3、桐乡县1、平湖县2、海盐县8
湖州府47	乌程县11、归安县21、长兴县3、德清县1、武康县、安吉县3、孝丰县、(吴兴3)、(湖州5)
金华府14	金华县3、兰溪县、东阳县4、义乌县5、永康县2、武义县、浦江县、汤溪县
衢州府1	西安县、龙游县、常山县、江山县、开化县
严州府4	建德县1、桐庐县2、淳安县、遂安县1、寿昌县、分水县
宁波府87	鄞县16、慈溪县24、奉化县16、镇海县20、象山县3、定海厅2、(宁波6)
绍兴府110	山阴县35、会稽县16、萧山县8、诸暨县7、余姚县13、上虞县13、嵊县8、新昌县3、(绍兴7)
台州府33	临海县2、黄岩县18、天台县9、仙居县、宁海县2、太平县、(台州2)
温州府87	玉环厅、永嘉县17、乐清县5、瑞安县34、平阳县27、泰顺县、(温州4)
处州府20	丽水县1、青田县8、缙云县2、松阳县7、遂昌县、龙游县、庆元县、云和县2、宣平县、景宁县

上述表格中，所有统计数字仅限于府县籍贯明确者，括号内指仅注明该府名称而未指出具体县名者，县名后无数字者表示该县在此统计中的人数为零。由于有一半以上的浙江留学生因原始资料中未注明其所属府县，故此次列入统计范围者仅570人。尽管如此，笔者以为

这一统计已能较充分地说明清末浙江留日学生在各府县的大致分布。

从11个府的分布情况看，杭州（133）、绍兴（110）、温州（87）、宁波（87）四府排列前四位，金华（14）、严州（4）、衢州（1）三府人数较少，排列倒数三位，处州府虽然直至1903年尚未见有学生留日，但后期增加非常明显，统计中达20人。

从各县分布情况来看，仁和（53）、海宁（36）、山阴（35）、瑞安（34）、钱塘（33）、平阳（27）、慈溪（24）、归安（21）、镇海（20）位居前列，昌化、浦江、开化、龙游、庆元等26县在此次统计中未见有留日学生。

从上述统计数字中，我们可以进一步发现，各地的文化发展水平和风气的开放程度直接影响留日运动的发展。而一个地区的文化发展水平和风气的开放程度，又直接与其历史状况、地理环境、交通条件以及当地官绅是否有所作为等因素直接相关。

第三节　浙江留日学生的学校和专业分布

一、浙江留日学生的学校分布

据不完全统计，清末留日学生所入的学校近百所，它们大致可分为四大类：一为各类专为中国留学生开办的学校，如宏文学院、日华学堂等；二为日本正规小学、初中、高中和大学，如第一高等学校、东京帝国大学等；三为各类职业专门学校，如东京高等工业学校、千叶医学专门学校、京都蚕业讲习所等；四为军事学校，如成城学校、陆军士官学校等。先请看1904年浙江留日学生的学校分布：

据《清国留学生会馆第五次报告》统计，1904年在日浙江留日学生为191人，他们的学校分布分别为：法政大学速成科33人、清华学校25人、预备入学20人、宏文学院18人、正则英语预备学校14人、成城学校12人、振武学校11人、第一高等学校9人、同文书院7人、经纬学堂7人、东京帝国大学2人、早稻田大学2人、东京高等师范学校4人、东京高等工业学校2人、大阪高等工业学校2人、高等商业学校2人、第二高等学校1人、第三高等学校3人、千叶医学专门学校1人、金泽医学专门学校3人、仙台医学专门学校1人、札幌农学校2人、国民英语学校1人、体育学校1人、东京高等师范学校附属中小学校2人、晓星中学校1人、早稻田中学校1人、庆应中学校2人、西京小学校1人、实践女学校1人。

另据"清末浙江留日学生名录"统计，清末10余年间浙江留日学生的学校分布见表3。

表3中所述各校累计共1509人次，其中以早稻田大学（189）、明治大学（130）、宏文学院（102）、成城学校（93）、振武学校（68）、清华学校（68）、经纬学堂（52）、陆军士官学校（65）、法政大学（84）、第一高等学校（88）、东京高等工业学校（69）为多，11校累计约占总数的三分之二。这11校中，成城学校、振武学校、陆军士官学校为军事类学校；清华学校的前身为梁启超与横滨华侨商议创办的东京大同学校，后改名清华学校，由犬养毅任校长；宏文学院和经纬学堂均为专门从事中国留学生教育的学校，其中宏文学院为东京高等师范学校校长嘉纳治五郎所创办，经纬学堂则由明治大学申请设立；

表3 清末浙江留日学生的学校分布

学校	人数	学校	人数
东京帝国大学	35	爱知县立医学专门学校	3
京都帝国大学	13	京都府立医学专门学校	1
札幌东北帝国大学	7	山口高等商业学校	19
北海道帝国大学	6	神户高等商业学校	7
九州帝国大学	1	东京高等商业学校	6
早稻田大学	189	长崎高等商业学校	3
明治大学	130	东京高等师范学校	30
法政大学	84	东京女子高等师范学校	1
中央大学	36	札幌农学校	5
东洋大学	2	盛冈高等农林学校	1
东京女子大学	4	测量专门学校	2
宏文学院	102	东京美术学校	1
清华学校	68	东京药学校	2
振武学校	68	东京物理学校	4
经纬学堂	52	东京征兵学校	1
日华学堂	8	实践女子学校	12
大成学校	12	国民英语学校	1
同文书院	33	水产讲习所	3
成城学校	93	岩仓铁道学校	11
陆军士官学校	65	同仁医学院	3
各类连队	27	京都蚕业讲习所	4
第一高等学校	88	东京蚕业讲习所	8
第二高等学校	7	京都女子手艺学校	1
第三高等学校	8	手工学校	3
第四高等学校	3	研数学馆	2
第五高等学校	1	正则英语预备学校	26
第六高等学校	5	大阪高等预备学校	18
第七高等学校	3	东京外语学校	1
第八高等学校	4	女子美术学校	4
东京高等工业学校	69	早稻田中学校	1
大阪高等工业学校	17	东京高等师范学校附属中小学校	1
仙台高等工业学校	6	庆应中学校	1
熊本高等工业学校	7	庆应义塾大学	1
名古屋高等工业学校	5	庆应义塾幼稚园	2
千叶医学专门学校	27	庆应义塾小学校	2
长崎医学专门学校	15	西京小学校	1
大阪医学专门学校	3		
金泽医学专门学校	7		
仙台医学专门学校	7		

第一高等学校和东京高等工业学校均曾被列入特约五校；早稻田大学、明治大学、法政大学均为私立大学，早稻田大学和法政大学的留日学生大多就读于其专为中国学生所附设的留学生部，明治大学的留日学生则主要就读于专门部。

如表3所述，日本各私立大学专为中国留学生开设的教育机构主要有早稻田大学清国留学生部（1905—1910）、法政大学清国留学生法政速成科（1904—1908）、明治大学经纬学堂（1904—1910）。早稻田大学清国留学生部的修业时间较长，开设当初设预科1年，本科（包括师范科、政治理财科、商科）2年，研究科1年，1907年调整为普通科3年，优级师范科（包括物理化学科、博物学科、教育及历史地理科）2年，以师范教育为中心。法政大学速成科为1年或1年半，并于1907年设2年制的普通科，以法政速成教育为中心。经纬学堂在修业年限和学科设置上均介于二者之间，曾开设师范科、刑律科、警务科、普通科、商科、教育选科等，修业年限为6个月至2年，普通科毕业者可以升入明治大学专门科。

二、浙江留日学生的专业分布

清末浙江留日学生所学的专业包括师范、法政、陆军、工科、理科、农科、医科、商科、警察、历史地理、外语、体育、音乐、美术、手工等，几乎包括当时日本学校所开设的所有科目。

从宏观上看，包括师范、法政等学科在内，清末留日学生以学文科者占绝大多数，这与19世纪末至20世纪初全民性的爱国救亡运动在全国各地蓬勃兴起直接相关。梁启超在1902年曾认为，留日学生

"所学者，政治也，法律也，经济也，武备也，此其最著者也"[1]。杨枢在1904年的奏折中也称："现查各学校共有中国学生一千三百余人，其中学文科者一千一百余人。"[2] 这一倾向在留日早期尤为明显。1908年五校特约留学计划开始实施后，政府在政策导向上开始鼓励学生学习实业，至1909年还进一步规定，官费学生必须学习农、工、格致各项专科，自费出洋之学生非学农、工、格致三科者，不得改给官费。[3] 此外，军事留学生也占相当比例。在清末，军事为清政府所推行的新政的重要内容，清政府不仅集中大量财力编练新军，还不惜代价派遣大量学生留学日本，而且自费留学生中希望学习军事者也为数不少。与全国各地的情况大致一样，清末浙江留日学生中，也以学习师范、法政、军事者为多。

浙江师范留日学生主要分布在早稻田大学清国留学生部、宏文学院师范科和东京高等师范学校。其中，1905年入早稻田大学清国留学生部师范科的浙江官派百名师范生，尤为引人注目。

1905年，浙江省在各府考选合格的基础上，再在省城杭州举行百名官派留日师范生的资格考试，选派规模在当时全国各省同类官费生中实属最大。同年10月，百名考选合格者被派赴日本入早稻田大学留学生部，由学校专设浙江留日学生师范班进行教学。原定学制3年，预科1年学习普通日语日文诸学科，本科2年直接听讲，分博物科、

---

[1] 梁启超：《敬告留学生诸君》，引自陈景磐等编：《清代后期教育论著选》下册，人民教育出版社1997年版，第498页。
[2] 《出使日本大臣杨枢具陈兼管学务情形折》，光绪二十九年十二月四日，引自陈学恂、田正平编：《中国近代教育史料汇编·留学教育》第363页。
[3] 《学部奏定自费游学生考入官立高等以上实业学校补给官费办法折》，留日学生监督处：《官报》第25期，第5—6页。

理化科、历史地理科进行专修，毕业后回国派用。1908年7月，修满原定3年期限后，部分学生以"学业无穷，不敢自足"为由，恳求驻日公使杨枢与校方和浙江巡抚交涉，希望能入研究科再习1年。[1]浙江巡抚考虑到经费及国内学堂急需用人等因素，令部分有回国意向者先行回国，并限定入研究科之人数为80名。[2]

百名师范生中，1908年先行回国者除杨乃康[3]外，其余尚无法一一确认。另据《浙江教育官报》所载，继续入研究科并于1909年毕业的学生为：博物科夏廷纲、李云夔、金章、施绍棠、包汝羲、陈宜慈、洪绍芳、稽剑铭、许诚、关鹏九、洪成渊等11人，理化科朱宗吕、葛祖兰、张孝曾、邹之栋、章景鄂、陆肇勋、胡哲显、邬学韶、胡以鲁、胡文滨、胡豫、陈时、孔昭仁、罗赓良、何谟、胡鸿、华国、林聘遂、柯毓璇、黄公冕、项同钦、杨传藻、郑逢壬、徐文藻、钱协邦、金范、叶锦春、陈豪、吴祉麟、张绂、项廷骅、钱遹鹏、岑崇基、马裕藻、王樾、孙寿祺等36人，历史地理科陈以义、马毓骐、杨文洵、叶正度、朱希祖、邱锐、谢锺灵、郭念规、方怀襄、王振声、吴乃璋、李超群、郑延龄、唐震、何一凤、叶庆崇、余光凝、朱泉、张立明、李锺祥、刘泰钦、杜孝敦、周庆修、徐鸿恩、黄化宙、杨道渊、程景曾、聂登期等28人。[4]

法政专业的留日学生，除主要就学于法政大学速成科外，尚有东京帝国大学、明治大学、日本大学所开设的法政方面的专业。著名者

---

[1] 《浙江教育官报》第14期，宣统元年九月，第31—32页。
[2] 留日学生监督处：《官报》第17期，第29—31页。
[3] 留日学生监督处：《官报》第19期，第14—15页。
[4] 留日学生监督处：《官报》第15期，第14—16页。

有东京帝国大学法科章宗祥、吴振麟、王鸿年,法政大学邵章、王廷扬、沈钧儒、陈敬第、陈汉第、阮性存等。

留日陆军学生就学的主要学校有成城学校、振武学校和陆军士官学校。成城学校为陆军士官学校的预科学校,振武学校也专门从事陆军士官学校和陆军户山学校的预科教育,陆军士官学校则为培养陆军士官的专门学校。浙江留日陆军学生中,著名者可谓比比皆是,如蒋志清(介石)、蒋百里、蒋尊簋、陈其采等。

第十章

浙江留日学生与教育事业

留日学生归国后,就其人数而言,以直接参与教育者为最多。究其原因,一是由于清末新学刚刚兴起,国内学堂师资严重不足,因此留日学生本身以习师范者为最多;二是非师范类留日学生中,有的在归国后因一时无用武之地,而往往加入到教育者队伍,其中又以习法政者回国后任教于法政学堂最为多见;三是许多省份规定官派师范生学成归国后须按照派遣者的需要,在学堂服务一定的年限;四是从事教育者的社会地位较高,留学归国者大多乐于从事这一职业。他们或执掌教鞭直接服务于教学,或从事学校管理,或亲自创办各类学校,或直接参与教育行政,共同为教育近代化事业服务。

本章着重对浙江留日学生归国后的教育实践活动进行考察。在清末民初浙江的师范、法政、医学、工业、农业、商业、军事、体育等各类学堂或学校中,虽然参与方式各不一样,人数有多有少,影响的大小也各不相同,但绝大多数都曾有过留日学生参与,这是不争的事实。下面，我们不妨先选取一些较有代表性的学堂作为线索，考察一下留日学生在学校教育第一线所作的贡献。[1]

第一节 浙江两级师范学堂

1906年，浙江巡抚张曾敭鉴于科举废除后新学林立而合格师资缺乏，因此奏请设立全浙师范学堂，以培养浙江省各中小学堂的教员。校舍由省城贡院旧址改建而成。学堂兼有优、初两级师范，优级部修业年限为3年，培养中学师资；初级部修业年限为2年，培养小学师资，另设体操、图画、手工等专修科，修业年限为1年或2年。学校于1908年春建成并开学。学校面向全省招生，1907年冬举行首次入学考试，应考者达万人，共招生661名，加之学校附设的附属小学，其规模在当时浙省新式学堂中最大。

该校自筹建期间开始，就非常重视学习借鉴日本的经验。1907年，学堂首任监督邵章根据《学务纲要》规定，派遣王廷扬专程赴日本考察学务并联络留日学生回国担任教员，以谋求提高办学质量。滞日期间，王除考察了东京高等师范学校等之外，还广泛地接触了在日的中

---

[1] 本节参考资料除特别注明者外，主要有：浙江省政协文史资料研究委员会编《浙江文史资料选辑》、王蛟主编《杭州教育志》（浙江教育出版社1994年版）、清国游学生会馆编《清国留学生会馆报告》（2、3、4、5，1903—1904年）、留日学生监督处《官报》（1907—1910年）、浙江留日学生同乡会编《浙江潮》（1903年）、杭州大学日本文化研究所编《中日文化论丛》（1992—1999年）、日本兴亚院政务部编《日本留学中华民国人名调》（1940年）、田正平主编《中国教育近代化研究丛书》（广东教育出版社1996年版）。为避免繁乱，正文中不一一注出。

国留学生，如经亨颐、许寿裳、钱家治、张邦华等，向他们咨询办学办法及校舍建筑等事项，并热情邀请他们学成后回国任教。1908年春学校开学前夕，王廷扬再次赴日，正式聘任经亨颐等人为两级师范学堂的正式教员。

民国元年，浙江两级师范学堂改名为浙江两级师范学校。民国二年，浙江省议会通过《筹设省立师范学校决议案》，按此决议，浙江两级师范学校的优级部停办，初级部在原址改设浙江第一师范学校。至1912年，两级师范学堂历任监督分别是邵章、喻长霖、王廷扬、沈钧儒、夏震武、袁嘉谷、孙智敏、徐定超，他们中袁嘉谷曾赴日考察教育，邵章、王廷扬、沈钧儒都曾留学日本；而历任教务长经亨颐（1908年首任、1910年第五任）、钱家治、张邦华、许寿裳等则无一不是留日归国者。普通教员中，学堂虽曾先后聘任八名日本教习，但他们的地位也逐渐被留日学生所取代，至1911年，日本教习几乎全部归国。在两级师范学校任过职的留日归国学生可考者就有：

邵章（1874—?），字伯𬘓，仁和人。1903年赐进士出身。1904年留学日本，10月入东京私立法政大学速成班，1906年6月毕业回国。邵章所入的班级为法政大学自1904年5月专为中国留学生开设速成班以来的第二个班级，入学时共有学生273人，其中官费生181人，公费生2人，自费生90人，共有230人修完全部课程毕业。浙江籍同班同学有汪兆铭（精卫）、朱曜（旭初）、陈叔通（敬第）、陈汉第（仲恕）、王廷扬（孚川）、陈彰寿（仲文）、傅强（骀忱）、王垚（晋民）等近40人。

王廷扬，字孚川，金华人。1904年官费留学日本，10月入法政大学速成班，与邵章同班。1906年毕业归国后，参与两级师范学堂的初创，尤其在从留日学生中为学堂物色人才方面多有贡献。除上述二次赴日物色教员外，还通过各种渠道，想方设法吸引留日学生中的优秀人才回国任教。1908年夏，学堂教员已初步聘定，博物一科也已拟定聘请一名日本教习前来任教，但由于学生数多，需要增加一名博物科教员，王从教务长经亨颐处了解到1905年所派的百名师范生均已毕业，仅是因全体再留习一年而未归国，于是他通过浙江提学使向出使日本大臣提出，提前从博物科中选出各科成绩均列甲等的杨乃康回国任教，待全体师范生留习期满回国后，准其再回日本补习一年。

经亨颐（1877—1938），字子渊，上虞人。1902年留学日本，先入宏文学院速成师范科，1905年3月以浙江官费入东京高等师范学校，专攻数学。1908年春，浙江官立两级师范学堂成立，毅然中断学业，受聘回国任该学堂教务长。约一年后，辞去教务长职务，再去日本完成学业。1910年春，毕业于东京高等师范学校数学物理科，归国后继续担任两级师范学堂教务长。民国元年，浙江官立两级师范学堂改称浙江两级师范学校，他担任校长，并兼任浙江省教育会会长，一跃成为全省教育的核心人物。1913年，浙江两级师范学校优级部停办，初级部在原址改设浙江第一师范学校，他仍任校长。"五四"运动时期，他顺应时代潮流，倡导民主科学，大胆进行教育改革，因而遭到反动当局的排挤，1920年被迫离职。此后，在上虞陈春澜的资助下，在家乡创办春晖中学，任校长。后又任宁波浙江省立第四中学校长，广州中山大学副校长及北京师范大学教授，还曾任国民政府常务委员，全国教育委员会委员长。

经亨颐是清末民初浙江教育界涌现出的杰出代表人物之一。他在长期的教育实践中，广泛采用国内外先进教育思想并适时推出教育举措。如提倡"人格教育",反对束缚个性、摧残人格的封建旧教育,认为健全的人格应该是德智体美全面发展;在省立第一师范学校时,定"勤、慎、诚、恕"为校训,勉励学生以此作为学习工作乃至为人的准则;他认为教师是学生人格的培养者,是办学的关键,必须具有高尚品性,且才识渊博,热心教育;"五四"期间,他鼓励和支持学生的爱国民主斗争,并提出"与时俱进"的办学方针等等。经亨颐在教育思想、教育管理等方面的革新,在浙江乃至全国教育界都起到了积极的作用。

沈钧儒(1875—1963),字秉甫,嘉兴人。1904年中进士,1905年留学日本,11月入东京私立法政大学法政速成科第四班,1907年5月毕业回国。1909年夏,任两级师范学堂监督;冬,任浙江咨议局副议长,从事立宪运动。1910年,任浙江私立法政学堂维持员。1912年,任浙江军政府教育司司长;同年9月,与吕公望等创办私立浙江体育学校。1927年冬任上海法科大学教务长、律师协会理事长等职,热心教育和民主运动。抗日战争时期,任国民政府参政员,坚持抗日、团结、进步的主张。中华人民共和国成立后,历任第一、二、三届政协副主席、最高法院院长、全国人大常委会副委员长等职。

钱家治(1882—1969),字均夫,杭州人。1902年9月留学日本,先入宏文学院普通科,后入东京高等师范学校地理历史科,专攻教育、地理、西洋史,1908年3月毕业后回国继经亨颐任两级师范学堂教务长,为史地科主任教员,并曾任教育学教员,兼任浙江法政学堂心理教员。

张邦华,字燮和,海宁人。1902年4月以南洋官费留学日本,曾入国民英语学校、宏文学院普通科,后入东京高等师范学校,专攻教育、化学。1909年3月毕业后回国任两级师范学堂化学教员,并继钱家治任教务长。

许寿裳(1883—1948),字季茀,绍兴人。1902年9月以浙江官费留学日本,先入宏文学院普通科浙江班,后入东京高等学校地理历史科,专攻教育、地理、西洋史。在宏文学院学习期间,与周树人(江南班)同学,关系密切,曾同筹《新生》杂志,还曾主编《浙江潮》。1908年4月高等师范学校毕业后,因欲留学德国而未及时回国。1909年春,因留学德国学费未能落实自日本回国后,入两级师范学堂任心理学教员,并曾被学堂监督沈钧儒聘为教务长。同年秋,周树人回国后,由许推荐入两级师范学堂。1912年后,曾任职于教育部,并先后执教于北京大学、北京高等师范学校、北京女子高等师范学校、中山大学、西北联大、台湾大学等,为我国著名教育家和文字学家。

杨乃康(1883—1973),字莘耜,吴兴人。1908年3月早稻田大学清国留学生部师范科毕业后,原预定与其他百名师范生一起再留习一年,因其成绩列博物科榜首,同年夏被召回国任两级师范学堂博物教员。曾一度代理教务长。

朱希祖(1879—1944),字逖先,海盐人。1906年秋入早稻田大学清国留学生部历史地理科,1908年8月毕业后,于1909年回国任两级师范学堂历史教员。

沈伊默(1883—1971),原名君默,原籍吴兴,出生于陕西西安。1905年同其弟留学日本,1912年毕业于京都帝国大学。期间曾回国任两级师范学堂中国文学教员。"五四"运动时期,曾任《新青年》编委,从事新文化运动。曾任北京大学教授、河北省教育厅长、中央文史馆副馆长等职。

夏丏尊（1886—1946），名铸，字勉旃，后改名丏尊，上虞人。1905年自费留学日本，先入宏文学院学习，后考入东京高等工业学校。1907年，因学费无法解决而中途退学回国。1908年至1920年间在浙江两级师范学堂和浙江第一师范学校任教，曾担任日本教习中桐确太郎授课翻译，日文及国文教员，并一度兼任舍监。1922年，受经亨颐的聘请前往上虞春晖中学任国文教员。此后，先后在浙江、上海、湖南等地的多所学校任教。"五四"运动时期，支持经亨颐的办学方针和教育改革，支持新文化运动，提倡自由思想，深受进步学生的敬爱。有著作及译自日文的译著若干。

周树人（1881—1936），字豫才，笔名鲁迅，绍兴人。1902年3月以江宁官费留学日本，先入弘文学院江南班，1904年入仙台医学专门学校学习医学，后中途退学（学费领至宣统元年九月）。1909年秋回国，由许寿裳推荐入两级师范学堂任生理卫生教员，并担任植物学课日本教员铃木珪寿的课堂翻译。他在讲授生理课时，不为世俗所囿，对生殖器直言不讳。所编讲义，多为文言文，精当简洁，深受学生欢迎。1910年夏，辞职去绍兴，担任绍兴府中学堂监学兼生理学教员。1911年绍兴光复后，任山（阴）会（稽）初级师范学校校长。民国后入教育部任职。

胡濬济，字沆东，慈溪人。1903年3月自费留学日本，先入清华学校学习日语，后入东京第一高等学校习理科。回国时间不详，归国后曾任浙江高等学堂、两级师范学堂数学教员。

叶正度，乐清人，1905年9月入早稻田大学留学生部历史地理科。曾任两级师范学堂外国地理、外国历史教员。

凌庭辉，湖州人，曾入宏文学院学习。回国后任两级师范学堂地理教员。

刘熊，镇海人，曾入东京物理学校学习。回国后任两级师范学堂物理、化学教员。

易宗周，乐清人，1906年9月入早稻田大学专门部政经科。曾任两级师范学堂法制、理财教员。

关鹏九，杭州人，1905年9月入早稻田大学留学生部博物科。曾任两级师范学堂博物、图画、手工教员。

张宗绪，安吉人，1908年早稻田大学师范科毕业。曾任两级师范学堂博物，植物教员。

钱汉阳，常熟人，毕业于东京高等工业学校，曾任两级师范学堂物理、数学教员。

林卓，永嘉人，毕业于日本东亚同文学院普通科，曾任两级师范学堂英文、日文教员。

陈景鎏，浦江人，毕业于日本大森体育会，曾任两级师范学堂体操教员。

大批留日学生的加盟，不仅给学生带来了新的知识和新的思想，而且对学校良好学风的形成也产生了直接的影响，因而使学校的办学质量大为提高。他们所教授的科目大多为留日期间所学的专业，教授内容和方法都较为新颖，没有教材和教具，他们自编自做，没有动植物标本，带领学生一起制作，力求把所学到的最新知识传授给学生。

教师们还以自己的实际言行去影响学生。当时拱宸桥日本租界内设有妓院，当鲁迅了解到部分学生常去那里时，厉声批评道："拱宸桥是我们中国的土地，被日本人占去，你们不以为耻？为什么还去那里寻欢作乐？"再有一次，鲁迅与日本教习一起带学生外出采集植物标本，一学生见到一株开黄花的植物，问日本教习该植物为何名称，日本教习回答说是"一枝黄花"，学生大笑并指出日本教习是不知道其名称而任意拿一名搪塞。鲁迅听到后严肃地批评学生说："要批评人家的错误，首先要自己懂。你们可以去查《植物大词典》，这个植物属菊科，汉名就叫一枝黄花！为什么不懂装懂，乱批评呢？"[1]夏丏尊对学生的要求也非常严格，他认为师范生不应等同于一般人，染指于"名利之快乐，凡俗之欲望"，要有"忍苦直前之觉悟"，要在"教育王国""安土而不他适"。

留学生们敢于与旧传统、旧思想抗争的精神更是学生学习的榜样。1901年2月，学堂第五任监督夏震武上任。此人研究宋学，对近代教育却无研究，而且思想顽固，反对维新变法。来学堂上任后，他要求教员袍服参谒，以鲁迅、许寿裳、夏丏尊等留日归国学生为首的教员们集体罢课离校以示抗议，最后夏震武被迫辞职，抗争取得胜利。夏当时被称为"夏木瓜"，这一抗争因而被称为"木瓜之役"。

第二节　浙江官立法政学堂及浙江私立法政学堂

浙江官立法政学堂在阮性存等留日归国学生主倡下由浙江巡抚张曾敭于1907年创办。初创时，学堂只招讲习班，一年半毕业。1909年开始招别科，1910年设正科，均3年毕业。其课程设置几乎完全仿效日本法政大学为中国留学生开设的课程，设有法学通论、民法、刑

---

[1] 吴克刚：《鲁迅先生在浙江两级师范学堂》，《杭州大学学报》1979年第1—2期，第135—136页。

法、商法、法院编制法（最初完全模仿日本称"裁判所构成法"）、国际公法、国际私法、民事诉讼法、刑事诉讼法、比较行政法等，并设有日文。教员也多聘用留日归国学生，据1910年统计，当时学堂教员共有22名，其中留日归国者占绝大多数。现将该22名教员的姓名、籍贯、出身、担任教科、到堂年月罗列如表1。

以上留日归国者中，以法政大学毕业者为最多。其中徐令誉、王垚于1904年10月入法政大学，1906年6月毕业；阮性存于1905入法政大学，1907年毕业回国；杜师业先入法政大学，后中途退学于1908年改入明治大学法科。

浙江私立法政学校则由曾留学日本的陈敬第于1910年私人集资创办，为中国私立法政学校之嚆矢。陈敬第（1876—1966），字叔通，杭州人。光绪二十九年（1903）进士，光绪三十年同邵章、孙智敏、胡焕、锺濂、郑在常、袁毓麟等呈请浙江巡抚同意，创办了杭州最早由中国人自办的女子教育机构——杭州女学堂（后演变为浙江官立女子师范学堂）。1904年9月，与邵章、袁毓麟等赴日留学，10月入法政大学速成科，1906年6月毕业。11月，再入该大学补习科学习一年，毕业后于1908年回国。

学堂设法律、经济、政治正科和别科各一班，正科4年，别科3年，课程按官立法政学堂章程规定设置，任课教师也多由留日归国学生担任。仅有据可考者，清末浙江留日归国学生在该校任教的就有沈钧儒（宪法）、殷汝熊（比较宪法、殖民政策）、陈燮枢（农业政策、宪法等）、许壬（民法总则等）、凌士钧（民法总则、民事诉讼法）、陈敬第（民法、物权）、张晴（民法、债权）、金泯澜（民法等）、吴乃璋（民法）、吴荣鎝（民法）、胡叙畴（民法总则）、杜师业（民法）、姜

表1 浙江官立法政学堂教师一览表[1]

姓名	籍贯	出身	担任教科	到堂时间
许壬	瑞安	日本法政大学毕业	民法总则、债权	光绪三十二年九月
阮性存	余姚	日本法政大学毕业	刑法总（各）论、现行刑律	光绪三十三年七月
金泯澜	山阴	日本法律学士	民法、物权、行政法	光绪三十四年七月
经家龄	江苏	日本中央大学毕业	国际私法	光绪三十四年七月
徐令誉	仁和	日本法政大学毕业	商法	光绪三十三年七月
凌庭辉	归安	日本弘文学院毕业	大清会典、历史、地理、论理学	光绪三十四年七月
宋承家	江苏	日本早稻田大学毕业	国际公法	宣统元年七月
胡文藻	江苏	日本早稻田大学毕业	政治学	宣统元年七月
许企谦	黄岩	法政科举人、大理院七品小京官	法学通论、财政学、监狱学	宣统二年一月
边守靖	天津	日本法政大学毕业	民事诉讼法、刑法诉讼法、监狱学	宣统二年三月
张务本	顺天	法政举人、民政部小京官	民法、物权	宣统二年七月
郑德元	福建	日本法政大学毕业	宪法、刑法各论	宣统二年七月
苏颖达	安徽	日本弘文学院师范科毕业	人伦道德、国文	宣统二年七月
王垚	仁和	日本法政大学毕业	法院编制法、审判厅章程	宣统二年七月
金鸿翔	江苏	法政科举人、农工商部小京官	法学通论、理财学	宣统二年七月
凌士钧	石门	法政科举人、内阁中书	民法总则、民事诉讼法、战时国际公法	宣统二年七月
赵翰纶	直隶	日本法政大学毕业	行政法	宣统二年七月
章祖源	归安	日本明治大学毕业	海商、手形	宣统二年七月
王念勋	黄岩	举人、京师大学堂毕业	历史、地理	宣统二年七月
杜师业	青田	日本明治大学法科毕业	宪法	宣统二年七月
罗嗣宗	钱塘	日文学堂毕业	日文	光绪三十四年二月
郑际平	黄岩	日本政法学士	理财学、监狱学	宣统二年二月

[1]《浙江教育官报》第90期，宣统三年七月，第55—56页。

孚（民法）、胡以鲁（民法、德文）、陈选庠（民法）、邵梦同（民法、物权）、郑文易（民事诉讼法）、李素（民事诉讼法）、徐令誉（商法）、洪达（商法总则）、褚嘉猷（国际公法）、阮性存（刑法）、虞廷恺（行政法）、吴莘（行政法）、陈允（罗马法）、周伯雄（社会学）、周锡经（经济学、银行论）、许企谦（财政学、法学通论）、吴忠果（商业通论等）、沈钧业（货币论）、居益鋐（货币论）、周丙祥（统计学）、李涵真（簿记、统计学）、张廷霖（政治学）、钱家治（心理学）、洪彦远（伦理学）、罗赓良（伦理学、心理学）、陈大齐（德文）、郑型（英文、日文）、沈慰宸（日文）、黄骥（日文）等40余人。[1]学堂还设维持员，专门负责学校经费的筹集、处理、监查以及学校各规则的制订等，除学校发起人均为维持员外，由3名以上维持员介绍并经会议承认者也可成为该校维持员。至1918年，共有维持员67人，其中又以留日学生占绝大多数，如邵章、陈汉第、阮性存、傅强、沈钧儒、徐令誉、陈敬第、许炳坤、金泯澜、许企谦、许壬、钱家治、陈梡等。

第三节　浙江医学专门学校

留日归国者韩清泉于1912年6月发起创办的浙江医学专门学校，是中国人自己集资创办的较早的西医医药专门学校。

韩清泉（1886—1921），字士弘，浙江慈溪人。清末入杭州养正书塾，1902年8月和厉家福等人一起以浙江官费留学日本，先入宏文学

---

[1]《私立浙江法政专门学校纪略》，浙江图书馆藏民国7年刊，第13—22页。

院学习日语，1904年9月后入金泽医学专门学校研究科学习，1908年毕业回国后任浙江高等学堂（其前身为求是书院）校医。他不满英国圣公会传教士梅藤根（Dr. Duncan main）以广济医院（浙医二院前身）为据点霸道行医的现状，与曾一起留学日本金泽大学的厉家福（1908年毕业，归国后曾任浙江两级师范学堂校医）、汤尔和（1910年毕业，1917年以论文获该学校医学士学位）等人一道，向浙江地方当局申请拨款8000元，并获得法政大学留学归国者陈汉第、陈敬第兄弟俩的支援，在杭州羊市街租西式楼房，于1911年创办了中国人自己创办的杭州第一所医院"浙江病院"。为办好医院，各医师不领取正式工资，仅支取最低生活费，韩清泉本人还甚至经常将在外兼职所得的酬金也捐给医院。而对于贫困病人，则实行免费治疗。因此，医院在开业不久，就深得社会好评。

翌年6月，韩清泉等鉴于社会上急需医药人才的现状，再次向当局申请资金5600元，获浙江教育司司长沈钧儒的大力支持，经报请教育部批准，在浙江病院的基础上创立了浙江医学专门学校。韩清泉亲自任浙江病院院长兼医学专门学校校长，汤尔和任病院副院长，病院各科主任均兼任各科教师，同时还聘请日本教习高桥德卫为外科教授兼浙江病院外科主任医师，伊藤斌夫为妇产科教授兼浙江病院妇产科主任，横山铁太郎为细菌实验室助教。高桥聘约期满后由铃木俊治继任。

1915年，教育部举办全国教育成绩展览会，学校选送医药两科成绩品参展，被评为最优秀奖，获"绩学宏仁"匾额；1930年，学校选送学生实验成绩与标本等参加比利时博览会，获金质奖章。

1917年，校长韩清泉因学校的事业劳累过度而体力不支，乃辞去校长职务，仅任病院院长职务。1921年春，终因积劳成疾而去世。此年，适逢学校新校舍落成，学校师生为缅怀韩清泉创校治校的事迹，在校园内撰文立碑，以志纪念。

韩清泉辞去校长职务后，由钱崇润（字泽臣，海宁人）继任。钱于1904年留学日本，入金泽医学专门学校，1908年毕业。归国后，与韩清泉一起致力于医专的创设。

钱崇润去任后，学校的历任校长以及其他主要职务也多由曾留学日本各医学专门学校者担任，普通教员中留学归国者更是不胜枚举。主要者有：

盛在珩，字佩葱，镇海人。1906年自费留学日本，1908年4月入大阪高等医学校医科学习，并获浙江官费。1921年因钱崇润赴德国深造，被任命为代理校长。曾任浙江省议会议员。

李定，字慎微，缙云人。1905年自费留日，先入清华学校，1908年9月考入千叶医学专门学校，并获浙江官费。1922年继盛在珩任代理校长，1923年任校长。

李绳其，山东潍县人。清末留学日本，1911年毕业于金泽医科大学附属药学专门部。1913年，学校在全国率先创设药科，李被聘为该科主任。

余继敏，字德荪。1909年入日本中央大学预科，后考入千叶医学专门学校，并获浙江官费。归国后任学校教员，1924年主持学校教务。

丁求真，原名学勤，又名任生，天台人。1905年自费留日，先入宏文学院，1908年9月考入千叶医学专门学校医学科，并获浙江官费，1914年毕业回国。1915年与人集资创办赤华女校。后任浙江医药专门学校教师。1917年后留学美国。1926年任浙江省立医药专门学校校长兼教授。还曾在杭州创办武林医院。

朱其辉，字内光，绍兴人。1908年自费赴日留学，1909年考入千叶医学专门学校并获浙江官费。1927年丁求真校长辞职后继任校长。

王佶，字吉人，浙江临海人。日本千叶医学专门学校医学科毕业。1935年任校长。

于达望，字线定。1908年留学日本，先入宏文学院，后入专门学校（具体不详）。回国后任本校教员，曾任制药化学教授，并担任药剂科职业补习班主持。

1913年后，该校先后改名为浙江公立医药专门学校、浙江省立医药专门学校、浙江省立医药专科学校，1948年升格为浙江省立医学院，1952年与浙江大学医学院合并后定名为浙江医学院，1960年更名为浙江医科大学，1997年四校合并后成为浙江大学医学院和药学院。

第四节　其他学校

除以上学校外，在浙江省城杭州及地方上的其他各学校中，也有大批的留日归国学生活跃在教育的第一线。

1910年设立的浙江中等工业学堂，是浙江最早的工科学校。它先后改名为浙江公立中等工业学校、浙江公立甲种工业学校、浙江公立工业专门学校，1928年改组成为浙江大学工学院。该校自草创开始一直至1923年，监督或校长为浙江德清人许炳堃（字潜夫）。许于1903年4月自费留学日本，入东京高等工业学校纺织科，1907年毕业回国后，被授工科举人。1910年学堂初创时被浙江巡抚增韫聘为监督，至

1923年以病辞去校长职务，执掌学校13年，为浙江工科教育作出了巨大贡献。该校教员中，留日归国人员可考者就有施霖（字若雨，仁和人）、何雄杰（字汉三，乐清人）、陈建功（绍兴人）等人。施霖于1902年8月以浙江官费留学日本，先后入弘文学院普通科、正则预备学校、正则英语学校、东京第二高等学校，1904年9月入大阪高等工业学校应用化学科，1910年毕业。何雄杰于1925年东京高等工业学校毕业。陈建功曾数次留学日本，第一次留学日本时曾入东京高等工业学校、东京物理学校；1920年再次留学日本时，入东北帝国大学理学部专攻数学；1926年第三次留学日本入东北帝国大学大学院，1929年获理学博士学位，为我国获日本理学博士学位的第一人。

1912年以农业教员讲习所（1910）为基础设立的浙江中等农业学校，曾于1913年改名为浙江甲种农业学校，1924年升格为浙江公立农业专门学校。该校校长先后由留日回国者吴崃、陈嵘、黄勋、高维巍、许璇等人担任。吴崃于清末留学日本并毕业于大阪府立农学校。陈嵘（安吉人）于1906年10月自费留学日本，先入宏文学院，1907年考入东北帝国大学农科预科，并获浙江官费，1909年入北海道帝国大学农学部林学科，1913年毕业后被聘为校长，后来成了我国著名林学专家。黄勋（江苏崇明县人）于1912年毕业于东京高等农学校选科。高维巍（浙江仁和人）于1905年9月自费留学日本，先后入成城学校、第一高等学校第二部农科，1917年毕业于北海道帝国大学农学部农学科。许璇（浙江瑞安人）于1904年以浙江官费留学日本，1913年东京帝国大学农学部农学科毕业后回国，历任北京农业专门学校教授兼代理校长、浙江甲种农业学校校长、北京农业大学校长、浙江第三中山大学农学院（后称浙江大学）教授、北平大学农学院教授等职。

浙江留日学生在各地参与教育实践的事例，更是不胜枚举。如沈谱琴于1907年留日回国后创设吴兴女校，并聘留日学生潘芸生任校长，历任校长中留日学生还有郑宇壶、张柳如等，还曾聘任3名日本女教习，是湖州师范教育之始；湖州籍徐一冰（日本大森体育学校毕业）1908年在上海创办中国第一所体育专门学校（1920年迁回故乡南浔）；1916年设立的钱塘道第三师范讲习所（后改为浙江省第三师范），其初任校长郑凝及王念勖都是留日学生；朱仲飞兴办吴兴县立甲种商业学校，是湖州最早的正规职业学校；[1] 魏兰创办云和先志中学，成为处州地区最早的新式学校；蔡汝霖留日回国后1905年在故乡东阳创办自治高等小学堂；日本陆军士官学校出身的蒋尊簋1906年留日归国后任军事学堂弁目学堂总办、浙江讲武学堂总办等；金骐在陆军士官学校毕业回国后于1907年任炮工学堂总办、陆军小学堂堂长，等等。

第五节　教育行政岗位上的浙江留日学生

光绪三十二年，学部设立后，浙江省与全国各地一样，设立了省级教育行政组织提学使司，并在各府、厅、州、县设劝学所，专辖各级教育行政事务。同年，学部颁布《教育会章程》，规定各省和府、厅、州、县均可设立教育会，作为各级教育行政的襄助机关。民国成立后，浙江提学使司改为教育司，隶属省行政公署；民国三年，省行政公署改称巡按使署，下设政务、财务二厅，政务厅内分设总务、内

---

[1] 邵钰：《本世纪初留日学生对湖州教育事业的贡献》，《浙江师大学报》（社会科学版）1991年第1期，第99—102页。

务、教育、实业4科；民国六年，浙江省教育厅成立，负责掌管全省教育事宜。现将清末民初浙江省教育行政负责人和浙江省教育会负责人名单整理如下：

表2 清末民初浙江省教育行政负责人一览表

职务	姓名	到职年月
提学使司提学使	支恒荣	光绪三十二年四月
	袁嘉毂	宣统元年十月
教育司司长	夏曾佑	民国元年元月
	沈钧儒	民国元年二月
	沈钧业	民国二年元月
教育科科长	冯学壹	民国三年
教育厅厅长	伍崇学	民国六年九月
	夏敬观	民国八年二月
	马叙伦	民国十一年六月
	张宗祥	民国十二年九月
	计宗型	民国十三年十二月

表3 清末民初浙江省教育会长一览表

姓名	任职年月
张元济	光绪三十三年八月至同年十一月
孙诒让	光绪三十三年十二月至三十四年六月
项崧	光绪三十四年七月至宣统元年
夏震武	宣统元年至宣统二年初
孙延翰	宣统二年至宣统三年
章炳麟	民国元年至民国二年
经亨颐	民国二年至民国八年

此外，孙诒让、孙锵、王廷扬、吴振春、孙延翰、沈钧儒、经亨颐等都曾先后担任过省教育会副会长。

与留日学生在学校教育第一线所发挥的巨大作用相比，他们在省级教育行政领域影响要小得多，或者说进入这一领导岗位的机会要少得多。尤其是在清末，无论是提学使司还是浙江省教育会，留日学生均未能进入其最高领导岗位。进入民国时代后，这一状况有所改变，如上所示，沈钧儒和沈钧业虽然时间很短，但先后担任了浙江教育司长，王廷扬、沈钧儒、经亨颐分别担任了浙江省教育会的副会长和会长，尤其是经亨颐，不仅在任时间长达7年之久，而且在任期间他还热心联络教育界，积极开展教育改革，使教育会成了推进新教育的重要组织，为浙江的教育近代化作出了巨大的贡献。

若将目光投向民国初年的全国最高教育行政机构教育部，清末浙江留日学生在教育行政上所起的作用要显得更大一些。概观民初教育部历任教育总长和次长，蔡元培（总长、留德）、景耀月（次长、留日）、范源濂（次长后总长、留日）、董鸿祎（次长后总长、留日）、刘冠雄（留欧、总长）、陈振先（总长、留美），他们无一不是清末国外留学归国者。至于教育部内部的人事构成，据蔡元培回忆，他们当中"一半是我所提出的，大约留学欧美或日本的多一点；一半是范君静生所提出的，教育行政上有经验的多一点"[1]。教育部的这一人事组成，必然决定留学生在其中将起到关键性的作用。上述教育总长和次长中，浙江籍留日学生有董鸿祎一人。董鸿祎，字恂士，浙江仁和人，1901年自费赴日留学，1904年7月毕业于早稻田大学政治经济科，

---

[1] 引自田正平：《留学生与中国教育近代化》，广东教育出版社1996年版，第342页。

1906年参加学部举行的游学毕业生考试，录取中等，被授予政治科举人。1912年任教育部次长，后升任教育总长。在教育部部员中，浙江籍留日学生如鲁迅、许寿裳等以其声名和影响尤为人们所熟知。鲁迅自1909年回国后，就直接参加学校教育工作，不仅以伟大的文学家闻名海内外，作为一名教育家，其教育实践和在教育实践中形成的教育思想，在中国近现代教育史上也占有一席之地。在他数十年的奋斗生涯中，始终以文学界和教育界为阵地，而他正式担任的唯一社会职业，就是教育工作。1902年初，鲁迅在辞去山会初级师范学校（1912年初改名为绍兴师范学校）校长一职后，受蔡元培的邀请赴南京临时政府任教育部部员，后随教育部北迁，同年8月被任命为社会教育司第一科科长，直至1926年一直在教育部任职。许寿裳，1912年初辞去浙江两级师范学堂教员后，应蔡元培之邀赴南京任教育部部员，并向蔡元培推荐好友鲁迅入教育部，此后，与鲁迅长期共同就职于教育部。

第十一章
浙江籍留日学生俞大纯的出身及归国后的活动

清末浙江留日学生俞大纯虽不是中国近代史上举足轻重的人物，但由于他在《苏报》事件中与俞明震、吴稚晖等人的关联，加之后来与蔡元培等人的交往，以及他本人和家族在民国年间及新中国成立后的种种活动等影响，在众多书刊或学术文章中，均被频频提及。

笔者原本对俞大纯出身以及留学归国后的活动状况了解甚少，所掌握的也就是其留学日本期间的部分资料。受对俞大纯的出身及其活动状况抱有极大关心的绍兴籍研究者吕金水先生和俞氏家族相关人物袁维德先生的研究热情所感染，加之袁维德先生频频来函催促我写点有关俞大纯的文章，才促使我数次赴东京和北京等地收集资料，并于2008年以日文撰写了一篇有关俞大纯出身、留学经历、归国后的活动状况等方面的论文，发表于《四天王寺大学纪要》第46号上。本章系在此已发表的论文的基础上补充修改而成。

俞大纯的出身和归国后的活动，向来有不甚明了和尚存争议之处。本章虽根据相关史料归纳而成，但由于笔者所见史料尚有挂一漏万之嫌，分析总结多有浅薄片面之处，文章中疏漏和错误在所难免。草成此文，以期抛砖引玉之效。

第一节　俞大纯出身考略

在目前已出版的涉及俞大纯的各类书刊中，几乎均认为俞大纯是俞明震[1]之子。较早对此抱有疑问的是绍兴籍研究者吕金水。2000年，他在《绍兴晚报》(12月2日第五版)上发表题为《俞氏宗谱破译一大疑团——近代名人俞大纯祖居在绍兴斗门》一文，认为"此前诸多资料或称俞大纯为俞明震独子"，但据《俞氏宗谱》记载："俞大纯往上父俞明堂[2]，祖俞文英"。此外，"其子俞启威即建国初期任天津市市长、第一机械工业部部长的黄敬"。

据称，此文发表后引起了众多反响，尤其是俞氏家族后人，虽也有对此表示认可者，但是更多的相关者，如与俞大纯属同一辈分的中国工程院院士俞大光先生、远在湖北的俞氏后人俞声恒先生等，均对此提出了质疑。

有鉴于此，吕金水开始更为广泛地收集有关俞大纯的相关资料，尤其是在寻找清末民初北京、长沙两地的《俞氏宗谱》，通过对远在外地的俞氏后裔进行调查咨询方面，作了大量的努力。虽最终未能找到宗谱，但从相关人物处却获得不少线索。其间，笔者也提供了所掌握的有关俞大纯留学日本期间的相关资料，并相互作了有意义的交流。

---

[1] 俞明震(1860—1918)，字恪士，号觚庵，清光绪十六年进士。1895年任台湾布政使，台湾割让给日本后，曾与唐景崧等建立台湾民主国抵抗日军，任内务大臣。1902年4月，曾以江南陆师学堂总办和江苏候补道的身份率鲁迅等学生赴日本留学，鲁迅常尊称他为"恪士师"。后曾历任甘肃省提学使、甘肃省布政使等职。著有诗集《觚庵诗存》、文集《觚庵漫笔》等。

[2] 俞明堂(1851—1932)，与俞明震同为绍兴俞氏38世，清光绪年间举人，后舍弃仕途从事商业，曾任俞氏家族族长。

2006年，吕金水将通过最新研究所撰写的俞明震传记书稿中有关俞大纯的章节无私地提供给了笔者，成了我现在对俞大纯进行研究的重要参考资料。其中，在《俩俞大纯辨证记》一节中，作者在对所掌握的资料进行分析的基础上，得出了有两个同名的俞大纯分别为俞明震和俞明堂之子的结论。[1]

文章认为，俞明震有子俞大纯，与俞明堂子俞大纯非同一人。主要论据是：1. 俞明震本人在描写光绪己卯年（1879）辞家远行的诗作《出都宿杨村作》中，有"幼子牵妇衣，呱呱为我泣"的诗句，说明俞明震有子。2. 在俞大纯留日期间的相关资料中，有两个分别不同的年龄记录，说明了存在两个俞大纯的可能性。3. 俞大纯一字慎修（或省羞），与《俞氏宗谱》中的"俞明堂子俞大纯，字光润"不合。

从目前笔者所掌握的材料和分析来看，这一结论尚有可商榷之处。但作者不辞花费大量时间和精力对自己已经作出的结论重新进行研究，基于新的研究结果，敢于推翻自己先前的结论，这种严肃的研究态度，值得敬佩。

据笔者管见，有关俞大纯出身较为重要的史料，主要有以下一些：

1.《俞氏宗谱》[2] 载：绍兴俞氏37世俞文英子俞明堂，有大湄、大纯、大馥、大有四子。大纯，字光润，生于光绪九年（1883）。另外，同为俞氏家族并与俞明堂同辈的俞明震，可能是几代前就已迁出绍兴之故，记载仅至其父俞文葆（37世），自俞明震辈始无任何记载。

---

[1] 据袁维德所提供的资料，俞大光先生在2004年修订的《浙江绍兴斗门俞氏宗谱增补材料》中，也已将俞大纯作两人看待，即俞明震子俞大纯，生卒年为1877—1941年；俞明堂子俞大纯，生年1883，卒年未详。

[2] 光绪戊戌年编，袁维德所提供，第49—50页。

2.《绍兴同乡公函》[1]，其中附录有《在留东京绍兴同乡人姓氏表》，记录了绍兴籍留学生蒋智由、陶成章、俞大纯、许寿裳、周树人、经亨颐等29人的姓名、籍贯、里居和校别。有关俞大纯的记载为：俞大纯，字省羞，籍贯山阴，里居徒门镇，校别成城学校。

3.《清国留学生会馆第二次报告》[2]，其中附录有《同学姓名报告》，载：俞大纯，字有羞，籍贯山阴，年龄23岁，来日年月光绪二十八年十二月，所入学校成城学校。

4.《清国留学生会馆第三次报告》[3]，其中附录有《同学姓名报告》，载：俞大纯，字慎羞，籍贯山阴，来日年月光绪二十八年十一月，预备入学。

5.《浙江潮》[4]第3期，其中附录有《浙江同乡留学东京题名》，载：俞大纯，字省羞，籍贯绍兴山阴，年龄23岁，来日年月光绪二十八年十一月，成城学校在学。

6.《官报》[5]第17期，载俞大纯，籍贯浙江，年龄25岁，来日年月光绪三十一年九月，1908年4月入第一高等学校。

7.吴稚晖《上海苏报案纪事》[6]载：五月十二日晨，俞明夷（俞明震之误。——引者）之子曰大纯者，方二十左右，已留须，自日本归，急入余房，余未起，揭帐问惕生斩首，确乎不确，是时已知不确，即告之而别。

---

[1] 绍兴鲁迅纪念馆藏。绍兴籍留日学生27人于光绪二十九年联名给家乡的公函。
[2] 清国留学生会馆编，光绪二十九年三月，附录第16页。
[3] 清国留学生会馆编，光绪二十九年十月，附录第60页。
[4] 浙江同乡会编，光绪二十九年三月，附录第4页。
[5] 留日学生监督处编，光绪三十四年四月，第45页。
[6] 中国史学会：《辛亥革命》第1册，上海人民出版社1957年版，第401页。

8. 李文裿、武田熙编《北京文化学术机关总览》[1]载：俞大纯，籍贯浙江绍兴，54岁，毕业于日本第一高等学校、德国柏林工科大学，时任北京市立高等工业学校校长。另外，根据北京市档案馆所藏的《临时政府关于张鼎勋为北京市公署教育局长的令和教育局关于成立、局长就职、启用新印日期事项的呈文给各机关的公函及北京市公署的指令》（档案号J004-001-00454）记载，任北京市立高等工业职业学校校长的俞大纯，其字为慎修。

9. 章士钊《苏报案始末记叙》[2]载：（苏报案）乃查办大员江苏候补道陆师学堂总办俞先生明震为之，（中略）余与其子大纯交好，稍稍通知隐志一二。余在报中屡对先生抨击，后闻先生辄阅之一笑。又闻本案初起，查办员未定，先生恐伤士类，曾争取此案入手。到沪之日，即命大纯招吴敬恒参谒。蔡（子民）吴之逃，皆先生故意纵之。凡此种种，皆足说明俞先生之不肯名捕及余。余当时有志从事实际革命，与大纯同运动会党，往来于泰兴南京长沙之间，著述未尝暴露真名。

10. 张篁溪《苏报案实录》[3]载：俞明震到沪办理此案，遂向工部局起诉。工部局自不得不办，出票拘人。事先工部局屡传吴敬恒等人问话，表示保护，亦即示意使诸人会意而出走，并无严拿之意。而俞明震之姪大纯在日本与吴敬恒有旧，密约敬恒往见明震。

11. 《光绪二十九年闰五月十二日兼湖广总督端方致两江总督魏光

---

[1] 新民印书馆1940年版，第151—152页。
[2] 中国史学会：《辛亥革命》第1册，第390页。
[3] 同上，第375页。

燊电》[1]载：俞道明震之子大纯，现游学日本甫回，闻大纯在日剪辫入革命军，悖逆无人理，俞道深恶其子，然不可不防，请密饬沪道一电，随心留意。

根据上述史料，将俞大纯的字、籍贯、出生年月、年龄、赴日年月、所入学校等，整理成下表（见表1），以便比较。

以上1—11所罗列的史料显示，俞大纯在出生年、字、家庭出身等方面有较大的出入。是史料记载有误，还是这些史料中所载的俞大纯属两个或两个以上的同名人物？以下着重对这一问题作些分析。

从史料（1）《俞氏宗谱》、（7）吴稚晖《上海苏报案纪事》、（9）章士钊《苏报案始末记叙》、（10）张篁溪《苏报案实录》、（11）端方致魏光燊电等记载看，俞大纯分别为俞明堂子、俞明震子、俞明震侄子，由于俞明堂和俞明震辈分相同，同为俞氏第38世，"俞明震侄子"有很大的可能就是俞明堂之子。仅由此观之，俞大纯似乎有二人，一为俞明堂子，一为俞明震子。

再从目前已出版的涉及俞大纯的各类书刊看，仅据笔者所见，徐铸成《报海旧闻》（上海人民出版社，1981）、叶永烈《江青传》（作家出版社，1993）、朱顺佐《绍兴名人辞典》（国际文化出版社，1994）、黎东方《细说民国创立》（上海人民出版社，2007）等，均认为俞大纯为俞明震之子。但上述《报海旧闻》作者徐铸成在他的另一著作《旧闻杂忆》（辽宁教育出版社，2000）中，却称俞大纯为俞明震侄儿。而除上述吕金水在《绍兴晚报》所发表的文章外，笔者至今未见有人在著述中提到俞明堂与俞大纯的关系。

---

[1] 中国史学会：《辛亥革命》第1册，第453页。

表1 史料中所见俞大纯相关信息

姓名	字	籍贯（或里居）	出生年月	年龄	赴日年月	所入学校	其他	出典
俞大纯	光润	山阴陡门	1883年8月30日				俞明堂子	(1)《俞氏宗谱》
俞大纯	省斋	山阴徒门				成城学校在学		(2)《绍兴同乡公函》
俞大纯	有蓥	山阴	(1880)	23岁(1903)	光绪二十八年十二月	成城学校在学		(3)《清国留学生会馆第二次报告》
俞大纯	慎修	山阴	(1880)	23岁(1903)	光绪二十八年十一月	预备入学		(4)《清国留学生会馆第三次报告》
俞大纯	省斋	绍兴山阴	(1880)	23岁(1903)	光绪二十八年十一月	成城学校在学		(5)《浙江潮》第三期
俞大纯		浙江	(1883)	25岁(1908)	光绪三十一年九月	1908年4月入第一高等学校		(6) 留日学生监督处《官报》第17期
俞大纯			(1883)	20岁(1903)			俞明震子	(7) 吴稚晖《上海苏报案纪事》
俞大纯	慎修	浙江绍兴	(1883)	54岁(1937年任高级工业学校校长时)		日本第一高等学校、柏林工科大学毕业		(8) 李文祎，武田熙编《北京文化学术机关总览》，北京市档案馆所藏档案J004—001—00454号
俞大纯							俞明震子	(9) 章士钊《苏报案始末记叙》
俞大纯							俞明震侄	(10) 张篁溪《苏报案实录》
俞大纯							俞明震子	(11) 端方致魏光焘电

说明：出生年月栏中括号内的出生年系由笔者根据该资料的记载年龄推算所得。

但是，若对上述史料进行仔细分析和比较，可以发现这些史料中所记载的俞大纯极有可能就是同一人物。

先从出生年月入手进行分析。史料（3）和（5）表明俞大纯出生于1880年，（1）、（6）、（7）、（8）表明其出生于1883年。这两组数字是否真实可信呢？对此，笔者首先对出现次数较少的1880年这一数字进行了确认。通过对史料（3）《清国留学生会馆第二次报告》所记载的数名近代史上较为知名的浙江籍人物的年龄进行分析，发现周树人、章宗祥、蒋方震等人的记载年龄和实际年龄并无出入，而陶成章和汤槱虽同样出生于1878年，所记载的年龄分别为27岁和22岁，曹汝霖于1903年的实际年龄应为26岁，记载年龄却为28岁。这些出入，是单纯的登记错误，还是当事人的故意所为，在此不得而知。但至少可以说明这一资料中所记载的留学生的年龄，有好大一部分与实际年龄有所出入。此外，史料（5）《浙江潮》第3期中有关留学生年龄的记载，采用的原始资料主要是留学生们于留学生会馆的记录，与史料（3）一样，与实际有出入的可能性较大。换言之，史料（3）和（5）中有关俞大纯的年龄记录与实际有所出入的可能性较大。另一方面，史料（1）、（6）、（7）、（8）所显示的分别为不同时期的数据，且同一数据重复出现4次，可信度较大。

另外，史料（3）和（5）中所记载的俞大纯与史料（8）所记载的俞大纯实际出生年应该相同，且为同一人物，这一点可以从两者的字得到证明。在上述一览表中，俞大纯的字有光润、慎修、省羞、有羞，除"光润"外，后三者发音和含义相近，而且从俞大纯与蔡元培交往等记录中，也可证明三者为同一人，这一点应无疑问。吕金水认为俞大纯赴日后改慎修为省羞，"读音固相谐，深意乃省识羞耻也，事敌国为师，爱国学生深以为蒙羞，留东学生致绍兴同乡公函中流露的也是这样的情绪"[1]。分析不无道理。史料（3）字有羞，（5）字省羞，（8）字慎修，属同一人物无疑。

同样，史料（2）和（4）中虽不能确定俞大纯的年龄和出生年，但根据其字省羞和慎修来看，两者系同一人物无疑。这一点还可以从两者的籍贯或里居记载中得到佐证。而且，他与上述史料（3）、（5）、(1)、(6)、(7)、(8)所显示的俞大纯应该属同一人物。

再看史料（9）、（10）、（11）。三者均为俞大纯于1903年与《苏报》事件发生关联时的记载。那么，这三个资料中所记载的俞大纯与上述已分析的史料（2）至（8）中所记载的俞大纯是否为同一人物呢？答案也应该是肯定的。因为史料（7）《上海苏报案纪事》的作者吴稚晖在日本留学期间就与俞大纯有所交往，其在该《纪事》中所记的年龄"方二十左右，已留须，自日本归"的俞大纯，就是在《苏报》事件中给他透露消息而与该事件密切关联的人物。亦即，史料（2）至（8）中所记载的曾留学日本后与《苏报》事件发生关联，出生于1883年，字慎修，或字省羞、有羞的俞大纯，就是史料（9）至（11）中所记载的俞大纯。

根据以上史料和分析，不妨初步得出这样的结论：史料（2）至（11）所记载的俞大纯，基本上应属同一人物，他字慎修，或字省羞、有羞，出生于1883年，籍贯浙江绍兴，里居徒门（亦称斗门、陡门），因与俞明震及吴稚晖等之关系，在《苏报》事件中曾在两者之间进行联络沟通，曾前后两次留学日本，先后入成城学校和第一高等学校等，

---

[1] 吕金水：《俩俞大纯辨证记》（作者提供，暂未发表）。

还曾赴德国留学,毕业于柏林工科大学。

如果以上推论无误,那么,史料(2)至(11)所记载的俞大纯与史料(1)《俞氏宗谱》中所记载的俞大纯又是怎样的关系呢?两者间籍贯或里居以及出生年一致,而字有较大的差异,此外《俞氏宗谱》明确记载其为俞明堂之子,可另外多处史料则认为是俞明震之子。笔者认为,从其里居和出生年的记载方面看,《俞氏宗谱》中记载的俞明堂子俞大纯与其他史料中所记载的俞大纯系同一人物的可能性较大。尤其是出生年的一致,给笔者作出这一初步结论添加了几多自信。若这一结论最终成立,字的差异就只能看作是后来的更改所造成的。而后来周围人大多均认为俞大纯是俞明震之子,这可能是由于俞明堂与俞明震为同辈,周围人在"侄子"和"子"之间造成的误会,也可能是俞大纯本人或许曾向周围人称自己是俞明震之子,也许是另外的其他原因。这些还都尚未确定,要彻底揭开这一谜底,还有待新史料的发现和进一步的研究。

另外,前述吕金水在文章中曾提到,俞明震诗作《出都宿杨村作》中,有"幼子牵妇衣,呱呱为我泣"的诗句。其中的"幼子",最迟在俞明震作此诗的1879年已经出生。而通过对上述史料中俞大纯出生年的分析,此"幼子"为上述史料中所显示的俞大纯的可能性较小。

第二节 留学海外及参与革命活动

目前尚未见到有资料记载有关赴日留学之前的俞大纯的经历。有关赴日留学后的情况，据《清国留学生会馆报告》等记载[1]，俞大纯于1902年作为自费留学生赴日，11月到达东京，不久入成城学校。但此次留学时间并不长，于第二年5月"拒俄运动"爆发期间回国。

为抗议俄国占领中国东北，在日中国留学生发起了拒俄运动，组成学生拒俄义勇队准备回国与俄军作战。该组织由本部及甲、乙、丙三支部队共160余名学生组成。在本部成员中列有俞大纯的名字。[2] 但是，留学生的行动被清政府驻日大使蔡钧看作以抗俄为名的反政府活动，组织刚成立不久，就被受清政府委托的日本警察强行解散。之后，其中的主要成员创建了以反政府为宗旨的军国民教育会，许多学生为投身革命实践活动而纷纷回国。从前面所提的1903年7月湖广总督端方给两江总督魏光焘的电报内容也可以得知，俞大纯也正是在此时回到了国内。

1904年，以军国民教育会的浙江籍留学生为中心的光复会，在上海成立，俞大纯也是其中一员。[3] 光复会的主要活动是暗杀清政府官员和组织武装暴动，如暗杀宪政考察五大臣（吴樾，1905）、安徽省巡抚恩铭（徐锡麟，1907）等。俞大纯也曾在自己家里进行制造炸药试验，[4] 和华兴会成员万福华等人共同策划暗杀兵部尚书铁良等，[5] 积极参与反政府活动。

1905年9月，俞大纯再次赴日本留学，先入宏文学院，后于1908

---

[1] 俞大纯在1933年所著的《东北实地调查记》一书中，记录了1902年前后亲眼所见的日本社会状况。
[2] 冯自由：《革命逸史》第五集，中华书局1981年版，第35页。
[3] 绍兴市"大通学堂"纪念馆中保存的《光复会党人录》中可见俞大纯的名字。
[4] 叶永烈：《江青传》上册，新疆人民出版社2000年版，第44—48页。
[5] 万先俊：《回忆我的祖父万福华》，《江淮文史》2005年第6期，第50页。

年4月考入第一高等学校预科。[1]此次留学日本，很有可能是因参与暗杀和炸药制造失败被清政府追捕而逃亡日本。在进入第一高等学校前均为自费，进入一高后，根据1907年末清政府与日本政府间签订的"五校特约留学计划"协议之规定获得了官费。第一高等学校按规定接收中国留学生50名，而报考学生人数是这一数字的10倍，竞争率极高。[2]可见俞大纯为能考入该校，一定付出了相当大的努力。

但是，好不容易获取官费进入第一高等学校的俞大纯，好像在入学后不久就退了学。作为第一高等学校的官费留学生，可以看到俞大纯在光绪三十四年五月二日（1908年5月31日）去顺天堂医院就诊的记录，[3]而在宣统元年（1909）闰二月作成的第一高等学校预科第一期官费生名册[4]以及同年4月第一高等学校预科毕业升学者名册[5]上，都已没有俞大纯的名字。由此推断，俞大纯在1908年间退学的可能性较大。

那么，退学后的俞大纯又是去了哪儿？在与俞大纯有过交往的蔡元培的著述中，有数处提到了有关俞大纯的去向。

1908年7月下旬，蔡元培自德国莱比锡寄给在巴黎的至交吴稚晖的信中称："俞君省羞，弟终未见过。有一次在上海彼此相访而不遇也（似是前年春间事）。"[6]虽未见吴稚晖给蔡元培的信，但从蔡元培的回信内容可以看出吴稚晖的信中有涉及章士钊、俞大纯等人的内容。很

---

[1] 留日学生监督处：《官报》第17期，第45页。
[2] 详情参见本书第七章。
[3] 留日学生监督处：《官报》第18期，第58页。
[4] 留日学生监督处：《官报》第28期，第22—26页。
[5] 留日学生监督处：《官报》第30期，第19—22页。
[6] 中国蔡元培研究会：《蔡元培全集》第十卷，浙江教育出版社1998年版，第69页。

有可能蔡元培从吴稚晖那儿得到俞大纯当时也在德国留学的消息，而蔡元培却还一直没遇到过俞大纯。

1911年10月11日，蔡元培从莱比锡赶往柏林，与在那儿的留学生俞大纯、李傥、顾兆熊等人见面，商议武昌暴动后的行动计划。[1]

1911年10月24日，蔡元培在给吴稚晖的信中表示："俞慎翁热心而能办事，日在会馆，且与公及行公皆素契，嗣后彼此交通之机捩似可由公及行公与慎翁直接较速也。"[2]

1911年10月末，蔡元培和俞大纯及俞妻子一起从柏林回国。[3]

从这些记录可以看出，俞大纯从第一高等学校退学后，1908年前往德国留学，留学期间和蔡元培相交甚深，1911年10月得到武昌暴动的喜讯后，和蔡元培一同回国。

另外，根据第一节提到的李文裿、武田熙《北京文化学术机关总览》（新民印书馆，1940年），俞大纯在德国期间就读于柏林工科大学。

第三节　东北实地调查

俞大纯德国留学归国后的经历，由于受资料限制，尚有不甚明了之处。但据目前所掌握的资料，至少可以知道，在蔡元培任教育部长期间，俞大纯曾在教育部工作[4]，后来又到交通部任铁道处长、副局

---

[1] 中国蔡元培研究会：《蔡元培全集》第十卷，第105—106页。
[2] 同上，第111—112页。
[3] 同上书第十七卷，第459页。
[4] 陈可畏：《翻开中国现代教育史册：蔡元培在1912》，《人物》2001年12月。

长等。[1]另外，1929年设立的学术团体中国学会的会员名册中，可以见到俞大纯的名字。[2]1930年，因与军阀刘峙不和，被解除了交通部陇海铁路局长职务，失去了工作。[3]

1932年至1933年间，俞大纯趁失去工作后有空余时间之际，两次去"九一八"事变后被日本控制的中国东北，花了半年多时间对当时东北的现状进行实地调查，于1933年12月出版了调查记录《东北实地调查记》。

《东北实地调查记》一书的出版，似乎和蔡元培的推荐及陈彬龢等人的帮助有关。1933年9月28日，蔡元培在给俞大纯的信中称："奉复示，并《东北实地调查记》大稿，敬悉一切。大稿材料，极有价值，文笔亦甚畅达。弟为他种工作所羁，未能全读（恐久搁误印刷之期），亦无暇作序，谨题数字，借表欢迎。至印费亦非绵力所能筹垫。已商之陈彬龢君。……兹将原稿奉缴，请持弟介绍片往福煦路八〇三号中山文教馆访之，而商一切。"[4]后来，陈彬龢是否给予出版援助，虽无资料可以旁证，但从陈彬龢当时与蔡元培的关系分析，陈给了俞大纯帮助的可能性较大。陈彬龢，江苏吴县人，曾任天津南开学校总务长等职。1928年与日本驻沪总领事馆的岩井英一拉上关系，成为日本的职业特务。1929年起在日本特务支持下编辑出版《日本研究》（书名由蔡元培题写）。1931年春进申报馆工作，任社评主撰，以左派"爱国志士"的面目出现，曾撰文谴责日军暴行。1933年3月编印出版了

---

[1] 高平叔、王世儒：《蔡元培书信集》下册，浙江教育出版社2000年版，第1596页。
[2] 胡道静等：《回忆我的学生时代》，《史林》2004年增刊，第23页。
[3] 叶永烈：《江青传》上册，第44—48页。
[4] 高平叔、王世儒：《蔡元培书信集》下册，第1596页。

《满洲伪国》（日本研究社发行），与《日本研究》一样，此书书名也由蔡元培题写。1942年由日本海军部支持出任《申报》社长。日本战败后，潜逃日本，客死他乡。

以下，着重介绍《东北实地调查记》的部分内容，考察俞大纯对于日本控制中国东北的态度。该书系笔者在中国国家图书馆查找发现，以下关于该书的内容皆据该馆藏本，为避免繁乱，不再一一注解。

该书书名，系同是绍兴出身、曾任广东省长、在"九一八"事变后曾坚持抵抗活动的朱庆澜题写，另外还有好友蔡元培的题字"百闻不如一见"。

从该书的"例言"中可以看出，此次调查和收集资料历尽艰难。第一次赴东北时，俞大纯"变易姓名，注重下层工作"，第二次则"设法接近彼方权要，惟行踪所至，辄为日本军警盘诘，笔录行卷，不易藏护，散佚颇多"。另外，在例言中，著者还认为："'九一八'事变为日本避免事实文过饰非之名词，我国人似不必沿用。"因此，在该书中仅用"九一八"三字，有时为行文顺畅，在"九一八"后添加"暴夺"、"惨祸"代替原来的"事变"二字，表明了作者独到的见解。所引用的参考资料为"日人所著之满洲建国论，五省之富源，满洲年鉴，满洲评论，及其他日本日报"[1]。

该书共分"九一八暴夺之起因"、"暴夺后东北之无政府混乱状态"、"促进伪国之运动"、"傀儡制造之经过"、"傀儡国之行政概要"、"日本愚民政策之实施"、"日满议定书乃吞并东北之判决书"、"东北实业之断送"、"日本僭夺东北之金融权"、"日本对于东北原料之需要"、

---

[1] 据笔者调查，此处的《满洲建国论》和《五省之富源》可能系指藤曲政吉所著的《满洲建国と五省の富源》（满洲通信社，1932年）一书，并非二书。

"苏联出售中东路之策略"、"日本移民东北之幻想"、"日本人加入青帮之大阴谋"、"日本人加入回教之大阴谋"、"东北义勇军之现状"、"日本人屠戮东北同胞之惨状"、"日本军纪之废弛"、"东北同胞之末路"、"中国人与日本人之比较"、"结论"等20章，在最后还附录了"日本侵略中国年表"。

如上所列，《东北实地调查记》涉及了"九一八"事变后有关东北现状的广泛内容。限于篇幅，在此着重对最后两章作一考察。

第十九章"中国人与日本人之比较"中，俞大纯认为：从历史和地理的关系来看，中国和日本本应该相互提携合作，但是日本完全没有诚意，特别是甲午战争以来，不择手段地多次侵略中国。在面临如此亡国危机之时，"我国民仍含垢忍辱，不亟起自卫，并且为开门揖盗之谋，求苟安旦夕之策"。反观日本国民，在此踌躇满志之时，反大声疾呼，以共纾国难相号召。中日两国强弱之差如此悬殊，日本居安而思危，中国危如累卵而苟安旦夕。究其原因，不外乎"两民族间有特异之点"。首先，近代以来，日本着力进行全民教育，而中国仍受科举教育制度的影响，全民教育水平低下，导致国民教养和国家意识低下，"加以生活压迫，环境诱惑，于是汉奸卖国等名词，喧腾于全国报章之上"。其次，日本人有坚定的信仰，对任何事都积极对待，且有好战的倾向；而中国人信仰薄弱，遇事消极，不善战。第三是生活问题，"日人处境，若与我国人相较，诚有地狱天堂之分也。惟日人生活艰苦，则为国民向上必经之途径。我国人食丰履厚，甘自暴弃，则因社会腐化，当然之结果"。俞大纯根据自身的观察，对中国人和日本人的国民性进行了比较，并指出了其主要不同之处。

在第二十章"结论"中，俞大纯对日本能否永久占领中国东北作了独到的分析。他认为，从国际关系看，美、英等国都对日本高度戒备，日本所处的国际环境和第一次世界大战时德国所处的环境几乎相同；从日本国内状况看，军人控制国家权力，政治黑暗，尽管这样，日本仍不顾一切地强行推行占领中国东北的政策。"日本既以暴力夺我东北，均势之局亦以打破。列强为自卫计，讵能容许日本之独占，故造舰计划，关税壁垒，无异予日本以一种宣战之警告。日本为狂战热迷其本性，自不辞大显身手，以遂其独霸东亚之迷梦。故在一九三六年以后，或为世界第二次世界大战爆发之时也。"如果发生大战，单从军事物质的供应、兵力的部署来看，日本也没有战胜的可能。何况，现在被日本占领的东北地区，因日本的高压政策，人们的反日情绪高涨，抗日游击活动活跃，占领者必将被逼至四面楚歌的穷途。因此，俞大纯得出"结论"：日本不可能永久占领东北，日本全面接受最后的审判不会太远。另外，俞大纯还论述到，一旦发生第二次世界大战，中国应该如何对待？他认为日俄战争时，中国取中立态度，以致处处受日本牵制，最终导致今日之结果。有此前车之鉴，中立政策绝不可取。

最后，俞大纯就当时亲日者人数众多这一问题，用日本侵略中国年表的方式，从1592年丰臣秀吉出兵朝鲜开始，例举了日本入侵台湾岛、吞并琉球、甲午战争、八国联军入侵中国等一系列事实，认为中国人完全没有理由去喜欢日本。相反，中国人应该团结一致，不受利益的诱惑和敌人的威胁，各尽全力，结成一体，共同对敌，这才是拯救国家之正确道路。

由此可以看出，俞大纯对日本侵略中国抱有强烈的愤慨，为了让更多的人了解被日本占领的东北地区的状况，冒着生命危险，克服种种困难，亲赴东北实地调查，并以著作形式发表了调查结果。

综上所述，俞大纯年轻时两度留学日本，对日本相当了解，完全可以说是一名知日者。而且从《东北实地调查记》一书的内容看，他对日本几乎没有好感，更谈不上是亲日。

那么，俞大纯在晚年时，被人看作汉奸，最后落得被暗杀的结局，这到底又是为何呢？

第四节　晚年的活动及遇刺身亡

俞大纯在1934年到1937年约3年间的活动情况，至今未见有任何资料记载。从1930年失职后，一直没有安定工作的可能性较大。此节主要考察他1937年就任北京市立高级工业学校校长至1940年遇刺身亡期间的活动情况。

据北京市档案馆所藏的1938年8月《各级职业学校概况表》（档案号J004-002-00557）所示，俞大纯于1937年12月就任北京市立高级工业学校校长。该学校的前身是1907年4月创立的初等工业学堂，历经第一艺徒学校、京师公立职业学校、市立高级职业学校，于1937年12月改名为北京市立高级工业学校。有教职员工43人，学生人数114名，作为北京市立职业学校，在当时已经属最大规模，每月从北京市政府得到经费3380元。[1]

就任校长不久，俞大纯就撰写了《改革职业学校意见书》，提出了

---

[1] 李文裿、武田熙：《北京文化学术机关总览》，新民印书馆1940年版，第151—152页。

自己关于学校改革的意见。在此意见书中，他以自己曾留学过的德国的职业教育经验为依据，指出当时中国职业教育最根本的问题：一是学生在入学之前，在根据自身条件应该进入什么样的学校这一方面，没有接受过专门的指导，因此很多学生在入学后没有明确的目标；二是职业学校和学科的设置未必与社会对人才的需求相一致。以此为根据，俞大纯提出市立高级工业学校的改革方案：建议将学制从3年延长至4年，以便对入学后的学生根据其各自的特长和兴趣进行专门的指导；根据北方地区农产品丰富的优势，建议设置关于农产品加工学科。[1] 结果，从第二年度即1939年起，所有学科的学制都从3年改成了4年，但新学科设置的建议则好像没有立即被采纳。[2]

另外，北京市高级工业学校受日本傀儡政府中华民国临时政府建设总署的委托，从1938年5月起，设立了学制为1年的土木工程特设学科，招收两个班共60名学生，毕业后全部由建设总署任用。[3]

俞大纯任校长期间，不仅负责全部校务工作，还亲自担任日语的教学。日语学习每班每周5至6小时[4]，担任的教师有广岛高等师范学校毕业的陈树楷等[5]，而土木工程特设学科的日语教学主要由俞大纯担任，因此，俞大纯除每月领到工资132元以外，每月还领到授课

---

[1] 北京市档案馆藏《北京特别市市立高级工业职业学校校长俞大纯关于改革职业学校意见书》，档案号J004-002-02080。
[2] 北京市档案馆藏《北京特别市职业学校概况表》(1940)，档案号J004-002-00822。
[3] 北京市档案馆藏《北京市立高级工业职业学校关于特设土木工程速成班的呈文及市教育局的训令、指令（附简章、暂行办法、教职员履历表、学生像片表）》，档案号J004-002-00560。
[4] 北京市档案馆藏《北京特别市职业学校概况表》(1940)，档案号J004-002-00822。
[5] 北京市档案馆藏《北京市各级职业学校职业教员一览表》，档案号J004-002-00623。

费126元。[1]同时期普通工人一般月收入十几元，相比之下俞大纯的收入应该说是相当丰厚的。

俞大纯虽在30年代前半期一时失业，但在1937年就任校长后，在学校改革、管理乃至教学各方面发挥了自己的能力，同时社会地位、经济收入诸方面也得到了提高。那么，他就任校长的背景又是如何呢？

众所周知，1937年7月7日卢沟桥事件后，日本开始了对中国的全面侵略，并相继在所占领地区成立傀儡政府。在北京，于8月6日成立北京市傀儡政府，12月14日成立了王克敏任委员长的傀儡华北政权中华民国临时政府。在这样的状况下，北京市包括各种学校在内的众多团体的负责人都被更换。比如北京市各职业学校，1939年时北京市共有职业学校20所，其中负责人大半是日本人，或是和日本有某种关联者。[2]1937年12月，在新政府的指导下，原北京市立高级职业学校改名为北京市立高级工业职业学校，同时选择了有着日本留学经历、日语甚好的俞大纯担任校长。另外，在当时的傀儡政府中，重要成员如王克敏、汤尔和等，与俞大纯同乡的浙江出身者较多，任教育部长的汤尔和，1903年曾与俞大纯同在日本成城学校留学过。虽然只是推测，俞大纯就任校长或许与哪位临时政府中浙江出身者的推荐有关。

但是，俞大纯的这一相对安定的生活持续时间并不长。1940年7月，因遭暗杀，俞大纯的生命被打上了终止符。这年的7月20日中午11点左右，俞大纯坐着人力车前往华北政务委员会建设总署途中，不

---

[1] 北京市档案馆藏《北京特别市教育局各附属机关主管人薪金一览表》，档案号 J004-001-00449。
[2] 余子侠：《日伪统治时期华北沦陷区的职业教育》，《抗日战争研究》2007年第2期，第94页。

知被谁的枪弹射中了身体，当场昏倒后，暂时运往阜成门内大街路北59号自家住宅，然后又被送往中央医院，但不及救治就已死亡。此时的俞大纯刚被任命为建设总署总务局长，但还没正式就任。据人力车夫描述，犯人穿白色衣服，20多岁，男性，从后面射击后立刻骑自行车逃跑了。[1]

当时，警察当局调动了相当的人力调查这起暗杀事件，但最终还是没有抓住枪击犯人。那么究竟是谁暗杀俞大纯呢？

如前所述，许多文章、书籍等均提到俞大纯与俞明震的父子关系。而触及俞大纯遭暗杀身亡的文章几乎没有。在《中国知网》上搜索，只有一篇触及俞大纯之死的文章。据该文介绍，当时，直接接受国民政府军事委员会调查统计局（简称"军统局"）局长戴笠指挥的天津特务机关，于1937后，对于协助日本侵略中国的汉奸展开暗杀行动。首先是中华民国临时政府常务委员会委员长王克敏被刺伤，紧接着相继有河北省教育厅厅长陶尚铭、天津总商会会长王竹林、华北联合准备银行总经理兼天津税关总监程锡庚、建设总署局长俞大纯、华北政务委员会教育总长方宗鳌等被暗杀。[2]

另据北京市档案馆所藏资料显示，在俞大纯被暗杀前后，北京医学科学院院长刘兆霖、教育总署署长方宗鳌、北京《新民报》编辑局长吴菊痴、北京市工务局长舒壮怀等相继被暗杀[3]，建设总署总务局

---

[1] 北京市档案馆藏《内四区警察分局关于俞大纯在丰盛胡同被人击伤身亡的报告》，档案号J181-22-8568。另据本报告称，警察在俞大纯家调查时，见到俞大纯之妻梁氏和自称俞大纯兄的俞石卿，俞石卿称俞大纯原籍上海。
[2] 黄家盛：《抗战时期国民党军统局之历史考察》，《党史研究与教学》2001年第4期，第47页。
[3] 北京市档案馆藏《市警察局关于严缉医科院院长被刺等凶犯的训令》，档案号J185-2-2328。

长张志远虽保住了性命,但家财尽被抢走[1]。从这些记录看,当时在华北暗杀活动的确相当频繁。

俞大纯被暗杀后,被任命为北京市立高级工业职业学校校长的是北京大学土木工程科毕业的李直钧。[2]

俞大纯在青年时代长期留学日本和德国,同时又目睹清末中国政府的腐败和社会的黑暗,一时曾积极加入到革命活动中,参加暗杀清朝政府要员。"九一八"事变后对日本侵占中国东北抱有强烈愤慨,为究明东北现状,亲自前往作实地调查,根据调查和分析,得出日本必败的结论;同时,也看到亲日派存在的现实,列举日本侵华事实,指出中国人完全没有理由去喜欢日本。但是,1937年北京被日本占领后,俞大纯却担任了傀儡政府直接管辖的北京市立高级工业职业学校校长,后又被任命为傀儡政府建设总署局长,最终被当作汉奸,遭国民党政府特务机关的暗杀。俞大纯晚年的行为及最终遭暗杀,可以说非常具有讽刺意味。

从俞大纯的人生轨迹看,人们的确可以认为他一时反日,一时亲日。但是,我们也不能忘记,人的行为很大程度上会受到当时所处的生活状况、周围环境、个人的立场和观点等的影响。对30年代前半数年失业的俞大纯来说,1937年就任高级工业职业学校校长是一个再就业的绝佳机会。当时的他,也许认为挣钱养家糊口是最重要的,而没有余地去考虑自己会否被后人指责为汉奸,更没有想到自己会因此付

---

[1] 北京市档案馆藏《内六区警察分局关于箭厂胡同张志远家被抢的报告》,档案号J181-22-8586。
[2] 北京市档案馆藏《北京特别市关于任命高级工业职业学校校长的训令》、档案号J004-002-00790。

出生命的代价。

最后，为便于阅览，将本书所涉及的俞大纯主要事迹整理成简易年表（见表2）。

表2 俞大纯简易年表

年月	记事	出典
光绪九年癸未七月廿八日（1883年8月30日）	出生于山阴斗门，俞明堂次子。	《俞氏宗谱》等
光绪二十八年十一至十二月	赴日本留学，入成城学校。	《清国留学生会馆第二次报告》等
光绪二十九年四、五月间	在日本参加拒俄义勇军。	冯自由《革命逸史》（第五集）等
光绪二十九年五月前后	回国，因与俞明震和吴敬恒等人的关系，与《苏报》案发生关联。	吴稚晖《上海苏报案纪事》等
1904年	加入光复会，曾参与试制炸药、暗杀清朝官吏等活动。	《光复党人录》、万先俊《回忆我的祖父万福华》等
1905年	再次赴日留学，入宏文学院等。	留学生监督处《官报》
1908年4月	考取第一高等学校预科。	留学生监督处《官报》
1908年5月	因病接受顺天堂医院治疗。	留学生监督处《官报》
1908年7月	身处德国的蔡元培在给吴稚晖的信函中称尚未与俞大纯会面，可知俞大纯此时可能已在德国，只是未与蔡元培见面。	《蔡元培全集》
宣统元年闰二月	第一高等学校预科学生名单中已不见俞大纯名字，可知其最迟已在此前中途退学改赴德国。	留学生监督处《官报》
1908—1911年	留学德国，毕业于柏林工科大学。	《蔡元培全集》、《北京文化学术机关总览》等
1911年10月	在柏林与蔡元培等人会面，协商武昌起义后的行动计划。	《蔡元培全集》

(续)

年月	记事	出典
1911 年 10 月末	携妻、子与蔡元培一起从柏林回国。	《蔡元培全集》
1912 年前后	在蔡元培任教育总长的教育部任职。	《翻开中国现代教育史册：蔡元培在 1912》（《人物》2001 年 12 月）
1912—1930 年间	先后任交通部铁路处长、副局长等职。	《蔡元培书信》下册
1930 年前后	因与军阀刘峙不和，被解除交通部陇海铁路局长职务。	《江青传》上册
1932—1933 年间	冒生命危险赴东北作实地调查。	《东北实地调查记》
1933 年 12 月	在蔡元培等人的支持下，出版《东北实地调查记》。	《蔡元培书信集》下册，《东北实地调查记》
1937 年 12 月至 1940 年 7 月	任北京市立高级工业学校校长，并兼任部分日语课程。	北京市档案馆相关资料
1938 年	提出《改革职业学校意见书》，将学制三年改为四年的建议被采纳。	北京市档案馆相关资料
1940 年 7 月前后	被任命为华北政务委员会建设总署总务局长。	北京市档案馆相关资料
1940 年 7 月 20 日	在坐人力车赴建设总署途中遭暗杀身亡。	北京市档案馆相关资料

第十二章
关于留日学生的"反日"和"亲日"

近代中国前往日本和美国等国家留学的学生数以万计。关于这些留学生对所留学国家的感情,从整体来看,学术界有"留美亲美、留日反日"之说[1],认为去美国留学者对美国拥有好感,而留日归国者往往最后反日。这一说法虽有夸大其辞之嫌,不甚科学,但也从一个侧面反映了留日归国学生后来走向"反日"者较多的事实。另一方面,留日学生中曾出现不少所谓的"亲日派",这也是不争的事实。如果把留日学生单纯地分成"反日"、"亲日"、"不反日也不亲日"、"有时反日有时亲日"4类,各自又分别占多少比例呢?留日学生"反日"和"亲日"的原因是什么?为什么有人一时"反日",一时"亲日"?要搞清这些问题,有必要对众多留学生归国后的行动轨迹一一作详细的研究,但这一工作又非指日可成。在此试着对其中部分问题作一考察。

---

[1] 如李兆忠《陶晶孙的"东瀛女儿国"》(文学评论,2003年第6期)、张瑞安《留日士官生与清末民初军事现代化成败》(华中师范大学硕士学位论文,2003年)、薛明《当代日本留学生的发展与启示》(华东师范大学硕士学位论文,2008年)等论文均对此有所提及。

第一节 "反日"的缘由

"留日反日"者究竟占多少比例,目前无确切的统计,或者说无法进行确切的统计。但留日归国者中出现了不少"反日"或"排日"者,这是不争的事实。那么,部分留日学生"留日反日"的原因究竟是什么呢?

首先,从总体上看,一个国家的留学生接收政策、接受单位的对应状况、相关两国的社会状况和文化异同、学生归国后所处的社会和生活环境、学生个人的立场观点以及素养等,这些都影响着留学生对留学国家的感情。仅从社会状况看,留学生所处的19世纪末和20世纪前半叶,正是日本发动甲午战争、八国联军侵华、日俄战争爆发、日本对中国提出"二十一条"要求、"九一八"事变、中日爆发全面战争等中日间最不幸的时期。对于任何一个中国人来说,无论他是否有留日经历,面对日本如此侵略行径,心生反日之情乃人之常情。当然,留日学生也不例外。其实,可以说这就是被认为留日学生中反日者较多的一个最根本的原因。

其次,学界一般认为,中国学生在留学日本期间,很多人都有过受歧视的经历,因此他们在归国后持反日态度。有关留学生在日本受歧视的状况,在留日学生的日记或回忆录等史料中多有所见。曹汝霖曾在《一生之回忆》中指出:"日本方面崇拜西洋,留学生在路上行走时,往往为无知儿童所指笑。"[1]郁达夫于1936年回顾留日时代日本人对待中国留学生的态度时,曾这样认为:尽管中上流的日本国民,对

---

[1] 曹汝霖:《一生之回忆》,香港春秋杂志社1966年版,第26页。

中国留学生尚"笑里藏刀"地表示笼络，而占绝大多数的无智识的中下流日本国民，则老实不客气，在态度上言语上举动上处处都直叫出来在说："你们这些劣等民族，亡国贱种，到我们这管理你们的大日本帝国来做什么？"[1]当时的日本人在说到"支那"两字时，往往都带有轻蔑、歧视的语气，留学生们每当从日本人口中听到这两字，都会有被侮辱的感觉。对此，郁达夫也曾作这样的描述：在日本，甚至连"无邪的少女，这些绝对服从男子的丽质，她们原都是受过父兄的熏陶的，一听到了弱国的支那两字，那里还能够维持她们的常态，保留她们的人对人的好感呢？支那或支那人的这一个名词，在东邻的日本民族，尤其是妙年少女的口里被说出的时候，听取者的脑里心里，会起怎么样的一种被侮辱、绝望、悲愤、隐痛的混合作用，是没有到过日本的中国同胞，绝对地想象不出来的。"[2]不可否认，日本人对中国留学生的歧视，也是"留日反日"的一个重要原因。

  有关留日学生因受歧视而反日这一说法，周作人曾提出过自己的看法，从中我们可以发现又一条"留日反日"的理由。1934前秋天，周作人在访问日本时，在一个集会上遇见许多日本军人和实业家，其中有一位中将跟他谈起了许多留日学生回国后都排日，并认为这一定是在日本受了欺负的结果。周作人回答说："这未必然。以我自己的经验来说不曾受过什么欺负，我想这还是因为留学生看过在本国的日本人再看见在中国的日本侨民的行为的缘故吧，中国百姓见了他们以为日本人本来是这样的，无可奈何也就算了，留学生知道在本国的并不

---

[1] 郁达夫：《郁达夫文集》第四卷，花城出版社、香港三联书店1982年版，第93页。
[2] 同上，第95页。

如此，而来中国的特别无理，其抱反感正是当然的了。"[1] 周作人的这番话，并不能证明其他留日学生在日本也没有受到过欺负和歧视，只能说明周作人个人的情况，而且这或许也是他将日本看作"情人眼里的脸孔，把麻点也会看作笑靥"[2] 的缘故。但是，周作人的这番话，的确也说明了一个问题，那就是在华日本侨民的胡作非为，增添了包括留日学生在内的中国人的反日情绪。

另外，有些留学生内心虽不甚反日，但他们或是受周围"反日"气氛浓厚的环境所迫，或是受利益的驱动，而作出一些反日言行。较为典型的例子是现代著名作家、地质学家张资平。1912年，张资平作为民国后第一批官费留学生之一赴日留学，先进日语学校学习，1914年7月考入东京第一高等学校（帝国大学预科），1919年考进东京帝国大学理学部地质科，1922年获东京大学理学学士学位，毕业回国。回国后，张资平虽在多所大学任教，但其主要兴趣在文学创作上，陆续发表了大量的作品。其中，1930年7月发表的反日长篇小说《天孙之女》，通过日本军人之女儿花子被遗弃骗卖、沦为妓女的故事，试图戳穿日本人自吹是"天孙之族"的神话，暴露日本帝国主义的罪恶。但小说格调低俗，对日本人的描述也多有极端之处。这一小说一时引起了极大反响，不到两年便重印5次，发行量达1.1万册，还被翻译成日文，在《上海日报》（日文）上以连载的方式发表。1931年4月10日刊行的《现代文学评论》中"现代中国文坛逸话"一栏里，刊登了《张资平怕走北四川路》的一则消息："张资平自写了《天孙之女》后，被日人译成和文，在和文的上海日报上按日发表，而引起了日本

---

[1] 钟叔河编：《周作人文类编·日本管窥》，湖南文艺出版社1998年版，第23页。
[2] 同上，第18页。

人剧烈的反感。现在，张先生竟因此而不敢走上那北四川路了。"《天孙之女》的产生和受人关注，当然与日本对中国的侵略以及在华日人的恶行并因此而产生的中国民众的反日情绪有关，但不可否认这与作者的趋利心理也无不相关。张资平虽因创作这一小说而"怕走北四川路"，但也给他带来了巨额稿费。总的来说，张资平的作品虽一时畅销，但往往被认为格调不高，粗制滥造。甚至有人称张资平为"小说商人"，有唯利是图之嫌疑。有研究者认为："假如出于纯粹的敌忾心，张资平完全可以写出另外一种抗日小说，而不是像《天孙之女》那样格调低下，不堪入目。张资平日后附逆，沦为'汉奸文人'，也充分证明了这一点。他的失足，并非由于文化上的'亲日'，而是由私心和利欲造成。"[1]这一分析和评价还是非常恰当的。

综上所述，留日学生后来走向反日的原因很多，一部分留学生在留日期间受到歧视，这仅仅是原因之一，留日与反日并没有必然的关系。事实上，留日归国人员中，所谓的"亲日派"也不在少数，这也是一个很好的佐证。

第二节 "文化亲日"与"政治亲日"

"亲日"大致可以区分为文化上的亲日和政治上的亲日，在所谓的"亲日派"中，有人只在文化上或只在政治上亲日，也有人在文化上和政治上同时亲日。

---

[1] 李兆忠：《看不透的日本——中国文化精英眼中的日本》，东方出版社2006年版，第107页。

对于"文化亲日",本书试着将它定义为:通过对日本历史文化、风土景物、生活习俗、人情礼仪等的了解进而产生爱慕之心,并反映于言行。如果仅了解日本文化,这只能称作"知日";不了解却爱慕,那是"媚日"。只有对日本文化真正地了解并产生爱慕之心,两者有机地结合在一起并反映于言行,才可以称为"文化亲日"。这一类人物其实为数不少,下面再次通过郁达夫和周作人的事例加以说明。

1913年,17岁的郁达夫随兄长赴日留学,至1922年毕业于东京帝国大学经济部,旅居日本长达10年。尽管他对中国留日学生在日本受到的歧视深表愤慨,但同时他也深谙日本文化,并对其有着深深的爱慕之情。1935年7月,郁达夫在自传体散文《海上》一文中回忆了20多年前他初次见到日本时的感受。美丽的大海,小岛纵横、山清水碧的日本西部城市长崎,四周如画的濑户内海,激起了他对日本民族和文化的深深景仰:"日本艺术的清淡多趣,日本民族的刻苦耐劳,就是从这一路上的风景,以及四周海上的果园垦殖地看来,也可大致明白。蓬莱仙岛,所指的不知是否就是在这一块地方,可是你若从中国东游,一过濑户内海,看看两岸的山光水色,与夫岸上的渔户农村,即使你不是秦朝的徐福,总也要生出神仙窟宅的幻想来。"[1] 初到日本时,对日本的饮食起居深感不便,甚至"感到痛苦",但数年后,则"这岛国的粗茶淡饭,变得件件都足怀恋;生活的刻苦,山水的秀丽,精神的饱满,秩序的整然,回想起来,真觉得在那儿过的,是一段蓬莱岛上的仙境里的生涯。中国的社会,简直是一种杂乱无章,盲目的土拨鼠式的社会"[2]。日本的文学、舞乐、茶道、花道、和服乃至日

---

[1] 郁达夫:《郁达夫文集》第四卷,花城出版社、香港三联书店1982年版,第29页。
[2] 同上,第156—157页。

本人爱清洁的习惯，郁达夫都一一大加赞誉，甚至认为"日本人一般的好作野外嬉游，也是为我们中国人所不及的地方"[1]。对日本文化的亲爱之情，在字里行间表露无遗。

与郁达夫一样，周作人也是随长兄鲁迅赴日留学的，从1906年至1911年，在东京居住了5年多。在《知堂回想录》中，周作人回忆了刚到东京留学时对日本的印象，认为这印象"很是平常，可是也很深，因为我在这以后五十年来一直没有什么变更或是修正。简单的一句话，是在它生活上的爱好天然，与崇尚简素"。这印象之所以如此深，其实还与周作人抵达东京当日遇见的一位少女有关，她就是"馆主人的妹子兼做下女工作的乾荣子，是个十五六岁的少女，来给客人搬运皮包，和拿茶水来的。最是特别的是赤着脚，在屋里走来走去"。[2] 这一见，使这位少女成了周作人永远的记忆。据称，1933年至1940年，年已半百的周作人还数次梦见荣子[3]，75岁之后写作的《知堂回想录》中对荣子的描述还是那么清晰，可以说，少女乾荣子在无形中对周作人日本观的形成产生了一定的影响。后来，周作人撰写了诸如《日本管窥》、《日本的人情美》、《谈日本文化》、《怀东京》等大量广为人知的作品，对日本文化的了解和爱慕之心在同时代几乎无人出其右。周作人曾坦言，东京是他的第二故乡，对于日本，喜欢它的所有的东西："爱它的游戏文学与俗曲，浮世绘，瓷铜漆器，四张半席子的书房，小袖与驹屐——就是饮食，我也并不一定偏袒认为世界第一的中国菜，

---

[1] 郁达夫：《郁达夫文集》第四卷，第156—161页。
[2] 周作人：《知堂回想录》第二卷，群众出版社1999年版，第157页。
[3] 〔日〕木山英雄：《乾荣子と羽太信子》，《季刊 鄢其山》第22号，1989年。

却爱生鱼与清汤。"[1] 周作人在文化上虽然亲日，但日本的侵略行径和在华日人的恶行极大地伤害了他作为中国人的自尊心，对此他始终给予严厉的批判。他曾经这样指出："日本人最爱美，这在文学艺术以及衣食住的形式上都可看出，不知道为什么在对中国的行为显得那么不怕丑；日本人又是很巧的，工艺美术都可作证，行动上却又那么拙；日本人喜洁净，到处澡堂为别国所无，但行动上又是那么脏，有时候卑劣得叫人恶心。这真是天下的大奇事，差不多可以说是奇迹。"[2] 可以说，周作人对日本采取的是一种"可爱的就爱，可恨的就恨；似乎亲日，似乎排日"[3] 的看似模糊实则分明的对待方式，即文化上"亲日"，政治上"反日"。对于"政治亲日"者，周作人更是不屑一顾，认为"中国人所痛恶的，日本人所欢迎的那种亲日派，并不是真正的亲日派，不过是一种牟利求荣的小人，对于中国，与对于日本，一样有害的——一面损了中国的实利，一面损了日本的光荣"[4]。当然，周作人1939年后出任伪职，走向"政治亲日"的道路，又有其复杂的原因，此应另当别论。

对于"政治亲日"，本书也试着将它定义为：中日两国间在政治、军事、经济、外交等方面的利益发生冲突时，出卖国家和人民，向日本或与日本有关的方面提供协助或帮助，使国家和人民的尊严受到伤害，国家利益和人民的生命财产遭受损失。有此行为者称"政治亲日者"。"政治亲日者"与《辞海》中定义为"原指汉族的败类，现指

---

[1] 周作人：《周作人自编文集·谈虎集》，河北教育出版社2002年版，第322页。
[2] 钟叔河编：《周作人文类编·日本管窥》，第49页。
[3] 周作人：《周作人自编文集·谈虎集》，第323页。
[4] 同上，第619页。

中华民族的叛徒"的"汉奸"既有共同之处，也有相异之处。若以"九一八"事变至抗日战争结束期间而论，此文中的政治亲日者可以看作通常所说的向日本侵略者提供协助和帮助的"汉奸"。

1945年11月23日，国民党政府公布了《处理汉奸案件条例》11条，规定罪行较为严重而应受法律惩办的汉奸范围，其中包括曾任伪组织"简任以上公务员，或荐任职之机关首长者"、"特务工作者"、"凭借敌人伪势力，侵害他人经告诉或告发者"、"曾在敌人之军事、政治、特务或其他机关工作者"、"曾任伪组织所属金融或实业机关首长或重要职务者"、"曾在伪组织管辖范围内任报馆、通讯社、杂志社、书局、出版社社长、编辑、主笔或经理，为敌宣传者"、"主持电影制片厂、电台、文化团体，为敌伪宣传者"、"曾在伪党部、新民会、协和会、伪参议会及类似机关参与重要工作者"等10种对象；同时规定上述汉奸，"曾为协助抗日工作或有利于人民之行为证据确凿者，得减轻其刑"。[1]

自"九一八"事变至抗战结束，大小汉奸人数至少也有数十万人。1948年《中华年鉴》公布了自1944年11月自1947年10月，各省、市法院处理罪行较为严重的汉奸案件情况，其中：检察方面计办结45679案内，起诉者有30185人。审判方面计办结25155案内，科刑者有14932人（死刑369人，无期徒刑979人，有期徒刑13570人，罚金14人）[2]。上述数目，不仅包括汪伪汉奸，也包括伪满洲国及伪蒙疆联合自治政府之汉奸以及抗战中其他投敌者。

---

[1] 引自复旦大学历史系中国现代史研究室：《汪精卫汉奸政权的兴亡》，复旦大学出版社1987年版，第468—469页。
[2] 同上，第470页。

第三节 "政治亲日"的原因

那么，在如此之多的"政治亲日"者或被称为"汉奸"者中，留日学生所占的比例究竟有多少？虽然现在无法做大面积的统计，但以下所列的几组数据基本能反映出其大致的比例。

据统计，在伪满洲政权中，包括溥仪在内的伪满49名高级汉奸中，其中22人有在日本留学接受教育的经历，占汉奸总数的45%。1937年在北京成立的伪中华民国临时政府的23名汉奸高官中，留日出身者12名，占总数的52%。1938年3月在南京成立的伪"中华民国"维新政府15名伪政府高官中，留日出身者6名，占总数的40%。1940年3月在南京成立的伪"中华民国"国民政府51名汪伪政府高官中，留日出身者14名，占总数的27%。另外，伪冀东防共自治政府高级官员2人（委员长殷汝耕、秘书长池宗墨）均系留日出身，伪蒙疆联合自治政府高级官员4人中，未发现有留日出身者。总之，在统计的144名汉奸高官中，有留日经历者56[1]人，占被统计人数的39%。就地域而言，辽宁30人，浙江20人，江苏16人，河北14人，4省合计占被统计人数的56%。[2]

南京市档案馆编《审讯汪伪汉奸笔录》（江苏古籍出版社，1992年）共收入陈公博、周佛海、褚民谊、温宗尧、江亢虎、陈璧君、梅思平、林柏生、李圣五、丁默邨、陈春圃、罗君强、王荫泰、蔡培、袁愈佺、邓祖禹、伍澄宇、杨惺华、殷汝耕、刘玉书、汪时璟、周作

---

[1] 引文《抗战时期伪政权高级官员情况的统计与分析》一文中为54人，未把殷汝耕、池宗墨两人计算在内，统计有误。本书将其调整为56人。
[2] 汪朝光:《抗战时期伪政权高级官员情况的统计与分析》，《抗日战争研究》1999年第1期。

人等22名汪伪汉奸的审讯笔录。据笔者统计，此22人中，至少周佛海、褚民谊、江亢虎、王荫泰、蔡培、袁愈佺、伍澄宇、殷汝耕、刘玉书、周作人10人曾留学日本，约占总人数的45%。

据《冀东防共自治政府文武简任人员姓名略历表》，所记自"民政厅长"至"保安第四总队长"共15人中，留日出身者有财政厅长赵从懿（法律科）、教育厅长刘云笙（弘文学院师范）、实业厅长殷体新（庆应大学）、秘书处长陈曾栻（明治大学政治经济科）、外交处长王润贞（第四高等及铁道院）、保安处长刘宗纪（士官学校）、参事叶尔衡（早稻田大学政治经济科）、禁烟总局局长刘友惠（东京帝国大学）、保安第四总队长韩则信（明治大学政治经济科），累计共9人，占总人数的60%。[1]

上述统计资料表明，在伪政府高官中，拥有留学日本经历者所占比例是非常高的。那么，这些留日学生又为何会出卖国家和人民的利益，成为人们所不齿的汉奸呢？他们为奸时的心态又如何呢？

无论是否曾踏出国门，大小汉奸们之所以成为汉奸，若从其所追求的目的看，大致不外乎以下几种：一是为实现政治企图和个人野心；二是追求权势、虚名、利益；三是为解决吃饭问题以谋求生存；四是为保全身家财产。汉奸们根据各自的身份和地位，各谋所需，各有所求。而对于权势的追求和对于钱财的索取，则很少有人能置身其外。1907年赴日留学，1912年毕业于日本早稻田大学政治经济科，曾任汪伪政权工商部次长、南京市市长、驻日大使等职的蔡培，在日本发动全面侵华战争之前曾任南京国民党政府民政司司长，1937年11月，

---

[1] 南京市档案馆：《审讯汪伪汉奸笔录》，江苏古籍出版社1992年版，第1207—1208页。

南京国民政府全面被迫西迁后，因与新任部长"尚未谋面"而失去了民政司长一职，遂回到上海观望时局变化，以后不久便成了南京伪政权的重要官员，重新获得权势。[1]"南京伪政府成立后，上自伪中央官员，下至各县伪县长、伪区长、伪乡镇长，无一不以搜刮金钱为目的，卖官鬻爵，贿赂公行。机关之内，几至无一事不要钱，无一人不要钱。有充当区长数月而腰缠千百万者，其他可知。"[2]手握权力的大小官吏如此，有些极为普通的百姓，他们由于生活极端贫困，在特殊的环境下为牟取小利维持生计也走向了汉奸之邪路，令人可悲可叹。

再回头看看在伪满洲政权中任职的汉奸的情况。曾于1932年前后两次亲自赴东北作实地调查的俞大纯，曾将他们归纳成以下五类：

一、**忠于故君** 罗振玉、胡嗣瑗、宝熙、陈曾寿等，凡前清遗老属之。此类多不谙日语，除在执政府供职外，不作他类活动，故不为日人注意。

二、**保全身家** 张景惠、袁金铠、熙洽、臧式毅等前在东北有权势及财产者属之。此辈多为张氏父子培植而成，本无思想，惟知爱钱与命耳。

三、**热衷虚荣** 张燕卿、冯涵清等，前在东北服务官职不大，而宦味浓厚者属之。此辈纯以做官为宗旨。

四、**吃饭问题** 许宝蘅、杨华、陈扬生等，前在东北服务，或新由内地潜往投效以谋维持生计者。故其志愿不大，只求温饱，官职遂无过简任者。

---

[1] 南京市档案馆：《审讯汪伪汉奸笔录》，第998—1006页。
[2] 同上，第43页。

五、甘充汉奸 郑孝胥、赵欣伯、丁鉴修、谢介石、阚铎、郑垂等,曾受日人豢养与日人共事及充日人侦探者属之。此辈多未受中国教育,幼时即受日人培植,对于卖国行为尚认为当然之职责。[1]

有留日经历而后成为汉奸者,他们之所以成为汉奸,而且成为汉奸的比例较高,除以上共同的因素外,主要还有以下因素。

一是日本政府的有关中国留学生教育的政策取得了一定的效果。近代中国派遣大量学生留学日本,是近代中日文化交流最重要的组成部分。不可否认,在这一过程中,不少日本人是怀着对中国的好意,怀着对千百年来蒙受中国文化恩惠的报答之心,来对待、教育中国留学生的。但日本政府在致力于教育中国留学生的背后,也有其不寻常的目的,这一点也无须讳言,更不容否定。甲午战争后,日本在接受中国留学生等参与中国教育问题上,表现出了难得的热情与"高姿态",企图通过参与中国人的教育事业,培植亲日人士,以利于在政治和经济上扩张日本的利益。1898年日本驻华公使矢野文雄在致日本外务大臣西德二郎的机密报告中认为:"受我感化之人才播布于其古老帝国之中,实为将来在东亚大陆树立我势力之良策。兹将其缘由详陈如下。如斯,则彼之从于武事者,不仅限于模仿日本之兵制,军用器械等也必仰给于我;聘用军官等人员也将求于日本。毋庸置疑,清军事之大部行将日本化。理科学生亦必求其器械、工人等于日本。清之商工业自身,则将与日本发生密切关系,而为我商工业向清扩展打开门路。另,法律、文学等科学生,为谋清之进展,必将遵袭日本之制度。

---

[1] 俞大纯:《东北实地调查记》,中华民国二十二年版,第48—49页。

若能至此，我势力将及于大陆，正未可量也。斯时清之官民对我信赖之情，亦必胜于今日十倍。由于此辈学生与日本之关系，将来清政府必陆续不断自派学生来我国，如是则我国之势力将悄然驾驭于东亚大陆。"[1]当时的日本舆论也认为："支那既渴望教育，日本教育家苟趁此时机容喙于支那教育问题，握其实权，则日后之在支那，为教育上之主动者，为知识上之母国。种子一播，则将来万种之权，皆由是而起。"[2]在直接从事中国人教育者中，甚至有人公然声称："多培养一个中国青年，就等于日本势力多向中国大陆迈出一步。"[3]其野心昭然无隐。而作为中国方面，则希望通过师日之长以自强，认为"东京多一留学生，即将来建造新中国多一工技师"[4]，双方各具目的。在如此背景和环境下接受日本教育的留学生，虽然大多数人也意识到了日本方面的用意和企图，深知自己所肩负的历史使命，但从留日归国者中仍出现了为数不少的叛国投敌、为虎作伥者看，日本政府的有关中国留学生教育的政策还是取得了一定的成效。

二是留日学生若想要成为汉奸，其自身条件与他人相比具有一定的优势。具有留学日本的经历，懂日语，比他人更了解日本，与日人有过交往，这样的人当然不一定就会成为汉奸。但这样的人若其真有意成为汉奸，还是具有一定的优势。从依靠留日期间学会的日语和一技之长在日伪政权中谋得一官半职的中小汉奸，至汪精卫、周佛海、

---

[1] 〔日〕矢野文雄著、云述译：《矢野文雄呈西德二郎机密等41号信》，《近代史资料》总74号，1989年7月，第95页。
[2] 《国闻短评》，《新民丛报》1904年3月，第76页。
[3] 〔日〕青柳笃恒：《中国人教育与日美德间的国际竞争》，〔日〕《外交时报》第122号，第10页。
[4] 孙江东：《敬上乡先生请令子弟出洋游学并筹集公款派遣学生书》，《浙江潮》光绪二十九年总第7期，第5—6页。

褚民谊、殷汝耕之流的巨奸，如果他们当初没有留学日本的经历，他们能否做成汉奸，或能否做成巨奸，未必可知。

三是留日学生成分复杂，从整体上看具有较强的名利心。受科举考试制度的影响，自古以来，在较大一部分中国人的心目中，读书、应试、做官是人生中有机关联的三件重要大事，"万般皆下品，唯有读书高"，就是因为通过读书最终能够做官，乃至获得"黄金屋"和"颜如玉"。近代留日学生中，以中等以上家庭出身者居多，贫寒家庭出身者为数极少。他们在留日前，大多不同程度地受过封建儒家思想教育，有较强烈的功名之心，不少人具有希望通过读书获取官位进而"衣锦还乡"、"光宗耀祖"之类的传统观念。在清末，科举考试规模缩小乃至最终废除后，东渡日本留学者骤然增加，就是一个例证。曾在清末两次赴日留学的胡汉民在回忆当时留日学生之成分时曾指出："其时学生全体内容至为复杂，有纯为利禄而来者，有怀抱非常之志愿者；有勤于学校功课而不愿一问外事者，有好交游议论而不悦学者；有迷信日本一切以为中国未来之正鹄者，有不满日本而更言欧美之政制文化者。其原来之资格年龄，亦甚参差，有年已四十五十以上者，有才十六七岁者；有为贵族富豪子弟者，有出身贫寒来自田间者；有为秘密会党之领袖以亡命者，有已备有官绅之资格来此为仕进之捷径者。"[1] 由此可以看出，留日学生成分虽然复杂，但为获取洋文凭以为仕进之捷径者也不在少数。他们在回国后，有些人或因仕途不畅，或因处境不佳，最终强烈的功名心驱使他们走上了汉奸之路。

四是部分留日学生因长期生活在日本，对日本产生了亲切与好

---

[1] 胡汉民：《胡汉民自传》，《近代史资料》第45号，1981年8月，第12—13页。

感，容易与日本人的思想和观念产生共鸣。留日学生中，由于在日本受到歧视等原因，产生排日思想者不在少数，这在前面已经涉及。但通过留学对日本历史文化、风土景物、生活习俗、人情礼仪等产生了解，加之部分日本人的亲切与好意，一部分留学生对日本产生了相当的好感。曹汝霖出生于上海，1898年赴日留学。在日本留学期间，曹在中江笃介家住了3年，中江家人对他非常亲切，经常纠正他不地道的日语，还怕日本料理不合他的口味，经常特别为他做西洋料理。在曹汝霖毕业回国前，因喝醉酒，"回到中江家尚觉头晕口渴。居停令嬢千美子为我铺床，我即倒下，喊头痛，她又备了一盂，防我再吐，并饮我冰水，以水袋覆我额，嘱我静卧，她在地铺边坐下相陪，直到我矇眬睡去始去。待外人如此温情，真是难得，令人心感"[1]。周作人在《日本的衣食住》一文中，盛赞日本的饮食穿衣居住等生活习惯，认为自己"是生长在东南水乡的人，那里民生寒苦，冬天屋内没有火气，冷风可以直吹进被窝来，吃的通年不是很咸的腌菜也是很咸的腌鱼，有了这种训练去过东京的下宿生活，自然是不会不合适的"[2]。周作人的这番话虽带有片面性，但也从一个侧面说明了江南一带的人与其他地区相比，能相对较快地适应并喜欢上日本的生活。曹汝霖和周作人后来都成为被人唾骂的汉奸，其原因固然很复杂，但与他们对日本的感情和理解或多或少有一定的关系。前面提到过，就地域而言，在伪政府高官中，辽宁、浙江、江苏三省出身者居多。由于东北地区被日本奴役了多年，有些人企盼过上"好日子"，而把希望投在了日本人身上，伪满洲政府所在的

---

[1] 曹汝霖：《一生之回忆》，香港春秋杂志社1966年版，第31页。
[2] 钟叔河编：《周作人文类编·日本管窥》，第27页。

辽宁省出现汉奸较多不难理解。浙江、江苏两省，地处江南，自然环境和生活习俗与日本相对接近，容易适应日本的习俗和文化，加之自清末以来从这两省派遣的留日学生人数始终名列前茅，整体上出现汉奸的比例较高也不足为怪。

第四节 《王克敏等人简历》中所见的华北伪政府中的留日学生

1937年12月，在侵华日军的扶植下，曾代理北平政务委员会委员长的王克敏，原冀察政务委员会委员汤尔和、王揖唐、齐燮元以及曾任北京政府要职的董康、高凌霨、朱深、江朝宗等人，在北平成立了所谓的中华民国临时政府。如前所述，在该伪政府中任高官的23名汉奸中，留日出身者12名，占总数的52%。而在普通的各级官员中，留日出身者究竟占有多少比例，尚无较为可靠的统计数据。目前，笔者在北京市档案馆发现了《教育、治安、内务总署零散档案汇集·王克敏等人简历》（档案号J144-1-21）这一档案资料，此资料共记录了王克敏等在中华民国临时政府担任过伪职的201人[1]的简历。根据内容判断，此资料作成于1938年至1940年间。在王克敏简历中，有"瑞廷当时充任潘总理外务秘书，与王克敏、梁鸿志等时有会面机会"，"记者因受潘总理之优遇，充任潘本人之外务秘书十年，对现在中国朝野政客及海外名流可以说多有相知者，故能从实简略记之，用作他

---

[1] 另外，还载有张璧的友人20人的姓名、职业或职务。

日对人物个性之参考也"等记录,可知作者为曾担任过北洋政府最后一任总理潘复外务秘书的章瑞廷,而所记人物大多也与作者有直接或间接的接触,虽个别人物的原籍等与实际有一定出入,但其内容尚基本可信。根据此资料,将其中曾留学过日本者69人的姓名、原籍、出身、所任职务、在伪政府中的帮派关系整理如下:

表1 《王克敏等人简历》中的留日学生

姓名	原籍	出身	职务	关系
于长新	金川	日本国立神户高等商科大学	临时政府行政委员会秘书	王克敏
陈曾亮	福建闽侯	日本法政大学	王克敏秘书	王克敏
萧百新	湖南新阳	日本东京师范大学	临时政府情报处第四科科长	王克敏
张仲直	湖北鄂城	日本神户高等商业学校	临时政府事务处处长	王克敏
岳开先	四川成都	日本士官学校	临时政府外事局局长	王克敏
吴敦礼	福建	日本东京帝大法学部	临时政府外事局第二科科长	王克敏
于长富	金川	日本京都帝国大学	临时政府交通局副局长、航空会社理事	王克敏
关庚泽	浙江余杭	日本早稻田大学	外事局第三课课长	王克敏
王蔚文	浙江	日本东京工业大学机械科	交通局电政课长	王克敏
许修直	浙江	日本法政大学	临时政府行政委员会调查处长、电电会社副总裁	王克敏
韩振华	北京	日本某大学	北京盐业总行副代表总理职务	王克敏
李宣威	福建	日本高工学校机械电气专科		王克敏

304　清末中日教育文化交流之研究

(续)

姓名	原籍	出身	职务	关系
杨延溥	四川	日本士官学校	临时政府外务局长兼建设署副署长	王克敏
邵东湖	浙江	日本高工学校	王克敏女婿，担当王克敏对日本方面的交际应酬	王克敏
王揖唐	安徽	前清进士，后留学日本	临时政府常务委员会委员	
赵子成	浙江	日本某大学	中日经济协议会秘书长	王揖唐
张同礼	浙江	日本明治大学	天津市公署顾问	王揖唐
周二为		日本东京帝国大学法政科	中日经济协议会秘书长兼任临时政府情报处处长	王揖唐
林文龙	福建	日本大学政治科	临时政府情报局局长	王揖唐
罗韵荪	广东	日本明治大学商科	事务处处长	王揖唐
陈维廉	山东	日本广岛文理大学理科	政委会日文秘书	王揖唐
殷同	浙江	日本陆军经理学校	临时政府建设署长	
刘成志	江苏武进	日本东京帝国大学政治经济科	天津航政局局长等	殷同
张志远	浙江平阳	日本早稻田大学政治经济科	建设总署总务局长	殷同
程式峻	广东中山	日本东京帝国大学土木科	建设总署公路局长	殷同
林是镇	福建	日本东京高工学校建筑科	建设总署都市局局长	殷同
蒋荫乔	奉天锦州	日本帝大学校	华北盐业会社理事兼产业部部长	殷同
黄复生	广东	日本东京帝大法政科	建设署秘书长	殷同
汪时璟	浙江	日本士官学校	临时政府行政委员会财务局长	

(续)

姓名	原籍	出身	职务	关系
张君度	广东	日本某大学	准备银行总务局长	汪时璟
漆士昌	贵州	日本某大学	准备银行总务局副局长	汪时璟
陈锦文	江苏崇明	日本某大学	准备银行管理局局长	汪时璟
欧阳载祥	广东	日本某大学	准备银行发行局局长	汪时璟
唐卜年	湖南浏阳	日本某大学	天津准备分行经理	汪时璟
谢祖元	江苏武进	日本某大学	青岛准备银行分行经理	汪时璟
殷沄	江苏江阴	日本陆军学堂	青岛准备银行副理	汪时璟
吴锡永	浙江吴兴	日本陆士步兵科第一期	财政总署署长	汪时璟
王允诚	浙江	日本法政专门学校	财政总署简任秘书	汪时璟
黄伯雄	广东顺德	日本京都帝国大学经济科	财政总署荐任秘书	汪时璟
王荫泰	浙江	毕业于日本后留学德国	临时政府议政委员会委员	王克敏
陈家凤	江西	日本大学法律专科	实业部简任秘书	王荫泰
金少伟	江苏	日本明治大学法律科	农矿局局长	王荫泰
钮先铮	江西	日本明治大学	实业部劳工局局长	王荫泰
李岐山	河北	日本帝国大学采矿冶金科	实业总署外事秘书	王荫泰
邵文凯	奉天	日本陆军学堂	北京宪兵司令	齐燮元
刘潜	河北天津	日本弘文学院	齐燮元之秘书长	齐燮元
陈定远	湖北	日本法政学堂	治安总署秘书	齐燮元
李烈华	福建人	日本京都帝国大学	治安总署负责处理与日本华北军部来往公事	齐燮元
杜锡钧	河北	日本陆军士官学校	治安总署少将参事	齐燮元
王斌	山东福山	日本陆军大学校	治安总署军咨局上校科长	齐燮元
赵锡光	河北宛平	日本陆军士官学校	治安总署军咨局上校科长	齐燮元
白云峰	河北大兴	日本东京警察学校	治安总署警政局科长	齐燮元

姓名	原籍	出身	职务	关系
黄南鹏	福建诏安	日本陆军士官学校	治安总署治安军第二集团少将司令	齐燮元
杜柳村	河北固城	日本明治大学政治经济科	治安总署治安军第二集团中校军需处长	齐燮元
毛昭江	福建龙溪	日本帝国大学法科	治安总署治安军第二集团中校军法处长	齐燮元
刘组笙	河北盐山	日本士官学校	治安总署治安军第三集团少将司令	齐燮元
邰怡春	浙江东阳	日本明治大学法律科	华北政务委员会参事	朱深
史兆德	山东乐陵	日本九州帝国大学	政务厅外务局第一科科长	朱深
高燮	浙江杭县	日本早稻田大学	政务厅法制局编译科长	朱深
朱希龄	河北	日本明治大学研究科	刑事庭第一庭长	朱深
张燕卿	河北	日本贵族学院	新民会副会长	
吴荣	河北	日本早稻田大学	张燕卿私人秘书	张燕卿
朱毓真	浙江	日本高工电气科	华北电业会社工务部次长	张璧
陈静斋	河南	日本某大学	河南省长	张璧
张伯言	四川	日本高工学校	北京电东公司秘书长	张璧
汤尔和	浙江	日本医专大学	临时政府议政委员长兼教育总长	
董康	江苏	前清进士后留学日本	临时政府议政委员会委员	朱深
余晋龢	浙江	日本宪兵学校	北京特别市公安局长等	
刘玉书	（四川）	日本士官学校	电电会社常务理事	汤尔和

说明："出身"栏所记日本学校名称有些不甚准确，有的仅记"日本某学校"，均照原文录之。

以上共69人，若包括曾于清末在日本任留日学生监督的王克敏，总共70人，约占总人数的35%。此数据基本表明了1937年成立的华

第十二章 关于留日学生的"反日"和"亲日" 307

北伪政府各级官员中留日学生整体上大致占三分之一的事实。

从原籍所属省份看，列前5位者为浙江12人、河北10人、江苏6人、广东6人、福建6人。河北列第二位，主要与其所处的地理位置有关，其余浙江、江苏、广东、福建各省，除与其地处东南沿海这一地理位置有关外，还与这些省份清末以来所派遣的留日学生人数较多有关。而列第一位的浙江省，除上述原因外，可能还与临时政府中浙江籍高官人数较多也有一定关系。行政委员会委员长王克敏、议政委员会委员长兼教育总长汤尔和、行政委员会委员王荫泰等原籍均为浙江，他们因同乡等关系，吸收了不少浙江籍人物进入伪政府。如毕业于日本高等工业学校的浙江籍邵东湖，经汤尔和介绍娶王克敏女儿为妻。由于邵精通日本语言，熟悉日本风土人情，加之与王克敏又是翁婿关系，"王克敏对日本方面的交际应酬完全由邵担当之"，其关系自然较其他人更为密切。又如毕业于早稻田大学的浙江余杭籍关庚泽，因与王克敏同乡，"最初王与张学良联络时，系关为之奔走"，"王对日本情报问题多由关为之报告云云"。这些大小汉奸，相互勾结，沆瀣一气，为一己私利，不惜出卖国家和人民的利益。

另外，在北京档案馆所保存的这一资料中，作者还对其中一部分人物的性格等有较详细的描述。如王荫泰，"自归国后曾在军政方面服务多年。为人忠实，后为张作霖所重视，任为外交总长。王为人有学者风，和平谨慎，忠于服务，为事务官之美材"。再如朱深，"其人性甚阴狡，热衷势位而阳示恬淡，口不言利而巧取甚多，正直之士与之往还者甚少。其政治之表现纯以敷衍门面苟且一时之流，绝无主义与政见者也"。诸如此类的描述，虽其中无不包含有作者的主观要素，但不失为了解这些人物性格及社会关系的一种重要参考资料。

下篇

日本人的中国认识之研究

第十三章
高田早苗的中国教育考察及其中国教育认识

高田早苗，1860年出生于日本江户，1938年去世，其一生曾拥有多种身份。他不仅作为教育家而广为人知，而且作为政治家、政治学者、新闻工作者也留下了诸多引人注目的业绩。1882年东京大学文学部毕业后，高田立即就被大隈重信所器重，投奔其麾下参与了作为早稻田大学前身的东京专门学校的创设工作。学校设立后，先后任东京专门学校讲师（1882）、出版部长（1894）、学监（1900），1902年东京专门学校升格为早稻田大学后，还先后任早稻田大学校长（1907）和总长（1923），除从事政治学、法律学等学科的教学和研究工作外，还长期担任学校的主要教育行政工作，对早稻田的发展作出了巨大的贡献。因此，在早稻田大学的校史上，有人认为："如果称大隈重信是大学的生父，那么高田早苗可称为是其养父。"[1]

此外，作为新闻工作者，高田自1887年始还兼任《读卖新闻》主笔，尤其是在日本颁布明治宪法和开设议会期间，发表了大量的政治

---

[1]〔日〕盐泽昌贞：《回忆高田先生》，《早稻田政治经济学杂志》第63号，1939年2月。

言论。作为政治家，高田在1890年第一次众议院议员选举中获胜，正式登上政治舞台，以后累计共5次当选众议院议员，1914年大隈重信第二次组阁时，被任命为文部大臣。

高田在20世纪初的一段时期，还曾对中国教育有过浓厚兴趣，并发表了不少言论，这一点较少为人所知。作为高田一生中的主要经历，其与中国教育的关系并不算最为重要。但是，在早稻田大学开设清国留学生部之前，高田曾亲自赴中国进行教育考察，回国后直接领导留学生部的创设工作，并发表了不少有关中国教育和留学生教育的言论。

在以往的先行研究中，涉及高田早苗与中国教育之关系的研究著作和论文主要有：京口元吉著《高田早苗传》（早稻田大学刊，1962年）、实藤惠秀和细野浩二的论文《早稻田大学之教育——以中国留学生和清国留学生部为中心》（《早稻田论坛》第8号，1975年3月）[1]、荫山雅博《明治日本的中国留学生教育面面观》（《近代日本的亚洲教育认识资料篇》，2002年2月）[2]、早稻田大学大学史资料中心编《高田早苗之综合研究》（非卖品，2002年10月）等。

本章拟在上述先行研究的基础上，着重对高田的中国教育视察过程及其诸多有关中国教育的论说进行考察，并进一步分析高田对中国教育的认识。

---

[1] 原题为《早稻田大学における教育——中国留学生特に清国留学生部を中心にして》，《早稻田フォーラム》第8号，1975年3月。

[2] 原题为《明治日本の中国人留学生教育——その諸相》，《近代日本のアジア教育認識·資料篇》，2002年2月。

第一节　早稻田大学清国留学生部的开设和高田的中国教育考察

19世纪末开始的中国人留学日本运动于20世纪初达到高潮，留日学生人数最多时达万人。在这一过程中，日本国内涌现了大量专门教育中国留学生的特设教育机构，其中早稻田大学清国留学生部尤为引人注目。

查阅有关早稻田大学有关中国留学生教育的历史，可以发现其开设清国留学生部是在1905年9月，但这并不是其留学生教育的起点。在此之前，早稻田大学也曾接收过不少中国留学生。据《留学日本中华民国学生人名调查》（兴亚院政务部，昭和十五年）[1]记载，最初进入早稻田大学之前身东京专门学校学习的中国学生是富士英、金邦平、唐宝锷等人。富士英1902年从"邦语政治科"毕业后继续就读于该校政治经济学科，并于1906年毕业；金邦平和唐宝锷1903年从"专门部"毕业后也继续就读于该校政治经济学科[2]。

早稻田大学开设清国留学生部的1905年正是中国留日学生人数猛增之时。关于开设留学生部，时为学监的高田早苗认为："现在，已有数以千计的中国学生涌向日本留学，并且从大局上考虑，只要多少有些余力，就必须开展中国留学生教育，这是从事教育者的一个义务。"[3] 由此可以看出，留学生的大量增加，是促成大学当局重视留学

---

[1] 原题为《日本留学中華民国人名調》，兴亚院政务部昭和十五年版。
[2] 此三人的入学年月在该资料中没有显示，但据实藤惠秀《中国人留学日本史》（第20页）所载，唐宝锷入东京专门学校的时间是1899年。
[3] 〔日〕高田早苗：《游清所感》，《早稻田学报》第122号，明治三十八年九月一日。引自《近代日本的亚洲教育认识·资料篇》第9卷，第31—32页。

生教育并专门开设留学生部的重要因素。而高田在此所称的"从大局上考虑"，就是通过教育中国学生以扩张日本在政治上和经济上的权益，这一点在本章后半部分再作详细论述。

为了纠正速成留学的弊端，清国留学生部开设后将学习年限设定为3年。设立初期，将3年时间分为预科和本科两个阶段，预科为1年，以中等普通教育为主，本科2年，分师范科、政法理财科、商科实施专门教育。后来1年的预科制度被取消，统一实行3年制的教育。开设初期，报名人数大大超过学校所规定的名额，学校人气极旺。但随着1907年后中国留日学生数的逐渐减少，早稻田大学清国留学生部的学生人数也随之减少，并最终于1910年7月因学生数的减少而关闭。

在开设清国留学生部之前，学监高田和中文专任讲师青柳笃恒专门赴中国进行了为期约3个月的教育考察。有关此次考察的主要目的，高田在回国后的考察汇报中有过如下较为详细的论述：

> 设若专门招收清国学生实施留学生教育，学校当局者首先必须了解：清国大抵是怎样的国家？清国之风土人情大凡又是如何？派送学生出国留学之清国先辈又有如何之考虑？对这些问题不闻不问，不详做研究，就难以确立留学生的教育方针。为此，有必要先赴清国大陆游历考察。从另一方面看，日俄战争后工作之中心在清国，国家战后经营之中心也在清国，同样，早稻田大学以及早稻田大学出身者将来活跃的舞台也在清国。对于我们今后活跃的舞台先作一些了解，同时与清国当局诸人及先觉者作些接触交流，以备将来之需，这一点也无不必要。此次赴清国考察，

归根结底，其理由就在此两点。[1]

在此，高田非常简明地指出了此次赴中国考察的目的，一是为确立即将设立的清国留学生部的运营方针作准备，二是为了解作为日俄战后日本人主要活动舞台的中国。

高田和青柳于3月20日从东京出发，经长崎于30日抵达上海，直至6月15日回国，前后约3个月时间。在此期间，考察了上海、福州、苏州、杭州、南京、汉口、武昌、长沙、保定、北京、天津、大连、旅顺等城市。其考察的主要日程[2]如下：

上海　访问总领事馆、大阪商船会社及日本邮船会社等公司在上海的支店；参观商务印书馆；出席早稻田大学校友及其他友人举办的招待会；访问太子少保铁道大臣盛宣怀并参观盛氏创立的南洋公学；访问东亚同文书院并对该院学员发表演讲。

福州　参观全闽师范学堂并出席学堂举办的招待会；在日本驻福州领事馆的陪同下拜访了总督镇署理闽浙闽将军崇善、福建布政使周莲、福建按察使朱其煊；参观福建学务处武备学堂。

苏州　拜访江苏巡抚陆元鼎、苏州布政使劾曾；参观江苏示范学堂并与罗振玉等会谈；于领事馆与苏州名士交流会谈。

杭州　访问浙江巡抚聂缉椝；参观私立安定学校。

---

[1]〔日〕高田早苗：《游清所感》，《早稻田学报》第122号，明治三十八年九月一日。引自《近代日本的亚洲教育认识·资料篇》第9卷，第32页。

[2] 考察日程系根据《清国旅行纪要》（《早稻田学报》119号，1905年7月）、《游清所感》等归国后的讲演录，真边将子之编《高田早苗年谱》（《高田早苗之综合研究》附录）归纳而成。

第十三章　高田早苗的中国教育考察及其中国教育认识

南京　与冈部领事访问黄建筦；参观私立恩益学堂、府立中学堂、三江师范学堂、江宁府立示范学堂、私立东文学堂等各类学校。

汉口　访问日本领事馆；出席日本居留民于日本人俱乐部举办的招待会。

武昌　参观湖北幼儿园、方言学堂、两湖师范学堂；访问总督太子少保张之洞并接受其委托起草《清国教育意见书》；拜访刘学恂、武昌府知府黄以霖等。

长沙　参观师范学堂、私立明德学堂；赴抚台衙门拜访湖南巡抚端方；与湖南按察使兼学务处总办张鹤龄会谈。

保定　在早稻田大学校友时任直隶省教育顾问的渡边龙圣的带引下参观了初级师范学堂、高级师范学堂、农务学堂；拜访直隶按察使陈启泰、直隶布政使宝棻。

北京　在警务学堂监督川岛浪速的带引下拜谒醇亲王、涛贝勒；拜访户部尚书学务大臣张百熙、外务部会办大臣那桐、奉天将军张尔巽；参观京师大学堂、警务学堂、宗室觉罗八旗高等学堂、华胄学堂；招待前清国留学生总监督汪大燮、京师大学堂教习服部及严谷两博士等人。

天津　拜访直隶总督袁世凯；于直隶学务处与督办严修会谈；参观初级师范学堂、半日学堂、小学堂等。

大连　参观大连市街。

旅顺　在有贺长雄的带引下参观日俄战争遗迹。

如上所示，高田和青柳二人在考察期间，除了参观各地的各种学校外，还拜访了包括湖广总督张之洞、直隶总督袁世凯在内的各地方高官，以及学务大臣张百熙、直隶学务处督办严修等中央和地方的教育行政官员，与他们就教育等问题进行了交流。其中，尤其是与对近代教育较为重视的张之洞的会谈内容，接受张之洞的委托所作的《清国教育意见书》，以及在上海东亚同文书院所作的演讲内容，对于了解高田的中国教育认识极为重要。与张之洞的会谈和《清国教育意见书》的确切内容现在已不得而知，但也可以从高田于同文书院的讲演摘要以及归国后的有关清国教育的讲演录中窥知其部分内容。据载，《清国教育意见书》"深得张氏的赞同，并因此获得了早稻田大学毕业生数十名的聘约"[1]，这也可以说是此次考察的收获之一。

第二节　高田早苗早期有关中国的论说

如前所述，高田自19世纪80年代开始就作为新闻工作者发表了诸多言论，其中尤以带政治性的内容为多。但是，直到20世纪初，高田几乎没有发表过有关中国的论说。据笔者调查，高田最早发表的有关中国的文章是1903年登载于《教育界》的《支那语学研究之必要》[2]一文。在文章中，高田认为：

当今世界之大势，无论何国均致力于推行帝国主义政策。日本至

---

[1] 《高田博士之清国教育谈》，《教育时论》第727号，明治三十八年六月二十五日。引自《近代日本的亚洲教育认识·资料篇》第9卷，第319—320页。
[2] 〔日〕高田早苗：《支那语学研究之必要》，《教育界》3卷3号，1903年12月3日。引自《近代日本的亚洲教育认识·资料篇》第12卷，第114页。

今忙于国内事务，几乎无余力迈向国际舞台。但现在国内已基本安定，正是踏出国门谋求生存空间之时。这从人口增加这一点上看也有充分的必要。西洋各国到世界上的其他国家从事各种事业，就是因为国内食物不足所引起的。同样，日本也会因为国内人口的增加而引起食物的不足。不仅如此，随着人口的增加，势必会产生无业人员，而且他们会成为贫困人口。因此，从现在开始，日本人必须考虑："不能局限于在日本国内谋生，而是必须努力进出世界舞台，并从国外带回大量的'土特产'。不能只在家中享受'太平乐'。"

那么，对日本来说，哪里是其理想的活动舞台呢？高田认为，最理想的还是近邻中国。首先，带领中国等东方各国携手共进，这是作为东洋文明国的日本的天职；其次，日本自古以来蒙受了中国文化的恩惠，从报恩的角度，日本也必须为中国尽些责任；再者，中国与日本近邻，作为日本人从事事业的舞台最为便捷。概而言之，日本人前往中国从事各种事业，无论对中国还是对日本，均有好处。

日本人要前往中国从事事业，首先必须学习和研究汉语。外语是将世界作为活动舞台时所必需的工具。虽然英语也十分重要，但前往中国时汉语比英语更为重要。无论是从援助中国的角度，还是与中国开展诸如贸易等事业方面，或者是向中国人普及日语以扩大其在世界上的使用范围等方面，学习和研究汉语均极为重要。此外，语言具有增进人与人、国民与国民之间感情的功效，从这一点上看，日本人也必须学习汉语。

上述高田的理论，大致可以概括成三点：一是日本人进出世界舞台的紧迫性，二是将中国作为日本人活动舞台的合理性，三是日本人为了去中国从事事业而学习研究汉语的必要性。在高田的论述中，虽然也涉及了援助中国是日本的天职这一当时日本流行的"天职论",但同时高田也提到了日本人到中国从事事业必须既有利于中国又有利于日本的"共同利益论",这一"共同利益论",成了以后高田论述中日关系时的主要理论。并且,以"中国为舞台"之类的议论,若结合以后日本侵略中国的历史,人们容易将它等同于侵略中国的论调。但是,在文章中,高田特意添加了如下解释:"以中国为舞台,不是掠夺中国土地,残暴中国人民,而是通过创办实业,开展通商贸易等手段,在中国从事各种事业。"

第三节　高田早苗所见的中国教育现状

早稻田大学清国留学生部的开设以及约3个月的中国考察,极大地加深了高田对中国尤其是对中国教育的兴趣。在考察归国后,高田发表了大量的有关中国教育的论说,其中较为重要的有:回国后不久在早稻田大学发表的演说《游清所感》,1906年登载在综合杂志《太阳》上的《关于中国人的教育》,以及在清国留学生部所发表的对留学生的训示等。

在接受《太阳》杂志有关中国教育的约稿时,高田认为:"自己本来对中国人教育并无太多的了解,然而去年进行了约三个月的中国大陆漫游,并对中国教育作了考察,早稻田大学开设清国留学生部后,自己也直接参与了中国留学生的教育。"[1] 由此也可以看出,高田的此

---

[1]〔日〕高田早苗:《关于中国人之教育》,《太阳》12卷9号,明治三十九年六月十五日。引自《近代日本的亚洲教育认识·资料篇》第25卷,第188页。

次中国教育考察，对加深中国教育的了解，起到了关键性的作用。

以下，以高田回国后的讲演稿《游清所感》为中心，对高田所见的中国教育现状及其看法作一考察。[1]

首先，从整体上看，高田认为中国的新教育发展势头良好。在最盛的地方，新式学校有十几个之多，即便是我们所到过的一些不太大的城市，新式学校也有五六个。尤其是南京、武昌、保定、天津等地，新式学校发展最快，福州等地也正在发展。学校的种类有大学堂、高等学堂、师范学堂、中学堂和小学堂等普通学堂，除此之外还有半工半读的"半日学堂"，专门为皇族所设的"华胄学堂"。学校的设备大多也较为齐备。

在上述新式教育中，师范教育最为重要，当局也最为重视。从学校名称上看，虽然分为大学堂、高等学堂和师范学堂等等，但从其教育内容看，几乎都是为了培养教员的课程。现在，各种名目的学校，均被当作师范学校使用，因此，事实上把它们看作是师范学校也无不可。高田认为，在中国，通过引进日本的教育制度，设立了众多实施普通教育的新式学校，而推行普通教育，首先必须培养大量的教员。因此，中国大力提倡师范教育，正是抓住了问题的要害。

在当时，有不少日本人对中国教育持悲观论，尤其是受聘于中国各种学校执教的日本教习，持这种论调者更多。对此，高田根据自己对中国教育的观察，认为由于在教习中热心中国教育者比较多，所以他们对中国教育持有某种焦虑的心情也可以理解，但是他们对中国教育的悲观的看法却未必完全正确。并指出，大多在中国执教的日本教

---

[1] 在这一节中，除特别加注者外，间接引用部分均据明治三十八年九月一日发表在《早稻田学报》第122号的《游清所感》一文。

习，他们是在日本近代教育体制较为完备后所接受的教育，因此，他们往往将现在的中国教育与日本现行教育进行简单的比较，但是这种比较方法从根本上看是错误的，因为它搞错了比较对象。其实，在日本的新教育刚起步时，无论是教育设施还是学生对新学的学习欲望，都与中国目前的状况非常相似。中国的新教育现在还刚刚起步，从现状看其进步非常快，以目前的发展势头，五年十年后必然可以收到可观的效果。

此外，高田还认为，对于目前的中国来说，教育尤其是国家主义和民族主义的教育非常重要。同时还指出，这种教育对国家前途影响巨大的事例并不鲜见。如日本，若封建时代的状况一直持续到现在，就绝不会有现在的强大日本。虽然日本在古代拥有万世一系的天皇而使国家具有强大的团结力，但在封建幕府时代，天皇的权力被削弱，各地诸侯割据，国家力量大大削弱。明治维新后，日本实行了诸多改革，其中最根本的是教育改革。尤其是实行了国家主义的教育，大大地提高了国家和民族的凝聚力，是教育的力量改变了国家的面貌。近代中国之所以落后，其根本原因在于国民缺乏国家主义观念。如果借鉴日本的经验，通过教育培养国民的国家主义思想，中国的现状并非难以改变。现在，中国已有不少有识者在关心教育事业，这对中国的未来必将产生巨大影响。

以上是高田在考察了中国教育后对中国教育较为乐观的看法。但是。中国教育并非毫无问题，在高田看来，其问题主要集中在以下方面：

首先是教育内容问题。在上海东亚同文书院的讲演中，高田认为，中国的一些学校，虽然建校时间很短，但设备完备，尤其是南京、武昌的一些学校,其建筑和设备配置比日本东京的一些学校还要先进。但是,"尽管其设备完备,其教育内容却多不完整。虽然完善教育内容需经多年时间,但任何事物都必须先重视内容,外观毕竟属第二位"[1]。对当时中国学校普遍存在的重视外观轻视内容的倾向提出了质疑。

其次是速成教育问题。20世纪初,在中国近代教育刚起步阶段,无论是国内的学校教育,还是以日本为中心的留学教育,均重视速成教育。对于速成教育,当时国内的有识之士也认识到,这是鉴于当时的现实情况,为尽快改变普通教育落后的局面而推行的权宜之计,而不是长久之计,迟早应该废止。对此,高田认为:"应一时之急之教育可于国内诸学堂实施,派赴日本留学的学生则须以正规之方式接受教育。"[2]主张中国应该将国内的教育和日本的留学教育加以区别考虑。当时清朝政府在鼓励留学的同时,对部分留学生中所滋长的革命主张心存恐惧。对此,高田将留学生的革命活动与速成留学联系在一起,认为如果留日学生中确有提倡过激的言论并从事革命活动者,其原因在于其学问的不成熟,换言之,这是速成留学所产生的弊害。并以日本为例,认为日本在初期的留学生中,也有倡导反政府的过激者,这些都是学问肤浅之辈,他们对西方的近代学问只知其一不知其二,数十年过后的现在,随着学问的深化,持这种言论者已极为少见。因此,清政府只要废止速成留学,让留学生学到真正的学问,也就不必担心他们的革命言论。[3]

---

[1] 〔日〕高田早苗:《同文书院演说要领》。引自〔日〕细野浩二《有关早稻田大学与中国关系之新史料》,《早稻田大学史纪要》第6号,第153—158页。
[2] 〔日〕高田早苗:《关于中国人之教育》,《太阳》12卷9号,明治三十九年六月十五日。引自《近代日本的亚洲教育认识·资料篇》第25卷,第192页。
[3] 同上,第190页。

第三是国内学堂中所招聘的日本教习的"翻译教育"问题。当时，日本教习已成为国内学堂教学中的重要力量，但是由于语言障碍，他们往往使用日语并通过翻译进行授课。不仅如此，留学日本的学生中，这种"翻译教育"也并不鲜见。对此，高田认为："要进行学术翻译，翻译者本身必须有相当的学问。但是，翻译者若真有学问，其本人就不会甘于从事翻译工作，当事者也应该让其从事教习而不是翻译。反而言之，甘于从事翻译者，不可能有完全的学问，他们的翻译也定然问题百出，说其误人子弟也不为过。"[1] 那么，除了"翻译教育"外，该采用怎样的教学方式呢？高田主张，应先教会中国学生日语，然后日本教习直接以日语进行授课。这样，虽然学习日语要花相当的时间，但这与"翻译教育"所花在翻译上的时间相比，益处要多得多。因为，翻译上所花的时间是一种白白的浪费，而花在学习日语上的时间，能掌握一门外语。所以，仅从利害上考虑也必须废除"翻译教育"而采用日语教育。不仅如此，中国人学习日语，反之日本人也学习汉语，这对两国人增进相互理解极有裨益。

第四是日本教习的使用问题。在日本教习问题上，从中国方面看，由于教习本身良莠不齐，各学校对他们的评价往往是毁誉参半。而从教习方面看，他们也对当时的中国教育存在诸多不满。大多数日本教习认为，中国的教育制度不够完善，学生对学习新学缺乏热情，各学校只是把他们当作授课的机器，遇到问题很少与他们商量，等等。对于教习们的不满，高田认为，教育制度和学生的学习热情方面的问题，由于中国的近代教育刚刚起步，这些问题在所难免。但在如何使用日

---

[1]〔日〕高田早苗：《关于中国人之教育》，《太阳》12卷9号，明治三十九年六月十五日。引自《近代日本的亚洲教育认识·资料篇》第25卷，第192—193页。

本教习的问题上，高田将它与教育自主权问题联系在一起，认为："教育自主权问题虽然极为重要，但绝不会因遇事与日本教习商量就会丧失教育自主权，因为最终决定权还是在中国人的手中。（中略）与其聘请短期留学国外，对新学一知半解的留学生作为顾问，不如先听听日本教习的意见。"[1] 在考察过程中，高田很有可能就此问题向中国方面提出了自己的上述看法。

此外，高田还指出了教科书翻译错误较多，图书馆中新学图书较少等问题。当时中国学校中使用的教科书大多由留学生根据日本书籍翻译而来，而限于翻译者的水平，翻译往往存在诸多错误；而设立不久的学校中虽然都设有图书馆，但有关新学的藏书较少，学生很难看到有关新学的最新图书。[2]

第四节　高田早苗的"共同利益论"及其本质

在清末，日本通过接受中国留学生及教育考察官员，派遣教习等形式协助中国发展近代教育。对此，有人认为是为了报答自古以来所蒙受的中国文化之恩，有人认为是作为先进国家的日本所必须尽的"天职"。但是，不可否认，在此背后也隐藏着日本政府希望通过参与中国教育以培植亲日势力的野心。

---

[1]〔日〕高田早苗：《关于中国人之教育》，《太阳》12卷9号，明治三十九年六月十五日。引自《近代日本的亚洲教育认识·资料篇》第25卷，第190页。
[2]〔日〕高田早苗：《同文书院演说要领》。引自细野浩二《有关早稻田大学与中国关系之新史料》，《早稻田大学史纪要》第6号，第153—158页。

在此问题上，高田又是怎样看的呢？以下，主要通过高田在《太阳》杂志上所发表的《关于中国留学生》一文看看他的见解。

> 教育中国人，不仅符合中国人的利益，也同样符合我日本之利益。这一说法，容易使人产生一种误解，好像是为了满足日本之野心，才去教育中国人，但我决无此意。我认为，中国与日本有着长远的利害关系，故只要诚心诚意为中国人谋利益，其结果自然等同于为日本谋利益。[1]

那么，两国的利益具体又体现在哪些地方呢？高田对此作了进一步的阐述：对中方来讲，向日本学习先进文化，最大的好处就是方便；对日方来讲，来日求学者越多，则间接或直接地对日本加深理解者就越多。毋庸置疑，与欧美相比，中国到日本的距离更近，物价也低得多，并且与其学习欧美的"蟹爬文字"，当然不如学习起源于中国的日本文字。进而言之，输入外国文化之目的是经过取舍选择后为本国所用，中国通过日本，输入或多或少已东洋化了的西洋文化，对中国无疑大有好处。在充分发挥本国独特长处的基础上，消化吸收西洋文化，日本致力于此项事业要比中国早30年。中国通过日本输入西洋文化，只要稍加咀嚼就可消化吸收，事半功倍。

对日本来讲，中国留学生来日留学的所有消费，就是日方的一大笔收入，而这仅是有形的利益，无形的利益则更为巨大。从历史上看，留美者爱美国，留法者爱法国，依此类推，留日者则应当对日本持有

---

[1] 〔日〕高田早苗：《关于中国人之教育》，《太阳》12卷9号，明治三十九年六月十五日。引自《近代日本的亚洲教育认识·资料篇》第25卷，第191页。

好感，这就是所谓的无形利益。

高田的这一"共同利益论"，与上述单纯的"文化报恩论"、露骨的"培植势力论"和自大的"日本之天职论"相比，从表面上看具有一定的合理性，较容易为人所接受。但是，高田的这一"共同利益论"的本质是什么呢？高田所说的因中国人对日本所持的好感所带来的无形利益，所暗指的又是什么呢？

众所周知，甲午战争后，经三国干涉日本归还辽东半岛，欧美列强加快了瓜分中国的步伐，中国面临着亡国的危机。而作为欧美列强，则希望通过压制日本使自己在瓜分中国的过程中处于有利地位。在这种情况下，日本为了对抗列强各国，认识到只有在中国扶植强大的亲日势力，才能在瓜分中国中处于有利地位。在这一背景下，日本国内提出了帮助"同文同种"的中国进行改革，增进两国国民之间的感情，共同抵抗欧美列强以"保全中国"的论调，即所谓的"中国保全论"。贵族院议员、日本最大的亚洲主义团体东亚同文会首任会长近卫笃麿、外交官小村寿太郎等就是其代表人物。此外，早稻田大学创立者大隈重信也是主要倡导者。1903年，大隈重信在早稻田大学校友会上，就中国人教育问题发表了以下演说：

> 中国现在正濒临亡国。……设若有力挽狂澜之策，唯一的就是教育。因此，中国若有贤人哲士致力于国民教育，其前途尚还有望。日本与中国文物风习相同，两国人身体中流淌着相同祖先的血液，因此对中国进行启发诱导，实乃日本国民之一大责务。然而，关于中国近来之政局，时常被认为我国之举动均包藏着野心。……对于中国，除外交和政治以外，还可以通过同文同种之

关系，对其进行扶助诱导和开发，相信这是一条有效之途径。这一方式，不仅容易被世界列强认可，而且也是我国对邻邦所必须尽的天职。我认为，在直接以政治外交的方式与中国交涉之前，应该先使中国照耀文明的曙光，然后再推行我国的商业政策和政治手段。在目前，前者应是急务。[1]

大隈的有关"中国保全"言论多不胜举。在这一论述中，大隈较为简明地阐述了"中国保全"的必要性、手段方式和目的意义。即：(1) 为了对抗欧美列强的中国瓜分，日本有必要"保全"中国，使之不至于亡国；(2) 作为其方法，最有效的就是以教育为中心的文化事业，因为这不仅有利于培植亲日势力，而且不太容易招致列强各国的反对；(3) 而且，这是与中国"同文同种"的日本的天职；(4) 这种以文化事业为中心的"中国保全"，其最终目的在于日本的政治利益和经济利益。

1914年，大隈任第二次大隈内阁首相，第二年便提出了臭名昭著的对华"二十一条"要求。在同一年，大隈在曾任同仁会总裁久迩宫于东京上野精养轩举行的地方长官招待会上发表演说，认为："希望进一步加强对于中国的国民外交，增进与中国的国际亲善，发扬人道主义。同时，这也是为了谋求我国对于中国在政治、外交、经济上的利益。"[2] 参照这些事实，不难看出，大隈在日俄战争前后发表的有关

---

[1] 《大隈伯的对清教育谈》，《教育时论》658号，明治三十六年七月二十五日。引自《近代日本的亚洲教育认识·资料篇》第9卷，第253页。
[2] 丁蕾：《近代日本的对中医疗文化活动——同仁会研究（1）》，《日本医史学杂志》45卷4号，1999年12月。

中国人教育的言说，其出发点无疑在于如何使日本从中国获得更多的权益。

再看高田早苗。高田在东京大学学生时代就开始受到大隈的器重，1882年东大毕业后直接参与东京专门学校的创设，此后一直与大隈保持着密切的关系，在大隈任第二次内阁首相时还曾被任命为文部大臣。从这些关系中，也可以看出高田的思想很可能受到大隈的影响。事实上，高田的有关中国人教育与日本之权益的言论，可以说与大隈如出一辙：

> 若我国以清国的诱导开发为己任，以我文章语言对之实施教化，清国人必视我国如第二祖国，敬仰吾国人如师表。如此，彼我之感情会在不知不觉间相融合，这对我国扩张政治上和经济上之权益将带来无可估量的便益。清国的领土保全和诱导开发正是我国所必须推行的国策。然而，要使清国彻底觉醒，开明富强，甚至不逊色于欧美列强，绝不能仅依靠变更制度、制定法律之类的政治上的区区小技，而是必须使清国人增强国民意识，并实现民族结合。要实现这一目标，唯一的手段就是教育。[1]

如前所述，高田在论及中国人教育与日本之利益时，大多含而不露，如此直言不讳地认为教育中国人就是为了扩张日本在政治和经济上的权益，并不多见。而这正是高田所主张的"共同利益论"的真正用意。由此看来，大隈等人所提倡的"中国保全论"和高田的所谓

---

[1] 〔日〕高田早苗：《清国开发之根本问题》，《中央公论》20卷9号，1905年9月1日。引自《近代日本的亚洲教育认识·资料篇》第26卷，第109—110页。

"共同利益论",其真正目的均在于扩张日本的政治经济权益,为中国谋利益只是其冠冕堂皇的幌子。

再举一例。早稻田大学汉语专任讲师,曾与高田一同考察中国教育,清国留学生部设立后任教育主任兼主事的青柳笃恒,曾更加露骨地称:"多培养一个中国青年,就等于日本势力多向中国大陆迈出一步。"[1] 由此可见,包括大隈、高田等早稻田大学从事中国学生教育的主要人物,他们的思想是一脉相通的。

以上,以高田早苗在早稻田大学开设清国留学生部前后的有关中国教育的论说为中心,对高田的中国教育认识进行了考察。高田通过自身的中国教育考察了解中国教育现状,认为效仿日本的中国近代教育,只要持之以恒就一定能取得成效。同时,还指出了速成教育、"翻译教育"等问题,认为应一时之急的速成教育可在中国国内实施,派赴日本留学的学生应该接受正规的教育。而关于"翻译教育",则认为无论是中国国内还是日本,只要是日本教员的授课,都应该使用日语进行。

高田的"共同利益论"认为,日本人教育中国人,这既有利于中国也有利于日本。高田的这一论调,从表面上看,与参与中国教育是为了扩张日本势力之类的露骨的"势力扩张论",和为了报答中国的文化之恩教育中国人之类的单纯的"文化报恩论"相比显得合理,且容易被人接受。但是,透过表面现象去分析高田的这一理论,就会发现,它与当时日本大亚洲主义者所提倡的"中国保全论"同出一源,其最终目的在于扩张日本在政治经济上的利益。

---

[1] 〔日〕青柳笃恒:《中国人教育与日美德间的国际竞争》,《外交时报》第122号,1908年1月10日,第10页。

纵观清末的中国近代教育，由于日本"路近费省"、"风俗相近"等原因，仿效日本成了教育近代化的主流；初期成为主流的速成留学教育在1906年后被废止，取而代之的是正规的专门教育；在中国国内，日语教育受到高度重视，几乎各类专门学堂，都开设了日语课。所有这些，从结果上看，都与高田所言不谋而合。但是，从出发点上看，高田的速成留学废止论和日语教育论，可以说都是以日本利益为中心展开的。

不仅是高田，当时的早稻田大学清国留学生部主要相关者大隈重信、青柳笃恒等人，其关于教育中国人的论调都极为相似。可以说，早稻田大学清国留学生部就是在"多培养一个中国青年就等于日本势力多向中国大陆迈出一步"这样的潜目的下进行的。早稻田大学清国留学生部的这种教育姿势，必然会引起有心的中国学生的强烈反感。1907年从留学生部毕业的蓝鼎中在毕业留言中所留下的一段意味深长的话，就是一个明证。他说："设若他日者大隈伯为元帅，高田学监为大将，青柳主师、二十讲师为辅，率其国人来攻中华，将如之何？则答之曰：鼎中虽柔弱不武，亦必不屈不挠，尽心竭力以杀退之。"[1] 以扩张日本势力为目的的日本留学教育，虽然在某种程度上收到了一定的成效，但其"反作用"也是显而易见的。

1910年，早稻田大学清国留学生部因学生的减少而关闭，结束了它的历史使命。几乎与此同时，中国的教育开始从效仿日本转向欧美。这些都与日本政府及部分民间人士所倡导的国家利益优先的中国人教育政策不无关系。

---

[1] 蓝鼎中：《日本留学序》，《鸿迹帖：清国来宾记念·清国学生毕业纪念》第四册，早稻田大学图书馆藏。

第十四章
明治末期日本人对中国人留学日本的认识

近代中国人留学日本运动，无论是其发展速度和规模，还是给后世所带来的巨大影响，均史无前例。那么，作为接受国日本，其政府和国民是以怎样一种心态来教育中国留学生的呢？留学生们在留学期间受到的待遇又如何呢？搞清这些问题，对分析近代日本对中国教育认识的形成和变化，剖析留日学生思想观念的形成过程以及归国后的种种表现，都将起到重要作用。以下，以明治末期日本新闻杂志中有关留日学生的报道为中心，结合其他相关资料，对以上问题作一考察。

第一节 "血与泪之结晶"

甲午战争后的1896年，在中日文化交流史上，发生了一件值得载入史册的大事，那就是自古以来接受日本留学生的中国，首次派遣了13名学生赴日留学。对这一可谓历史大逆转的事件，日本人又是作何种反应呢？经查找，笔者仅发现以下的简单报道：

> 支那驻横滨领事吕贤笙，前日赴上海，其目的是在宁波、苏州等地挑选13名青年，以官费留学生的身份带回东京研究日本语学。现已与这些青年同乘西京丸返回日本。[1]

对这13名留学生的东渡，日本媒体并没有作过多的报道和渲染。因为，日本人估计不会想到，中国人留学日本的序幕由此拉开后，数以万计的中国留学生会在日本这一舞台演出规模宏大、场面壮观的历史剧。

留学日本序幕拉开后，较多的留日学生开始登上这一舞台是在两年后的1898年。当时由于维新思潮日渐高涨，由开明派任巡抚或总督的浙江、湖南、湖北等省相继制订了向日派遣留学生的计划并开始着手实施，从而逐渐引起了日本人的关注和重视。

> 支那之俊杰张之洞门下的学生，不久前已有被派遣来日本，而此次又有准备从湖南、湖北两省挑选学生200名，于近期内派来我国。（中略）此乃近来之一大快事。[2]

> 清国在四五年前还轻侮我国，厌恶我国。然而，今日却一朝反省，对我国尊敬有加，将培植人才之大任委任于我。我国又应

---

[1]《宁波苏州地方十三名青年官费留学》，《教育时论》402号，明治二十九年（1896）六月十五日。引自《近代日本的亚洲教育认识·资料篇》第9卷，第15页。

[2]《张之洞门下学生来日》，《教育时论》471号，明治三十一年五月十五日。引自《近代日本的亚洲教育认识·资料篇》第9卷，第22页。

以如何之觉悟来对待呢？[1]

明治初年，中日建立邦交之时，由于两国当时都被迫与欧美列强签订了诸多不平等条约，因此相互间能够在互谅互让的基础上建立基本平等的国家关系。以后，日本集中精力推进以学习西方为中心的国内改革，以增强综合国力，提高国民素质，与此同时还致力于与西方列强的交涉以谋求修改被迫签订的不平等条约。然而在中国，尽管在"中体西用"的指导思想下，洋务派官僚们也开展了轰轰烈烈的洋务运动，但它没能实现根本性的变革，国家积贫积弱。在这一形势下，日本不是在维护两国平等邦交关系的基础上与中国携手抵抗西方列强的侵略，而是效仿欧美列强的手法，出兵台湾，挑起甲午战争，强迫中国签订不平等条约。对中国人来说，中国在甲午战争中的失败所受到的精神打击，比败给西方人要大得多。而在日本，此次战争的胜利被认为是明治维新以来西洋化努力的结果，是文明的胜利，从而使国民自信倍增。在这种背景下兴起的中国人留学日本运动，带给了日本人莫大的喜悦——一种"弟子"受到昔日的"老师"尊敬的喜悦。

进入20世纪，在日留学生人数不断增加，从1904至1905年，留日人数从3000人急增至8000人以上，留日运动达到高潮。面对这一盛况，有人称中国不愧为有大国度量，但更多的日本人则认为：

往昔我国以彼国为师，如今却地位逆转，乃至出现如此多的清国人不分在国内还是国外，孜孜学我日本之盛况。这是我国之

---

[1]〔日〕上田万年：《关于清国留学生》，《太阳》4卷17号，明治三十一年八月二十日，第10—11页。

荣誉,也是我国民以血和泪换来的成功,或者说正进一步走向成功。而这一成功又主要取决于日清战争和日俄战争的胜利。[1]

如前所述,中国因受甲午战败的刺激,开始官派学生留日。20世纪初,日本在日俄战争获胜,这对中国的留日运动中起到了巨大的推动作用。虽然日俄两国为争夺在中国东北的权益而发动的这场战争,无论谁胜谁负,中国都改变不了受害国之处境。但是,中华民族直至进入近代,所受到的外患几乎均来自北方民族,此乃历史之教训;而在现实中,自三国干涉事件后,俄国人独占中国东北地区的野心日益公开化。所有这些,都促使中国人对俄国的警戒心理不断加强。而对于日本,或许是由于自甲午战争后,日本对中国所展开的积极的游说外交卓有成效,与中国人对日本的警戒心相比,国民所拥有的更多是对日本的钦佩心理和亲近感。因此,不仅留日学生,国内的大多数人几乎都指望日本在这场战争中取胜,而每当日本战捷的消息传来,众人无不欣喜万分。

在知识阶层,于此种感情的背后还有一种期待,即如果立宪国日本战胜了专制国俄国,可广为宣传立宪的意义。而且,两者谁胜谁负还直接关系到黄色人种和白色人种的优胜劣败问题。

所以,日本在甲午、日俄二次战争中的胜利使中国人真正意识到学习日本富国强兵之成功经验的重要意义。在当时,甚至不少人认为,中国最佳的选择,是在获得日本配合的前提下探求富国强兵的道路,

---

[1] 〔日〕寺田勇吉:《清朝留学生问题》,《中央公论》,明治三十八年元月一日。引自法政大学资料史委员会编:《法政大学史资料集·法政大学清国留学生法政速成科特集》,法政大学资料史委员会1988年版,第191页。

以防御外敌的侵略。

由此兴起并不断推进的中国人留学日本运动,当时在日本,往往被视作国家莫大的荣誉和国民用"血和泪"换来的结晶。

第二节 "共同利益之所在"

国际间的交往往往是由利益所驱动的,利益相同则携手共进,相悖则背道而驰甚至会诉诸武力,这种事例屡见不鲜。清末中国人留学日本运动,也是符合中日双方利益的产物。对此,当时早稻田大学学监高田早苗就曾认为:教育中国人,不仅符合中国人的利益,同样也符合日本的利益。中国与日本存在着长远的利害关系,因此只要日本人诚心诚意地去考虑中国人的利益,其结果自然等同于为日本谋利益。[1]

当时,有一种论调盛行于世,即因为中日同文同种,故应保持亲密关系。与此相比,高田的共同利益说则具有一定的新意。他这样批判同文同种之说:如果只要同文同种,两国关系就可友好,那就不会发生诸如英美战争、德奥战争了。高田在大多的公开场合都主张,只要不以野心,而以诚心待之,自然就会有好的结果。

那么,中国人去日本留学,于中于日都有那些利益呢?高田作了进一步的阐述:对中方来讲,向日本学习先进文化,最大的好处就是方便;对日方来讲,来日求学者越多,则间接或直接地对日本加深理

---

[1] 〔日〕高田早苗:《关于中国人之教育》,《太阳》12卷9号,明治三十九年六月十五日。引自《近代日本的亚洲教育认识·资料篇》第25卷,第191页。

解者就越多。毋庸置疑,与欧美相比,中国到日本的距离更近,物价也便宜得多,并且与其学习欧美的"蟹爬文字",当然不如学习起源于中国的日本文字。进而言之,输入外国科技文化之目的是经过取舍选择后为本国所用,中国通过日本输入或多或少已东洋化了的西洋科技文化,对中国无疑大有好处。在充分发挥本国独特长处的基础上,消化吸收西洋文化,日本致力于此项事业要比中国早30年。中国通过日本输入被东洋化了的西洋科技文化,只要稍加咀嚼就可消化吸收,事半而功倍。

对日本来讲,中国留学生来日留学的所有消费,就是日方的一大笔收入,而这仅是有形的利益,无形的利益则更为巨大。从历史上看,留美者爱美国,留学法国者则对法国有亲近感,由此看来,留日者自然会对日本持有好感,这就是所谓的无形利益。

高田的"共同利益论"之背后隐藏着何种目的,在第十三章中已有专门论述,在此不再重复。但正如高田所言,中国人留学日本对中国来说是一种捷径,有着巨大的现实利益,这一点也是当时中国各阶层有识者的共识。

第三节 "培植势力之长计"

1898年开始留日运动不断趋向高涨的另一个背景是日本方面的推动。

甲午战争的失败,不仅使中国失去了大量的利权,而且也暴露了清政府的腐败无能和军事力量的羸弱。通过三国干涉还辽和附带政治条件的借款，列强开始大肆瓜分中国：俄国在东北，德国在山东，法国在云南、广东、广西，英国在长江流域，纷纷企图抢占更多的势力范围。

目睹西方列强蚕食中国，日本也不甘示弱，企图把与台湾隔海相望的福建省作为自己的势力范围，谋求在闽的铁路铺设权。当时负责与清政府直接交涉的驻华特命全权公使矢野文雄，为了顺利地推进这一交涉，一方面向中国鼓动所谓"日本政府愿向清政府表示诚挚之友情。今闻清政府开设文武专科，变通武备，因之亟须拔擢人才。盖造就人才在于教育学生，清政府若有派遣学生去日本之意，日本政府愿接受多数之学生，为之提供经费，施以教育。……人数以二百人为限"。而另一方面，则向外务大臣西德二郎机密报告：

关于福建省内铁路事项中所陈，设若向彼提出要求，为表示超于口头友谊之实际友谊，提出我接受留学生教育之要求，据观察所得，势必为清政府所欢迎。此举不仅有助于此次要求之成功，而受我感化之人才播布于其古老帝国之中，实为将来在东亚大陆树立我势力之良策。兹将其缘由详陈如下。如斯，则彼之从于武事者，不仅限于模仿日本之兵制，军用器械等也必仰给于我，聘用军官等人员也将求于日本。毋庸置疑，清军事之大部行将日本化。理科学生亦必求其器械、工人等于日本。清之商工业自身，则将与日本发生密切关系，而为我商工业向清扩展打开门路。另，法律、文学等科学生，为谋清之进展，必将遵袭日本之制度。若能至此，我势力将及于大陆，正未可量也。斯时清之官民对我信赖之情，亦必胜于今日十倍。由于此辈学生与日本之关系，将来清政府必陆续不断自派学生来我国，如是则我国之势力将悄然骎骎于东亚大陆。[1]

1898年后，随着留学生的增加，与此相关的议论也随之增多，通过留学生的教育来培植势力的主张也时有所见，但是如此详细而且"精辟"的论述却不多见。据此可以看出，日本不仅把留学生的教育作为获得中国人信赖的一种手段，而且还期望通过它培植亲日势力，对中国的各个领域产生影响。

甲午战争后，日本针对中国，提出了诸如"分割论"、"保全论"之类的观点。在列强分割中国的狂潮中，很多日本人对亚洲的形势抱有强烈的"危机感"，他们在提倡"保全支那"、"日清同盟"的同时，向张之洞、刘坤一等地方高官游说派遣赴日留学生的重要性。贵族院议长、东亚同文会会长近卫笃麿，参谋本部的福岛安正和宇都宫太郎等就是其中的核心人物。无论是分割论，还是保全论，其最终目的都是图谋从中国瓜分利益。在积极地吸引中国人赴日，进行留学生教育方面，二者的主张也是一致的。

我日本国民应以如何之觉悟来教育是等珍重的留学生呢？必须明白，他们受教育的成败，不仅极大地关系着支那将来之通塞，而且也将极大地影响我国在清国之势力消长。我日本国民应将此与人道、与一国之利害相鉴照，来教育这些留学生。此乃绝不可

---

[1]〔日〕矢野文雄著、云述译：《矢野文雄呈西德二郎机密等41号信》，《近代史资料》总74号，1989年7月，第95—96页。

以轻视之事业。[1]

此些学生悉皆彼国学生中之佼佼者，其门阀地位盖居中等以上，而其之所以东渡求学，其目的之一就是为了造就刷新本国文物制度的素养。他们结束多年的学业，归国之后定能得到相当高的地位，在扶植文明、振兴国势上始终能发挥主导作用。因此，我国民绝不能把目前面对的学生视为寻常普通之辈，而是必须以认真严肃的态度教育他们、厚待他们，应竭尽善邻之好，使他们知道我国崇尚仁义之美德。（中略）对其教育待遇采取粗漏散漫的态度，或者甚至凭借明治二十七八年战役大捷之威，干脆将他们视作战败国之学生，傲慢粗暴地对待他们，此类教育者也难免不会出现。如果我国教育者中真有这类举措，那必将会引起留学生的厌恶情绪，以至于失去来我国留学的欲望。这不仅有损我国体面，伤害我国名誉，而且也将玷污我国对清国应尽的天职，削弱两国睦邻之好，当将来东亚形势风起云涌之时，失去相互握手并镳之道。[2]

由此我们看出，中国留学生的教育被认为直接关系到日本的国家利害，以及日本在华势力的培植。而且，从人道上考虑，中国留学生的教育还被认为是日本的天职。

如此"人道"论和"天职"论往往被一同提倡，而这种风潮同样起

---

[1]《清朝革新的微光·关于清国留学生》，《中央公论》，明治三十二年九月。引自《近代日本的亚洲教育认识·资料篇》第 26 卷，第 42 页。
[2]《关于清国留学生之待遇》，《教育时论》478 号，明治三十一年七月二十五日。引自《近代日本的亚洲教育认识·资料篇》第 9 卷，第 38 页。

始于留学生来日的 19 世纪末，中经义和团事件和日俄战争而渐趋高涨。

> 从人道上观之，由于我国已输入了欧美文化，成为东西思想的中心点，尽管不足之处和他人的指责还很多，但大体上看，人权之发达、自由之伸张、教育之整备、各种文明要素之发展已远远胜于清国。因此，教育扶掖清国人乃是为人道，为文化，为世界的幸福和平，是我日本人作为人类生存于斯世所应尽的义务。而且，从国家责任而言，我国与清国之关系可谓唇齿辅车，促使清国觉醒，适应世界列国之大势，是为东亚永久和平所不得不为之事。我国以国家存亡为赌注屡屡作战，以带来财政经济困难之危险而实施各种计划，幸运的是，战争的胜利使我国国威高扬，以至声望凌于列强之上，清国留学生日见增加。因此我国致力于这些留学生的启导，只不过是励行我向来之国是，完成我国所享有之天职。[1]

这种议论的展开，是与日本因中日甲午战争和日俄战争的胜利而形成的自我意识的变化紧密相关的。特别是在日俄战争之后，日本从东亚小国的劣等感中完全脱离出来，强烈地意识到自己是位于东西思想中心点的头等国。日本认为，作为东西文明的综合者、亚洲的先觉者，日本不仅仅为了自己的利益，也应该把自己的综合文明扩展到"顽固的清国"，因此诱导启发清国留学生不仅是人道，而且也是天职。

此外，也有日本人把承担中国留学生的教育看作对邻国人的好意

---

[1]〔日〕野田五郎助：《中国人教育所感》，《教育界》第 5 卷 11 号，明治三十九年九月三日，第 19—20 页。

和同情。他们认为，日本与中国是邻国，有古来的文化交流关系，思想感情的共通也是他国所难以比拟的，虽说历史上有过几次争斗敌视的现象，但两国友好往来的历史悠久，人种大体相同，语言交流便利，而且宗教上也有共通之处，是名副其实的邻邦。然而，具有四千余年悠久历史的中国，目前国土被列强蚕食，利益被列强独占，几乎濒临亡国灭种，人民处于水深火热之中。我们日本人对处于如此境况的邻邦人应给予同情，心怀好意，大力支援，助其成功。

关于日本人教育中国留学生的动机，人们往往因立场等不同认识各异，但当时日本社会的主流认识又是什么呢？被誉为研究中国人留学日本史第一人的实藤惠秀在其名著《中国人留学日本史》中指出："日本人大体上没有真心诚意地教导过中国学生……日本人希望以留日学生的教育事业作为促进中日友好的手段，但所谓的'友好'纯为日本本身的利益。"[1]

第四节 "豚尾奴"与"佳宾珍客"

在明治时代，日本不断走向文明开化，而中国则被认为"未开野蛮"之国，是"东亚之恶友"。但至少直至明治前期，由于中国文化对日本的影响是那样的久远而且深刻，在相当多日本人的内心深处，相对于中国仍存在着难以抹去的自卑感。可以说，给这种国民意识带来历史性转机的是日本在甲午战争中的胜利。加之义和团事件中中国再

---

[1]〔日〕实藤惠秀著、谭汝谦等译：《中国人留学日本史》，三联书店1983年版，第429页。

次暴露出来的腐败无能，和日俄战争中日本所显示的强大实力，使以日本为中心的自我意识日益膨胀，而轻视中国的风潮则逐渐升级。

1896年，首批赴日的13名留学生中，有4人仅在日本逗留1个月就辞学归国了。其中一个主要原因，就是不能容忍日本小孩嘲弄他们是"豚尾奴"。"豚尾奴"这一称呼，其实在这批留学生来日之前的明治二十年代的报纸，特别是中国商人居住较为集中的神户和长崎的地方报纸上，已不时有所出现：

> 《顽固的豚尾奴》 住在南京町的清国人中，有许多每天身挎装着杂货的背包，东张西望地探视市民住宅，一旦瞅准机会，似乎是连一双木屐都可能偷走的"豚尾奴"。他们出售的是假冒珊瑚珠，价格不菲，每只开价一日元或二日元不等，最后讨价还价也有只卖四五十钱者，但若是不买就赖着不走的事例也司空见惯。[1]

这一阶段，普通日本人对部分中国人的蔑视，大多是由于他们的谋生手段或所从事的职业低贱而引起的。但也有人从另一个角度，认为这些中国人虽知自己常被蔑视与侮辱，但为了生活而忍辱负重，这也是中国人的一种可贵精神。

然而，甲午战争后，连日本小孩见到中国留学生，都"豚尾奴、豚尾奴"地取笑个不停，有的甚至还同时向他们扔石子。小孩是如此，那么成人们又怎样呢？以下我们来看一段"学生与车夫的对话"：

---

[1] 《顽固的豚尾奴》，〔日〕《又新日报》，明治二十五年五月十五日。

在日本，识字的人甚多，连车夫走卒亦看报纸，也知外国事。日本自战胜俄国以来，举国上下都轻视中国人。即使拉着黄包车走路的车夫，也常常回头与坐车的留学生聊几句。以下是车夫和某个留学生的对话。

"日本和俄国打起仗来，现在日本打赢了，你知道吗？"

留学生因初次来到日本，听不懂话里的意思，就马上回答说：

"是，知道。"

车夫见此，更显得意之状，笑着说：

"这样一来，老兄，你不羡慕吗？"

留学生还是听不明白，只是应道：

"是，是的。"

车夫知道自己的话，对方大概也听不懂，就继续说下去：

"对着支那人，讲甚么话，他们都听不懂的啊！"

这样的对话，东京的留学生一日之中不知碰上多少次。听了使人内心悲恸。一提到这种事，任何人都要生气。若不是自己亲临其境，亲见其事，个中痛苦，恐怕不能了解。[1]

中国留学生如此遭蔑视，究其原因，首先在于他们是"濒死之国的劣弱国民"这一基本认识。此外，来自不同环境的国度，其生活习惯自然有所不同，有些被日本人认为是不良的习惯，如卫生习惯等，也是导致中国留学生受侮的原因之一。本来，凡能到日本留学者，大多是富家子弟，有的甚至已具有秀才、举人、进士之资格，他们在中

---

[1] 梦芸生：《伤心人语》。引自实藤惠秀著、谭汝谦等译：《中国人留学日本史》，第181页。

国备受人们尊重。然而，来到日本后，如他们三五成群漫步街头的情景，在日人眼中就宛如"一群大海中游动的小鱼"。当时，日本人对中国国民性议论出现频率较高的词有：肮脏、懒惰、虚伪、贪婪、愚昧、中庸。别的暂且不论，先看看日本人是怎样看待中国人的不良卫生习惯的。

> 看看他们宿舍的状况，则令人咋舌。某氏之邻住着一帮清国人，据说是从早到晚吵嚷不休，而且其不讲卫生的恶习简直到了无以复加的地步。本来某氏洒扫得干干净净的庭园，一转眼却成了他们随意吐唾的"唾壶"。另外，支那本是文字之故乡，对于文字该是特别珍重，可是，他们将字纸胡扔乱弃，令人不可思议。那家住着清国人的庭园，扔置着的字纸垃圾堆积如山，脏不忍睹。[1]
> 还有部分寄宿者，两三个月不洗澡也不以为常，待学校给他们配置了澡堂，结果是一天洗二三次。[2]

这些留学生的确有着日人难以忍受的恶习，这也许可以被看作"劣弱的国民"之明证，并成了留学生们遭轻蔑的催化剂。

然而，就在中国人备受轻侮之时，日本也有不少心怀善意的有识之士，他们表现出对中国留学生教育的热心和关怀，呼吁改变这种不如人意的现状。这或许可以说是歧视之中的友好。

---

[1] 引自法政大学资料史委员会：《法政大学史资料集·法政大学清国留学生法政速成科特集》，法政大学资料史委员会1988年版，第192—193页。
[2] 《清国官费留学生》，《教育时论》714号，明治三十八年二月十五日。引自《近代日本的亚洲教育认识·资料篇》第9卷，第312页。

致力于中国留学生教育的人士中，如最早从事中国留学生教育的嘉纳治五郎，热心于女子留学生教育的下田歌子，投身于中国人教育的松本龟次郎等，都是为人所熟知的人物。而鲁迅所景仰的恩师藤野先生则可看作给予中国留学生许许多多关怀和照顾的众多日本友好人士的代表。"中国是弱国，所以中国人当然是低能儿。"这是当时许多日本人对中国学生的又一基本态度。"可悲的是，日本人还骂支那人是猪尾巴和尚，恶语伤人，而同班同学中总有一些人老是瞧不起中国学生且视之为异类。"藤野先生在回忆当年所任教班级中的学生对中国人的蔑视状况时如是说。他还回忆起少年时代曾学习过汉文的情景，感慨道："不管怎样，在尊敬支那先贤的同时，必须珍重他们的国民。"[1] 乍看初闻，也许这是一种朴素的见解，但对于中国留学生来说，这无异于黑暗中的一束亮光。正因为如此，藤野先生才给鲁迅留下了难以磨灭的印象。

　　另外，重视中国留学生，呼吁改善他们的处境者也不乏其人。如深切关注中国革命的宫崎滔天，在明治三十九年（1906）九月发行的《革命评论》上，发表了《关于中国留学生》一文，文中首先称留学生为"佳宾珍客"，进而披露了他们所处的恶劣环境，最后给日本国人敲响了警钟。

　　《寄语同胞》　寄语我邦当局者、政治家、教员、商人、下宿屋主人、女佣、小偷、盗贼、卖春妇诸君，诸君日夜当作"豚尾奴"轻视、嘲笑、欺骗、贪绞、诱惑的支那留学生，他们

---

[1]〔日〕藤野严九郎：《怀念周树人先生》，〔日〕《文学案内》，昭和十二年三月。

将来是新支那的建设者。他们现在正含垢忍辱,诸君心中岂无丝毫慊歉之情!诸君今日侮辱他们,最终将招致他们的侮辱!而相互侮辱或许最终还会招致争斗!深恐支那强大的人们,务请深思再三。[1]

不光是民间,政府官员中对留学生教育抱有诚意,并致力于实践他们的主张者也不乏其人。1898 年 8 月 20 日,文部省专门学务局长上田万年在《太阳》(4 卷 17 号)上发表了《关于清国留学生》的专论,主张"整个清国留学生的问题当是我邦教育界的大问题",并就此提出了具体的有关留学生教育管理的方法。而前驻清国公使大鸟圭介也曾发表"对清国古今感情的变化"的演讲,他说:"希望我邦各有关文武官员,要竭其教导之诚意,给予衣食住行诸方便,极尽亲切关照之友情,以此报答昔日的师导之恩。"[2]

以上,从四个方面考察了日本人对近代中国人留学日本这一重要历史事件的认识。概而言之,在中国留学生问题上,日本政府的心怀叵测和部分有识之士的凛然正义,日本社会所滋长的歧视中国人的风潮和部分日本人的好意,正反两方面虽然始终交织在一起,但图谋国家利益与歧视中国学生占据了上风。这一状况直接影响了日本对中国留日学生教育的成败,影响了留日学生对日本的认识和态度,影响了留学生们在归国后对日实践活动。

---

[1] 〔日〕宫崎滔天:《关于中国留学生》,《宫崎滔天全集》卷四,第 56 页。
[2] 〔日〕大鸟圭介:《对华古今感情之变迁》,《太阳》第 5 卷 10 号,明治三十二年五月五日。引自实藤惠秀《增补·中国人日本留学史》第 208 页。

第十五章
从"人类馆"事件看明治时代日本人的中国认识

1851年,集世界各国技术、文化于一堂的万国博览会首次在英国伦敦举办。继此之后,仅在19世纪后半叶,陆续就有美国纽约(1853)、英国伦敦(1862)、法国巴黎(1855、1867、1878、1889、1900)、奥地利维也纳(1873)、美国费城(1876)、澳大利亚墨尔本(1880)、西班牙巴塞罗那(1888)、美国芝加哥(1893)、比利时布鲁塞尔(1897)等7个国家的9个城市共举行了13次万国博览会。因此,19世纪后半叶甚至被称为"博览会的时代"。

日本自1867年就有德川幕府、萨摩藩、佐贺藩分别派人参加了法国巴黎博览会,并于1873年首次以国家为单位参加了在奥地利首都维也纳举行的万国博览会的展出,此后几乎每次都组织规模不等的人员参展。通过参加博览会,日本政府深切地感受到博览会对于振兴产业所带来的巨大效果,在积极参加万国博览会的同时,作为"殖产兴业"措施的重要一环,于1877年首次在东京举办了"内国劝业博览会",此后直至1903年共举行了5次较大规模的相同的博览会。前3次的会场均设在东京上野公园,第四次设在京都冈崎,最后一次设在大阪天王寺今宫一带。

第一节　大阪博览会与"人类馆"事件

在大阪举行的第五次内国劝业博览会，是5次之中规模最大、参观人数最多的博览会。会场占地面积与各展馆的面积与上一届的京都博览会相比，均在两倍以上。会场共设农业馆、林业馆、水产馆、动物馆、工业馆、通运馆、机械馆、教育馆、美术馆、参考馆、台湾馆等，其中参考馆供外国参展者使用，而台湾馆则是借以展示台湾这一获取不久的殖民地的产业和风俗的展馆。自3月1日至7月31日共153天的展出期间中，多达530万人参观了展出，其中欧美及其他国家的外国人参观者1.4万人，"清、韩国人"8600人。[1]

除上述展馆外，作为博览会的余兴场馆，在主馆周围还设立了诸如"不思议馆"（设有电光设备、显微镜、X光线装置等）、"水族馆"（作为第二会场设于堺市）、"世界一周馆"、"动物园"等，此外还有成为问题的"人类馆"。

所谓"人类馆"，是由大阪实业家西田正俊等人发起于博览会会场附近设置的展示所谓的"异人类"的场所，预定雇用北海道的虾夷、中国台湾地区的生番、琉球、朝鲜、清国、印度、爪哇等7种人，"于馆内演固有特性及生息之程度"，供前来参加博览会者观览，而"其演技次第悉照坪井博士调查世界风俗写真帖办法"[2]。后来，由于遭到多方反对，举办方在"人类馆"前冠以"学术"二字，改称为"学术人类馆"，试图借"学术"之名缓和反对之声。

---

[1]〔日〕演劇「人類館」上演を実現させたい会編：《人類館　封印された扉》，有限会社アットワークス2005年版，第29頁。
[2]《留学界记事》，《浙江潮》第2期，光绪二十九年二月，第133页。

设置"人类馆"的主要发起人虽然是西田正俊等人，但策划者则是以坪井正五郎为中心的东京人类学会。坪井系东京帝国大学人类学教授，曾于1889年至1892年受文部省的派遣赴英国学习文化人类学。如前所述，19世纪后半叶甚至被称为是博览会的时代，除大规模的万国博览会外，各国还纷纷举行各种规模不等的博览会，而且英国是万国博览会的发源地。在留学期间，坪井还专门赴法国参观了巴黎万国博览会。这些经历与他在大阪博览会期间策划设置"人类馆"直接相关。他认为："近来，为了认识人类学研究之必要，在外国的博览会上，作为人类学之参考，会场内专门设置建筑物和各国人种，以便人们了解世界各国人种之骨相及其生活状态。"[1] 由此可知，坪井所策划设置的"人类馆"很可能是从欧洲国家博览会上所设置的类似展出中获得启示的。

在"人类馆"紧锣密鼓进行筹备的过程中，《大阪朝日新闻》、《大阪每日新闻》、《国民新闻》、《琉球新报》等报纸都对其作了醒目的报道。人们得知后，虽然大多日本人都期待着一睹为快，但也遭到一部分人尤其是预定被展出的一些相关国家和地区有识之士的强烈反对。事后，人们通称这一事件为"人类馆"事件。

有关"人类馆"事件的先行研究，主要有：大塚博久《第五回内国勧業博覧会における人類館女子事件と台湾館福建出品物陳列事件始末》(《東方》第56号、1985年11月)、厳安生《日本留学精神史》(岩波書店、1991年)第三章《"人類館"現象と"遊就館"体験》、坂元ひろ子《中国民族主義の神話－進化論·人権観·博覧会事

---

[1]《博览会及人类馆（坪井博士谈话）》，《大阪朝日新闻》1903年3月28日。

件》(《思想》第849号、1995年3月)、菅野正《大阪博览会（1903年）と中国》(《奈良史学》第13号、1995年)、北冈正子《第五回内国勧業博覧会と清国留学生》(《文化事象としての中国》、関西大学文学部中国語中国文学科、関西大学出版社、2002年)、二宫一郎《明治36年第五回内国勧業博覧会と大阪華僑——学術人類館事件と川口華商孫淦》(神戸華僑華人研究会第91回例会での報告、2003年2月) 等。以下，在这些先行研究的基础上，根据外务省外交史料馆所藏的相关资料以及当时的报纸杂志的报道，主要对在日中国人对此次事件的反应以及部分日本人的态度作进一步的考察。

第二节 "人类馆"中国人被展出事件

在大阪举办博览会的前一年，日本政府便通过驻清国公使馆和各地的领事馆，向中国各地发送了共计4130封邀请，[1] 以期"通过邀请中国各省的高官及显要人物前来参观，并对他们作热情招待，使之了解日本文明之实像，促进彼我交往及通商关系"[2]。事实上，由于此次博览会恰逢清末中日两国文化往来最为频繁的时期，预定参加者不仅有在日本的华侨、留学生、在日视察者，国内各地的官绅和贸易商也都纷纷预定前往参观。因此，此次博览会可以说是中国人考察日本

---

[1] 农商务省编：《第五回内国劝业博览会事务报告》下卷，〔日〕农商务省1904年版，第144—145页。
[2] 《万朝报》，明治三十五年四月十五日。引自严安生：《日本留学精神史》，岩波书店1991年版，第100页。

近代化成果的绝佳机会。然而，遗憾的是，也就是在此次博览会上，发生了严重伤害中国人尊严的"人类馆"事件。

较早注意到中国人也将被"人类馆"展出的是当时的在日留学生。据浙江同乡会编《浙江潮》第2期《留学界记事》所载，留学生最先是从2月11日的日本《国民新闻》的以下报道中了解到有关"人类馆"的消息的。

> 有西田正俊氏发起设立人类馆于会场正门外，约占地三百五十坪，雇虾夷、台湾之生番、琉球、朝鲜、支那、印度、爪哇等七种人于馆内，演固有特性及生息之程度阶级，以供观览。其演技次第悉照坪井博士调查世界风俗写真帖办法。[1]

留学生们了解到这一消息后，立即召开了清国留学生会馆干事会，商讨对策。在干事会上，学生们在对"人类馆"主办者侮辱中国人的行为表示强烈愤慨的同时，决定立即向留学生监督汪大燮以及大阪神户的有力华侨商人报告，希望通过政府和民间渠道与日本政府和举办方进行交涉，阻止雇用中国人参展，并呼吁国内预定前来参观博览会者取消参会表示抗议。[2] 与此同时，留学生们还专门就此撰写慷慨激昂的文字，表达内心的强烈不满。

> 呜呼支那人！呜呼支那人！吾向者不知其地位，而今而后吾知之矣。（中略）有讲人种学者，设"人类馆"于博览会之门，豢

---

[1]《留学界记事》，《浙江潮》第2期，光绪二十九年二月，第133页。
[2] 清国留学生会馆：《清国留学生会馆第二次报告》，第14—15页。

养支那、朝鲜、琉球、印度、虾夷、台湾生番、爪哇等七种之民于其间，而演其顽风恶习，以为会众观览。呜呼！甚哉此举也！吾不知日本人何心也。（中略）吾观日本各处遍设动物水产各馆，今又有"人类馆"之设，是又明明以动物目我水族目我也。[1]

据载，1867年的巴黎博览会上也曾发生过类似事件。当时驻法国公使对博览会主办方雇用中国南京人李士莲和谢大民参展提出交涉，但遭到了拒绝。[2] 限于资料，我们虽无法确认巴黎博览会主办者的拒绝理由，但此次大阪博览会"人类馆"的主办者们，却打算以"供人类学之学术研究"之名，雇用中国人参展，中国人岂能再遭此侮辱！因为，在当时的留学生们看来，"若印度、琉球，已亡之国，而英、日之奴隶也；若朝鲜，俄、日之保护国，而吾之藩属也；若爪哇、虾夷、台湾之生番，世界最卑之人种，与鹿豕相去一间也。吾支那人虽贱，何至与此六种人骈首并足耶"[3]。"支那国势今虽至此，然以人种言之，则其生活之程度，若文明之等级，与日本人与阿利安人（雅利安人）亦有难以轩轾者。"[4] 虽然留学生们的这些言语中包含了一些歧视性的语言，但从中也可以感受到他们强烈的愤怒之情。

接到留学生的联系后立即为此事奔波的华侨商人代表是孙淦。[5] 孙淦作为一名"识时务"的在日华商，曾担任浙江留学生监督，并任清国留学生会馆名誉赞成员，被认为是一名"爱国华商"。他在从留学

---

[1] 《留学界记事》，《浙江潮》第2期，光绪二十九年二月，第133—135页。
[2] 清国留学生会馆：《清国留学生会馆第二次报告》，第15页。
[3] 《留学界记事》，《浙江潮》第2期，光绪二十九年二月，第134页。
[4] 《留学界记事》，《浙江潮》第4期，光绪二十九年四月，第141页。
[5] 有关孙淦的事迹，可参照本书第八章第四节。

生会馆得到消息后，立即与博览会议长取得联系，要求主办方立即修改展出计划，取消中国人及朝鲜人的展出，否则将以商界名义呼吁国内人士拒绝参加博览会，取消在博览会开幕日大阪华商为表示祝贺而鸣放爆竹的计划，并在门前悬挂黑旗以悼民族之不幸，给主办者施加了压力。与此同时，还迅速前往神户领事馆，详细报告了有关"人类馆"的最新动态。此后不久，领事馆向大阪府提交了代表在日官绅商学各界反对中国人参展的抗议书。[1]

与孙淦等人的民间交涉同时，驻日本中国公使馆和领事馆也通过正式外交途径向日本外务省提出了交涉。根据以下外务省总务长官珍田舍己发给博览会事务长官安广伴一郎的照会，大致可以知道使馆交涉的经过和外务省方面的态度。

驻本部清国公使本日特遣翻译官前来，据称此般第五次内国劝业博览会上，传闻将雇中国人展出，展示吸食鸦片及妇女裹足等风俗，供一般参观者观览。此事若是事实，由于展示内容是中国风俗中被认为最丑陋的部分，会给中国人带来侮辱感，因此他们希望能取消此计划。虽然在将举办的博览会上最终是否有此计划尚不得而知，但若真有此事，或如清国公使所言，有嘲笑中国人之嫌，此势必会严重伤害前来参观的中国人的感情，加之展出此类蛮风陋习，未必符合劝业博览会之主旨。因此，希望对此进行调查，若真有此事实，在不碍大局的前提下，废止该计划。特此联络并照会。

---

[1] 清国留学生会馆：《清国留学生会馆第二次报告》，第15页。

另外，上述展出若是以展示台湾人之风俗为目的于台湾馆举行，此事也会伤害中国人的感情，也请考虑取消。[1]

以上照会发出时间是2月24日，因此中国使馆派翻译赴外务省交涉的时间也应该是在同一天。外务省在接到中国使馆的交涉后，立即于当天就给博览会事务长官发出函件，认为若真有此类计划，会伤害前来参观的中国人的感情，而且进行此类展出本身也决非合乎博览会宗旨，要求在查清事实后，尽可能取消该计划。

接到外务省的联系后，博览会事务长官于2月26日给外务省回复，表明"人类馆"的管辖权并非在于博览会事务局，并直接将外务省的函件转交给了负有管理责任的大阪府知事。[2]

此后，大阪府知事于3月4日正式向外务省提交了处理报告，称将制止在"人类馆"中展出中国人。报告中同时还提到了此事从中国驻神户领事馆也接到过交涉。[3] 这与前述留学生通过华商孙淦向神户领事馆报告并要求进行交涉的内容相一致。

此后，"人类馆"为缓和多方的抗议，将名称改成"学术人类馆"，于3月10日正式开馆。据主办方称："学术人类馆采纳有识者之建议，通过不断改良，大受参观者好评。每日入场者少时近千人，多时达三千八百人。"[4]

---

[1] 外务省外交史料馆所藏史料《明治三十六年二月　大阪人类馆撤出清国人之件》，《2月24日　关于博览会中国人风俗陈列之件》。
[2] 同上。
[3] 外务省外交史料馆所藏史料《明治三十六年二月　大阪人类馆撤出清国人之件》，《3月4日　大阪府发第670号》。
[4] 《东京人类学会杂志》第205号，明治三十六年四月二十日，"杂报"栏。

第三节 "人类馆"台湾女子被展出事件

"人类馆"因中国人的抗议取消了展出中国人的计划,至此事件似乎已经解决。但是由于"人类馆"在开馆后仍按计划展出了当时日本强占为殖民地的台湾的女子,中国学生的抗议活动并没有因此而结束。

"人类馆"在3月10日开馆后,吸引了众多人前往观看,其中也包括部分从中国国内前往参观博览会的中国人。如福建省福州师范学堂教员林炳章等,受日本领事馆的邀请,于1903年6月前往日本参观博览会并考察学校。在他的旅日游记《癸卯东游日记》中就记载有参观"人类馆"时的内容:"五月二十九日,入场观人类馆,以台湾人列于印度、土耳其、阿非利加之中。馆列台男女二人,生熟番各一人,印度男女各二人,阿非利加土人一人。(中略)观其馆舍,各据所产之形式以居之,与豢养牛马同。(中略)台人尚有愧色,印度则酣戏自如。"[1] 但是,在相同时期考察日本并参观了博览会的张謇的《癸卯东游日记》和林景桂的《东瀛纪行》中,没有见到有关参观"人类馆"的记载,说明他们很可能没进入"人类馆"。

"人类馆"开馆后不久,有关馆内展出缠足穿中国服装女子的消息便很快传了开来。展出方认为是台湾人,但也有参观者认为是湖南人。较早对此事引起注意的是从国内前来参观的"游历员某君",他在发现这一身份可疑的女子后,立即向中国驻神户领事馆作了汇报,要求查明该女子的身份。领事馆经询问后,得到主办方答复是台湾人,因此认为此事无法进一步进行交涉。此后,此游历员又将此事向

---

[1] 王宝平、吕顺长:《晚清中国人日本考察记集成·教育考察记》下册,杭州大学出版社1999年版,第595页。

驻东京公使馆报告,也得到相同答复。当时,恰逢东京湖南留学生同乡会开会,该游历员又将此事告知了该同乡会。得到此消息后,湖南留学生大为愤慨,认为:"日人辱我已甚,吾曹誓必干涉之,力不足则吾曹当相将归国。虽然彼女子果为湖南人与否尚不可知,不深考其由来,则无由措手。"[1] 于是,共同推选湖南留学生周宏业[2]前往大阪调查。

4月2日[3],周宏业来到大阪后立即前往博物馆会场,开始对此事进行调查。他在会场内的一台湾茶店见到有一人会说北京话,就先向他进行了了解。以下便是他们当时的对话:

> 周:台湾人在此者有几何人?
> 答:有十余人。
> 周:"人类馆"中有台湾人耶?
> 答:有一男一女。
> 周:彼女果是台湾人与汝曹同来者否?
> 答:是也。彼今为日本人所雇,月受雇金二十五元。

此后,周宏业为了对此事作进一步确认而进入了"人类馆"内,看到了一个命名为"生番室"的小屋,内有三人,其中二人看上去的

---

[1] 《大阪博览会人类馆台湾女子事件》,《浙江潮》第4期,光绪二十九年四月,第138—146页。另外,本节中有关此事件的记述,除特别注出者外均据此报道,为避繁琐,不一一加注。
[2] 1904年早稻田大学"邦语政治科"毕业,后加入兴中会,参与革命运动。辛亥革命后曾任中华民国财政部赋税司司长、财政部副部长代理等职。
[3] 外务省外交史料馆所藏史料《明治三十六年二月 大阪人类馆撤出清国人之件》,《4月5日 大阪府发第1075号》。

确像是"生番"（台湾土著民），另一名则"华服纤趾"，看上去并不像台湾土著民。馆内的向导在向其他游客介绍时，称二人是台湾土著民，另一人是普通的台湾人。等周围游客散去，周宏业直接向该女子问话作了确认。

  周：汝是何处人？

  女子：（不解，未回答）

  周：（改用日语问）

  女子：身是台湾人。

  周：台湾何处？

  女子：台北北门街人。

  周：（突然改用湖南方言试探着问）汝本是湖南人，奈何欺我？

  女子：（不解，亦无诈色）

周因此确定该女子的确是台湾人无疑。此后，周为了得到书面材料，以便向同乡会汇报，便向"人类馆"干事联系。干事称："日本人亦或疑此女子自贵国来者，但实是台北北门街人，由台湾《日日新闻》社长介绍而至者。吾大阪府知事及大阪警察署，均有呈状可考。抑向者敝馆尝欲雇贵国人数名，以贵国学生阻止中辍。今安得以贵国内地人诈称台人相欺诬乎。余请力辨其误，并乞转告贵国学生勿疑。"为作凭据，周再要求干事以书面形式给予答复，干事当即表示同意。以下就是周从"人类馆"干事处得到的书面答复：

周宏业殿

　　本馆开设以前原拟于贵国北京雇用请贵国人五名，嗣以贵国查禁事，遂中辍，亏损仅小，差以自幸。目下在敞（原文如此，疑"敝"之误）馆服役之妇人则其籍如左。

　　台湾台北北门街五十四番户李阿牛之女　　李宝玉　二十岁

　　右与内地人之幼女均使给事于上等茶室，且敬体贵国人尊意，不论对于何等之人种，皆竭力优待，与以十分之自由，苟有足为其地之耻辱者均不言明，要在周知万国之风俗情状，以供学术研究之参考而已，幸乞洞察。

　　再者，东京帝国大学理学博士坪井君特地惠临，出示所撰世界人种地图，并以大学人类学讲堂中所备物品数十件，辱赐陈列，是于学术上大有裨益，并乞代为宣布。

　　明治三十六年四月

　　　　　　　　　　　　　　　　　　　　　　　学术人类馆

　　在确认了"人类馆"中展出的女子确系台湾人后，留学生们虽然在感情上仍难以接受，认为本来台湾人也就是中国人，中国人何以会遭此侮辱？但鉴于台湾已沦为日本的殖民地，只得克制感情，没有再作进一步的交涉。

　　与湖南省留学生同乡会派周宏业赴大阪对此事进行调查的同时，湖南籍留学生仇式匡、吴家驹等9人还直接向日本外务省递交了抗议书，对此，外务省在3月31日向大阪府知事提出建议，认为："虽然理论上台湾女子并非中国人，但着中国传统服装并有缠足这一清国固有习俗的台湾女子，实际上已经与清国女子无多大差异，这难免会伤害中国人的感情……请考虑尽快撤除。"[1] 对外务省的建议,大阪府在答复中认为,女子确系台湾人,并且其居所与二名生番也非相同,此外,在经过向前来调查的周宏业说明情况后,已得到留学生的理解,因此现在没必要撤除。[2]

第四节 "人类馆"事件所反映出的日本人的中国认识

如前所述,在留日学生、华侨商人和外交使馆的多方努力下,"人类馆"展出中国人的计划终于被迫中止。但是,这一结果与日本外务省在接到中国使馆的交涉后,立即作出明确的表态,也密不可分。而对于所展出的台湾女子,外务省在从接到留学生的抗议后,认为这难免也会伤害到中国人的感情,也建议尽快撤去。作为日本政府机构的外务省,之所以作出如此态度明确的快速反应,与日本政府不希望伤害因甲午战争一度恶化后渐已回暖的中国人的对日感情密切相关。

在留日学生等的呼吁下,不仅是日本国内由留学生创办的《浙江潮》、《湖北学生界》等杂志,而且中国国内的许多报刊也都用大量篇幅对这一事件进行了报道[3]。受此影响,预定前往参观博览会的国内

---

[1] 外务省外交史料馆所藏史料《明治三十六年二月 大阪人类馆撤出清国人之件》,《3月31日 外务省机密送第20号 人类馆内展列清国妇人除去之件》。
[2] 同上,《4月5日 大阪府发第1075号》。
[3] 中国国内的报道主要有:1903年3月10日天津《大公报》的《论日本人类馆刻画中国人吸烟缠足情状事》、3月5日上海《中外日报》《记日本大阪博览会事》、3月12日同《中外日报》《东游闻见录》、1903年2月《新民丛报》第25期《日本人侮我太甚》、1903年3月横浜《新民丛报》第27号《博览会人类馆事件》等。

第十五章 从"人类馆"事件看明治时代日本人的中国认识　　359

人士纷纷表示要延期或中止参观计划。1903年3月2日的《大阪朝日新闻》以《人类馆与清国之风俗》为题报道称:"上海的清国人认为人类馆之清国风俗简直是嘲弄清国,准备中止前来参观博览会。(人类馆)伤害了他们众多人的感情,给准备前来参观的清国人带来了沉重的打击。"此外,驻中国特命全权公使内田康哉在给外务大臣小村寿太郎的机密报告中也认为由于受"人类馆"事件的影响,皇族出身的载振也已取消参观计划,称:"在本邦清国留学生中之有志家,表面上虽露好意,其实他们在以激烈的言词抗议对其国的侮辱,并提出了建议。因此,振贝子也已表示,此事关系清国体面,不得不取消参观博览会之计划。"[1] 日本政府认为,此次博览会,"有助于推动我国在清韩两国的商业利益,因此政府在各方面提供方便,努力促使两国官民前来参观"。其结果,"尤其是清国,要路官僚积极响应我国劝诱,或派委员或说服商人士绅陆续前来参观"。而由于"人类馆"事件,"极大地打击了他们的积极性,不仅使政府的初衷化为泡影,而且由于此类小事,使帝国这些年来苦心经营的两国官民的良好感情带来挫折,这是政府所最不希望之事"[2]。

由此看来,当时的日本政府,在接到中国方面的抗议后,虽然作出了迅速的反应,但他们所考虑的主要是国家的现实利益,对日本人竟然对自古以来蒙受了巨大文化恩惠的中国做出如此歧视行为,并没有进行任何反省。

再看日本民间人士对此事件的看法。在周宏业前往"人类馆"调

---

[1] 外务省外交史料馆所藏史料《明治三十六年二月 大阪人类馆撤出清国人之件》,《3月9日 外务省机密第28号 除去有关清国体面之陈列品之件》。
[2] 同上,《3月19日 小村大臣至大阪府知事,关于除去人类馆中清韩两国人之内训》。

查可疑台湾女子事件时，与在场的日本参观者有如下一段对话：

> 游客：余与人类馆固无关系，余请以一私人之意见，质诸足下。所谓人类馆者，固将罗致世界所有之人种于一室，以助学术之研究，初无恶意者也。向者馆中欲雇集支那人若干名，而贵国学生，对之辄动义愤若彼者，抑岂有说乎？
>
> 周：君谓人类馆是何意，余固不能深知。虽然既称为人类矣，则不问其为朝鲜人，为支那人，为阿利安人，为其他番人，抑所谓大和民族者之贵国人，皆在此名词之中，无有文明野蛮之别也。向者余等见新闻纸所载，则馆中所欲陈列者，自支那人外，惟印度、朝鲜、虾夷及土番等而止。窃惟支那国势今虽至此，然以人种言之，则其生活之程度，若文明之等级，与日本人与阿利安人（雅利安人）亦有难以轩轾者。今君等罗陈一二劣等民族，而欲夷我使与同列，此吾人所以憾也。
>
> 游客：君等此意固不谬，然吾人始愿，实欲举西洋人及其与一切人种，悉陈其中，以经费不足，西洋人居处较远，佣金亦较巨，固但举近邻诸族充之，非敢相侮也。[1]

从这一对话中也可以看出，当时的一部分日本人对中国学生为何会对"人类馆"展出中国人事件感到愤慨并不理解。进入明治时代后，日本政府在通过推行"富国强兵"、"殖产兴业"政策以提升国力的同时，在制度、风俗等方面积极推行西洋化政策，从而使国民意识发生

---

[1] 《留学界记事》，《浙江潮》第4期，光绪二十九年四月，第141—142页。

了巨大的改变。古来崇尚"以和为贵"的日本人,也认为当今世界正处在弱肉强食时代,在国家尚未完全强盛之前,在欧美列强之前只能委曲求全,而拥有强大的国力就可以使自己的霸权、侵略主张凌驾于弱国之上。这一国民意识反映在外交政策上,就是明治政府所推行的对西洋各国的屈从外交和对东亚各国的侵略外交。明治政府在成立不久,就逐渐确立了以对朝鲜和中国实施侵略为目标的东亚外交政策,企图以此弥补失之于欧美的损失并最终实现其征服大陆的野心。从出兵台湾并吞并琉球、侵略朝鲜,到发动甲午战争,再到借义和团事件与西洋列强一起侵略中国,日本不仅从中获得了巨大的利益,而且也给国民带来了极大的优越意识,使他们认为本国已经加入了西洋列强的行列。在已"脱亚入欧"的日本人看来,屡战屡败的中国乃"亚洲东方之恶友",对待中国,"不必因其为邻邦而稍有顾虑,只能按西洋人对待此类国家之办法对待之"[1]。短短不到半个世纪,中国人从原来日本人心目中所尊敬的恩人变成了连街头巷尾的小孩见了都要驱逐嬉骂的对象。在这样的背景下,"人类馆"计划将中国人与其他被认为野蛮未开化的人种一同展出,不仅可以满足部分日本人的猎奇心理,而且还可以让更多的日本人再次感受到自身的优越感,对中国人会带来怎样的感情伤害,他们也许根本就没有考虑。本想雇用西洋人一同展出但因费用等未能实现,和以学术研究为目的之类的说辞,只能说是一种表面上的借口。

在"人类馆"事件中,站在抗议队伍最前列的始终是留日学生。虽然他们在一些日本人眼中,仅仅是一些"弱国之国民",但正是这些

---

[1]〔日〕福泽渝吉:《脱亚论》,《时事新报》1885年3月16日。

较早走出国门的学子，比他人更加深切地感受到国家的贫弱和列强的欺凌，从而萌发出强烈的爱国心和自尊心。他们对有关国家前途的事件，对日本人有辱于中国国格和中国人人格的言行，都会迅速作出积极反应。"人类馆"事件是这样，其他如"成城学校入学事件"[1]、"成城学校运动会事件"[2]、"拒俄事件"[3]、"日本警察擅自检查学生行李事件"[4]、"留学生取缔规则事件"[5] 等也是留学生们爱国自尊精神的反映。处在不同立场的大多数日本人，他们对留学生们的这种思想和精神并不理解。

---

[1] 1902 年 7 月，因驻日公使拒绝为自费留学生开具成城学校入学保证书而发生的留学生与公使馆员和日本警察的冲突事件。

[2] 1903 年 5 月，因成城学校举行运动会时悬挂多国国旗而未见中国国旗，留学生提出抗议要求悬挂中国国旗的事件。

[3] 1903 年 4 月，日本报纸报道俄国提出新的撤兵条件不愿按期从中国东北撤兵的消息后，留学生组织义勇军归国抵抗俄国的事件。

[4] 1905 年 6 月，因日本警察擅自检查宏文学院留学生行李引发的留学生停课抗议事件。

[5] 1905 年 11 月，日本政府在清朝政府的授意下，制定旨在取缔留学生革命活动的"清国留学生取缔规则"，留学生对此提出抗议并退学回国的事件。

第十六章
日本人视野中的中国国民性

在江户时代，对于关心中国的日本人来说，中国是一个令人向往而又充满未知的梦幻般的国家。但是，到了明治时代，尤其是甲午战争后，随着交通条件的改善和日本对中国关注度的进一步提高，前来中国的日本人急剧增加。他们亲眼看到了中国的现状，亲身感受了清末中国的气息。

到过中国的日本人对清末中国社会和中国人的评价，正如上野岩太郎在他的《北清见闻录序》中所指出的一样，总的来说是比较苛刻的。他指出，如日本人之"游北京者，厌倦北京之枯燥生活，忽视研究有趣之人事，概以'不洁之城市、虚伪之人民'断言者为多"[1]。那么，在日本人眼中，清末中国到底是一个怎样的世界呢？他们对中国国民性问题具体又有何认识？这些都是很令人感兴趣的问题。

本章以明治后半期在中国旅游或居留过的日本人的中国国民性的认识为中心进行研究。与此有关联的研究著作或论文，笔者所见到的大致有：杉井六郎《德富苏峰的中国观——以日清战争为中心》（人文

---

[1] 〔日〕上野岩太郎：《北清见闻录序》，引自小岛晋治监督修：《幕末明治中国见闻录集成》第15卷，〔日〕YUMANI书房，平成九年十月，第15页。

学报，京都大学人文科学研究所，30号，1970年3月）、安藤彦太郎《日本人的中国观》（劲草书房，1971年3月）、范伯群、泽谷敏行《鲁迅与斯密斯、安冈秀夫关于中国国民性的言论之比较》（鲁迅研究月刊，1997年第4期）、李冬木《涩江保译〈支那人气质〉与鲁迅——鲁迅与日本书之一》（关西外国语大学研究论集，上下，1998年2月67号，1998年8月68号）、刘家鑫《关于长野郎的中国观》（新潟史学，43号，1999年10月）、小岛晋治《日本人的中国观的变化——以幕末、维新期为中心》（中日文化论集，神奈川大学人文学研究所，2002年3月）、王向远《日本对华侵略与所谓的"支那国民性研究"》（江海学刊，2006年3月）、俞祖华、赵慧峰《旁观·比较·自省——近代中外人士三重视野下的中国国民性》（烟台大学学报，第19卷第2期，2006年4月）。限于篇幅，在此无法对这些研究成果一一加以介绍。据笔者考查，目前尚未看到有关明治后半期来华日人的中国国民性认识的研究论文。

本章以上述关联研究为基础，根据明治后半期（甲午战争后）的日人中国旅行记录等资料，在究明日本人视野中的中国人国民性的基础上，进一步考察日本人热衷于议论中国国民性的背景，以及与中国人自身议论中国国民性的关联等问题。

第一节　高濑敏德等人的中国旅行及相关著述

曾来华旅行或在华居留的日本人所留下的言及中国人国民性的旅行记或相关文章众多。本书根据其成立时期、内容、作者身份等，选取曾作为日本教习在中国执教的高濑敏德、作家德富苏峰、中国哲学研究者宇野哲人、大使馆书记官奥田竹松、真名不详的太白散人等五人的相关著述进行分析。以下，先对他们在中国旅行或居留的经过和相关著述作一介绍。

高濑敏德，字花陵，肥后国（熊本县）出身。明治三十五年八月，作为北京东文学社[1]的日本教员[2]来中国，在从事教学之余，游览了北京及周边城市，并将旅行时所了解到的中国人的风俗习惯等逐一记录，在此基础上还撰写了题为《支那》的有关中国人国民性的文章。此外，高濑敏德还在明治三十六年二月、三月、六月三次，撰写了题为《支那事情》或《支那所观》等文章，寄给本乡教会报《新人》（明治三十三年海老名弹正创办）发表。这些文字，后来合在一起以《北清见闻录》一书的形式，于明治三十七年六月由金港堂出版。德富苏峰、上野岩太郎、海老名弹正、浮田和民等，不少当时的知名人士都为此书作了序，可以想见此书当时曾被广泛阅读。

德富苏峰从东京新桥出发第一次前往中国旅行是在明治三十九年五月二十五日。对德富苏峰来说，此次中国旅行正是明治二十九年游历欧美10年后的海外旅行。从日本出发后，经朝鲜半岛的釜山、京城、仁川、平壤进入中国，漫游了中国东北的安东、奉天、辽阳、大连、营口，华北的天津、北京，华东的苏州、镇江、南京、上海、杭州，华中的长沙、汉口、武汉等，至8月10日回国，旅行时间长达78天。此外，德富苏峰还于11年后的1917年曾再次花约80天时间游历中国东北、华北、华中、华东各地。对于第一次中国游历，德富

---

[1] 日人中岛裁之以教育中国人为目的于1901年在北京设立。
[2] 〔日〕德富苏峰：《北清见闻录序》，引自《幕末明治中国见闻录集成》第15卷，第13页。

苏峰认为："此次旅行不仅是有益的旅行，而且也是最饶有趣味的旅行。……相隔十年的海外游历，不只是单纯的满足，而且感到有一种出乎意料的幸福。"[1] 由此也可以看出，此次游历收获是非常大的。此次旅行的记录题为《七十八日游记》于明治三十九年十一月由民友社出版，内容分为《过眼记程》和《触目偶感》两部分。前者记录了作者在旅途中的所见所闻，后者从其副标题《支那与支那人》也可以看出，这是作者根据旅行时所作的观察，对中国以及中国人的国民性所作的论述。

以中国哲学研究为专业的宇野哲人，是以东京帝国大学副教授的身份，于1906年来北京留学的，时间约为2年。其间，除北京和北京附近地区外，按时间顺序，还分别游览了山东、长安、长沙、武汉、南京、镇江、苏州、杭州等中国华北、黄河以及长江中下游各地的名胜古迹。游览古都洛阳和长安时，由于京都帝国大学副教授、中国史学家桑原隲藏当时也正好以日本文部省所派遣的留学生的身份在中国留学，两人遂一同前往。由于两人都有深厚的汉学造诣，故他们所写的旅行记格调较高，而且内容也多以各地名胜古迹、历史人物的介绍为主。只是桑原以日记的形式记录每天的所见所闻，宇野则以记事的形式对所经历的事物逐一加以介绍，同时还添加了自己的感想。比如，有关长安的游览，宇野以《长安纪行》为题、桑原则以《长安之旅》为题，对长安作了较为详细的介绍。两者一起阅读，体会其中的差异，令人觉得非常有趣。宇野在旅途中所作的这些旅行记录，在寄给居住在日本熊本的父母的同时，还寄给了熊本《日日新闻》连载。后来，

---

[1] 〔日〕德富苏峰：《七十八日游记》，引自《幕末明治中国见闻录集成》第15卷，第224—225页。

在旅行记的基础上，把估计是在中国时写下的数篇论文合在一起，以《支那文明记》为题出版（大同馆、明治四十五年）。该书的最后一篇文章，就是本书将要着重介绍的《支那国民性论》。

具有较为完整的有关中国国民性内容的旅行记，此外还有佐藤善治郎的《南清纪行》（良明堂书店、明治四十四年）、川田铁弥的《支那风韵记》（大仓书店、大正元年）等，本书不将它们列入研究的范围。在报纸杂志上刊载过的来华日人所作的有关中国国民性的文章也不少，本书主要将奥田竹松的《我观清国人》（原题为《我が観たる清国人》，载于《太阳》13卷14号、明治四十年十一月一日）和太白散人的《我观支那》（原题为《我が観たる支那》，载于《同仁》69号、明治四十五年二月一日）这两篇文章列入研究范围。奥田竹松于明治二十八年庆应大学毕业后，明治三十二年参加文官高等考试合格，作为外交官，先是在京城领事馆任职，后历任驻北京大使馆书记官、德国汉堡总领事等，长期从事外交工作。太白散人估计是作者的号，其真名及其他情况不得而知。但在其文章《我观支那》的开头，有"余七年来游历支那数次，并一直注意观察支那之国民性、风俗习惯、生活状态、社会组织等，研究其国运将如何变迁"。由此可见，其对中国曾较为关注。

第二节　日本人视野中的中国国民性

那么，高濑敏德、德富苏峰等人对中国人的国民性问题，又是如何看待的呢？以下试举数例加以分析。

一、"支那无国家"

从总体上看，日本人大多都认为中国人个人主义思想严重，没有爱国心。但论者不同，其着眼点也有所不同。

高濑敏德认为："支那"没有国家，清帝国只能算是一个类似于国家的团体，并且该团体无异于"被抛弃于野外的用腐烂草绳缚扎着的一把稻草"[1]，其人民既无团结力，也无统一之精神。当时正值俄、德、英、法等列强强行瓜分了众多中国领土，中国危机四伏。高濑敏德由此得出结论：如果按照严密的国家定义，清帝国已经不复存在。总之，"支那"虽拥有广大的国土和四亿人口，看似一个大国，但从其国民精神和社会现状看，与其说早晚要亡国，不如说已经亡国。高濑敏德从中国人无爱国心和国家观念出发，强调中国必将亡国或已经亡国的所谓的"支那亡国论"。

德富苏峰指出："支那有家无国，支那人有孝无忠。"[2]并认为中国人不只是现在，自古以来一直就没有国家这一观念，而且从地理上来看，更适宜于分成多个独立国，作为一个统一的独立国家则过于庞大。在德富苏峰的文章中，虽然没有看到"中国必将亡国"等字样，但与高濑敏德的"支那亡国论"仍有相通之处，即认为中国要作为一个统一的国家存在下去，问题很多。另外，德富苏峰毕竟从幼小时就开始学习汉学，无法完全无视中国的历史事实。他列举了《诗经》中的《无衣》和南宋陆游的爱国诗句等，指出中国人并非绝对没有爱国

---

[1] 〔日〕高濑敏德：《北清见闻录》，引自《幕末明治中国见闻录集成》第15卷，第118—119页。另外，本节有关高濑的言说均引自本书第118—145页，以下不一一加注。

[2] 〔日〕德富苏峰：《七十八日游记》，引自《幕末明治中国见闻录集成》第15卷，第232页。另外，本节有关德富苏峰的言说均引自本书第229—234页，以下不一一加注。

之心。但又指出这只是例外，没有得到大多数人的共鸣。

奥田竹松首先认为"支那人比世界上任何国家的人民都适宜于自治"[1]，以此为出发点，强调中国人只有个人本位主义而没有国家观念。他还认为：中国人从来不需要政府的保护和干涉，人民相互团结，依靠自治自卫维持生活。政府的保护和干涉，反而被视作一种麻烦，人民大多和政府没有关系，数千年来维持着自治自卫的传统。王朝的兴亡、人种的盛衰，对他们来说，都并不重要。所以中国人只有个人主义，国家观念并不发达。

二、"支那人利益观念炽盛"

中国是重儒家的国家，而"重义轻利"则是儒家的重要思想之一。儒家认为，在获取利益之前，首先必须考虑是否符合道义。无论谁都可以追求利益，但其前提是必须遵守道义，即所谓的"君子爱财，取之有道"。

对于中国人的"利"的思想，日本人又是如何看的呢？宇野哲人在"利己"一节中，首先例举了孟子与梁惠王的义利之辩和董仲舒排斥功利主义等事例，指出历代学者都曾着重对义利之关系进行讨论，并认为之所以这样，是因为"国民利己思想炽盛，而大有必要对其加以教育"。同时，还例举了《官场现形记》等小说中所描写的事例，

---

[1] 〔日〕奥田竹松：《我观清国人》，《太阳》13卷14号，明治四十年十一月一日。引自近代亚洲教育史研究会编：《近代日本的亚洲教育认识》第25卷，龙溪书舍2002年版，第235页。另外，本节有关奥田竹松的言说均引自本书第234—242页，以下不一一加注。

说明中国官吏收受贿赂，名利思想甚盛。[1] 其分析相对较为冷静。而其他四人则几乎异口同声地对此作了严厉的批判：中国人"利益观念炽盛"（高濑）、"长于利害计算"（德富）、"惟独利欲之念炽盛"（奥田）、"绝对的利益主义"[2]（太白散人）。那么，他们作出此结论的根据是什么呢？

高濑首先承认被世人所传颂的中国人的美德："勤勉而不知疲倦、节欲而不耽于饮食、坚忍而能忍耐诸事、敏于经商而重信用、富有团结心而能为共同之事业。"然后指出其"真相"乃："（支那人）利益熏心，思想卑鄙吝啬，在世界上无人能比。商人如此，体力劳动者如此，达官贵人亦如此。即全国民性格如此，风气如此。……他们勤勉乃为获利，他们坚忍也只为利欲，他们节欲乃怕浪费钱财，他们敏于经商乃忠于利益之故，他们重信用、富有团结心等也不外乎是出于利益之考虑。"他还进一步举出实例：中国人经常会问价格，苦力工、车夫等为了得到钱忍受着痛苦劳动，农民为节约不购买日本高档的海带等，以证明中国人利欲心之甚。他的这些言论不乏偏见，不值一驳。

德富苏峰认为，中国人一旦认为无望，立即就会放弃，如果说中国人有什么所谓的哲学的话，只能称作是放弃之哲学。这是因为中国人没有正邪之标准，任何事均出于利益考虑，绝不会使利益受损，他们所具有的只是利益得失之打算。

奥田竹松则这样给中国人下定义："（支那人）乃利之念炽盛之人

---

[1]〔日〕宇野哲人：《支那文明记》，引自《幕末明治中国见闻录集成》第 8 卷，第 399—400 页。另外，本节有关宇野哲人的言说均引自本书 391—414 页，以下不一一加注。
[2]〔日〕太白散人：《我观支那》，《同仁》69 号，明治四十五年二月一日。引自《近代日本的亚洲教育认识》第 19 卷，第 281 页。另外，本节有关太白散人的言说均引自本书第 281—289 页，以下不一一加注。

种,对利害计算极敏锐之人种。……他们本是胆怯懦弱之人种,是利益驱使他们成为勇敢的斗士,利益每每成为他们最大的驱动力。"然后,他举了一些实例来说明自己的观点。如上流社会的富有者极尽奢侈,毫无高尚之思想及情趣,其财产丝毫未为社会公共之用;从官僚到佣人,人人都利用手中的权力谋取相应的贿赂或回扣,而毫无罪恶感;官僚在金钱上毫无廉耻之心等。

太白散人更是以辱骂的口吻评价中国人的国民性:"他们没有义理、人情,只有利欲,诸事万端彻头彻尾惟有计算。他们喜怒哀乐亦皆为利。有利可图则聚之,无利可求则散之。……他们之短处、长处、缺点、恶德无不以利欲贯之。他们一生之所为,皆可归之于利欲。他们死后,身心俱灭,惟利欲一点萤萤不断地遗传给他们的子孙。……"如此观点,只罗列了偏颇的词句,缺少冷静的分析,难以令人信服。

三、"固陋保守,难以改易"

关于中国人的保守性格,宇野哲人例举了历史上的一些事例较为客观地进行了说明。如周成王将其弟康叔封于殷之故地卫时,强调按旧制治理卫;宋朝王安石变法最终失败,明清时代的法典与千年前的唐朝法典没有太大的差别。这些都说明了中国人的保守性格。

奥田竹松以在清朝的外国传教士活动成果甚微,中国人从政府组织到民间的家居衣食无不墨守成规等为例,认为中国人"固陋保守,难以改易"。

德富苏峰则根据自己在中国漫游时所看到的中国的样子,比如市街面貌在近代化,有些店铺的装饰带有西洋风,日用品也渐渐使用外国制品或仿制品，在北京实际遇到的朝廷官僚的客厅都是西洋风，与日本相差无几等，根据这些事例，认为中国人"并非骨子里保守之人种"。

四、"文弱的国民"

认为中国人"文弱"、"平和"。关于这一点，宇野哲人例举了以下事例作了说明。如中国人发明的"武"字，由"戈"字和"止"字组成，中国人认为"武"是停止争斗的手段，实际上周武王在讨伐殷纣后，马放南山，戈戟入库，向天下宣示不再使用武力。这是中国人的理想行为。再如，汉武帝讨伐夷狄，为雪汉高祖时代的耻辱而远征西域，后人认为汉武帝黩武而加以非议。这些都可以看出，中国人重文轻武，讲究和平，同时也说明中国人的文弱。

德富苏峰也认为"支那无论古今，最明显的一点是文弱"，中国人在面对外敌入侵时只是一味地防御，而不会想到将他们击退。中国人的男性中虽然也有像关羽、鲁智深、武松那样的英雄存在，不能说所有人都文弱，但总体来说，其国家和人民的秉性原本文弱，男人如女人般，很难看到真正的男人。

五、"虚礼虚仪"

在中国，无论古今，人们都以自己的国家是"礼仪之邦"而感到自豪。中国有所谓的"礼仪三百威仪三千"，社会生活的大多场合都有细致的礼仪规定，人们将此礼仪作为行动的基准。关于中国的礼仪，德富苏峰对此一概否定，认为这"完全是虚伪"，所设置的礼仪只不过是"使虚伪不露骨"而已。因为中国人"冷淡、无情、无礼、没规矩"、故人为地设置了诸多的规定。

太白散人认为，中国人的仁义、礼法等只是为了接受科举考试而记背而已，并不运用于实际，"只是虚礼和虚饰，只读《论语》却不知道如何运用《论语》"。他还进一步说明，中国人精于礼仪和辞令，是因为"中国人有以礼仪文章作虚饰之工具，以阿谀奉承为谋求立身之手段的习性；有作为大国常与万里异乡之人交际之习性；还有欺骗他人以谋取个人利益之习性"。这些都成了他所谓的"虚礼的支那人，巧言的支那人"的证据。

奥田竹松则以自己的亲身经历及所见所闻，认为中国是个很讲究礼仪礼法的国家，同时认为那些礼仪在外国人看来大多虚礼空洞，毫无精神和实意，尽是一种形式，可有可无。并认为"习惯于没规矩无礼节不在乎"的日本人在前往中国时，即使明知其礼仪无聊而毫无意义，也要做好入乡随俗的思想准备，不然，从一开始就会很难与中国人交往，而带来种种不便。

以上，从五个侧面介绍了高瀬敏德、德富苏峰等五人对中国国民性的认识。从整体上看，他们对中国人的国民性大多持否定性认识，尤其是高瀬敏德、德富苏峰、奥田竹松、太白散人四人，文章中出现了大量带辱骂性的过激的文字。宇野哲人则因为是研究中国哲学的学者，其分析和论述大多根据历史事实从而比较客观。宇野还在《支那文明记》的序文中指出："世人往往以自己极其有限的经验为依据，对支那人横加指责辱骂，望恩背德到了无可救药之地步。支那国民果真值得被人如此辱骂吗？"以此对日本国内所充斥的蔑视中国的风潮和对中国人横加指责的忘恩负义的日本人的自以为是，进行了批判。由此可以看出，宇野可能从一开始，就将向日本介绍一个真实的中国看作了自己此次留学的目的之一。

表1　高濑敏德等五人所认为的中国国民性

著者（身份）及其论著	中国漫遊或居留时间	有关中国国民性的主要内容
高濑敏德（教习）《北清见闻录》	明治三十五年前后	支那无国家、利益观念炽盛、热衷学问的读书人、小偷秉性、神经迟钝、懦弱柔顺、无怜悯之情、游情逸乐
宇野哲人（中国哲学研究者）《支那文明记》	明治三十六至三十七年	民主主义、家族主义、利己主义、迷信、表现夸张、附和雷同、社交能力强、同和作用、保守、服从懦弱、平和、社会性、慢性子
德富苏峰（作家）《七十八日游记》	明治三十九年	支那无国家、文弱的国民、男子如女人般的国民、表面景气的战争、专于防御而拙于进攻、放弃之哲学、利害之打算、方便主义、捐客主义、病态的利己主义、方便虚伪的礼仪、讲究形式的社会、满不在乎、重视婚礼和葬礼、如小鱼一般、并非生来就保守的人种、平民政治、先天无阶级观念等
奥田竹松（大使馆书记）《我观清国人》	明治四十年前后	个人本位之民、团结力强固、缺乏组织能力、自尊心强、利欲之念炽盛、不知时间和劳力的价值、固陋保守难以移易、现实主义、强于经济的人民、缺乏健全的中等社会、平等之国、虚礼虚仪、早婚、喜室内生活、缺乏科学知识
太白散人（不详）《我观支那》	明治四十五年	缺乏人情、恬不知耻、绝对利欲主义、绝对自我主义、尊大而悠扬、忍耐力和储蓄心、爱护动物、虚礼的支那人、巧言的支那人、机敏的支那人、社会分工、好美食美衣和赌博、重视亲族、古来支那乃自由竞争之天地

第十六章　日本人视野中的中国国民性　375

除上述所介绍的以外，还有其他有关中国国民性的方方面面的内容。限于篇幅，在此不能一一介绍。为便于比较，将其主要内容汇总如表1。

第三节　日本人议论中国国民性之背景

那么，日本人对中国国民性的议论又有什么背景呢？在清末中国，政治腐败，社会秩序混乱，人民生活水深火热，中国国内的这一严酷现实无疑给日本人的中国国民性议论带来巨大影响。而每一位论者的经历和立场、对中国的了解程度等也直接影响其对中国国民性的看法。这些问题在此暂不作深入讨论。本节着重从明治中后期日本国内不断扩展的蔑视中国的风潮以及对中国的异常关注，日本民族优越意识的高涨，美国人传教士阿瑟·史密斯的有关中国国民性的著作 *Chinese Characteristics* 在日本的介绍等三个方面分析其对中国国民性议论的影响。

一、蔑视下的异常关注

日本人对于中国，自古以来抱有强烈的关心，但其所关心的内容根据时代的不同而有所差异。尤其是在尊重中国的传统文化、将中国视作"圣人君子之国"的江户时代，和倾心于西洋文化、对中国的蔑视逐渐蔓延的明治时代，两者之间所关心的内容有很大的差别。

在江户时代，日本把儒学作为官学，以儒学为中心的中国的传统学问空前繁荣。以汉学为学习研究对象的专业人员自不待言，即便是平民百姓对中国也抱有强烈的尊敬和崇拜。如古文辞学派的荻生徂徕取中国名为物茂卿,服部南郭称自己为服子迁,安藤东野称滕东璧等,反映了其对中国的崇拜。日本的地名中,京都称洛阳,东海道称长安道,相模川称湘水等,有许多都借用于中国。[1] 在平民百姓中,如陆奥国伊达郡金原田村的农民菅野八郎,于1854年来到神奈川时,听说人们将美国黑船舰长佩里一行称作"唐人"而大为不满,指出:"唐国乃日本师国,是值得尊敬之国家。将逆贼之美国人称作'唐人',简直是愚蠢之至。"[2]

江户时代日本人对中国的崇拜,与日本国内儒学的繁荣,以及18世纪前后清帝国作为文化国家的强盛有直接的关系。此外,这与处于锁国状态的日本无法看到真实的中国,而根据儒学等古典著作将中国理想化也不无关系。在江户时代,日本人因锁国政策而无法正常前往海外,在从17世纪到19世纪的约200年间,除极少数特例外,很少有人能前来中国。因此,有关中国的信息,只能依靠前往长崎贸易的少数中国人。中国对于大多数日本人来说是一个充满憧憬同时又虚幻缥缈的国家。

这一状况逐渐开始转变是在江户时代末期。1840年的鸦片战争,1857年开始的与英法联军的战争,1874年日本以琉球岛民被台湾人杀害事件(1871)为由所发动的台湾出兵,1884年因越南问题引起的中法战争,1894年的甲午战争,1900年因义和团事件引起的八国联军入侵中国等,所有这些战争均以中国战败,签订不平等条约,被迫开港和割让领土,支付巨额赔款等而告终,中国的软弱和无能彻底暴露无

---

[1]〔日〕佐藤三郎:《近代日中交涉史之研究》,吉川弘文馆1984年版,第95页。
[2]〔日〕小岛晋治:《中国人日本观之变化——以幕末维新期为中心》,《日中文化论集》,神奈川大学人文学研究所,2002年3月,第89页。

遗。与此同时,以1862年日本"千岁丸"的上海之行为开端,在幕府末期和明治时代,前来中国的日本人逐渐增加,他们得以亲眼观察衰败了的中国。所有这些,加之日本在甲午战争中取胜,日本人的中国认识开始急剧转变,由原来对中国的崇拜逐渐转变成了对中国的蔑视。

对于这一转变,小岛晋治氏在《幕末明治中国见闻录集成》一书的序文中作了如下归纳:"在这一时代(幕末明治),日本和中国的关系从对等和平的关系,转变成了侵略和被侵略的关系,两国国内情况也发生了巨大的变化。在这一过程中,许多日本人虽对古代中国的文化尚抱敬意,而对现实的中国和中国人的蔑视意识却逐渐加深。这种时代风潮,在书中所收录的众多旅行记中也有所反映。"这一意见可以说一语中的。

甲午战争后曾广为流传的"猪尾巴和尚"(チャンチャン坊主)和"chankoro"(チャンコロ)等蔑视中国人的词汇,最能反映这一时代日本国内蔑视中国之风潮的蔓延程度。在此,我们来看一位幼儿园保姆于1902年所留下的记录:"猪尾巴和尚这个词语,作为一个成人,这样将它用文字写下来,实在有些难为情。但事实上,这个词汇现在正在广泛流行。记得早在甲午战争之前,在一首当时流行的俗谣'破坏日清谈判'中,有一句叫'遗恨重重之猪尾巴和尚'歌词,第一次听到时,就感到有些讨厌。不过当时还没有像现在这样广泛流行。"接着,她还记录了这样一件事。一天,一位赴日考察教育的中国官员考察了该幼儿园,事后保姆对孩子们说:"刚才的支那人是一位了不起的人,支那人中也有许多了不起的人。"幼儿们立即你一言我一语地反问:"不过,老师,我看过软弱的支那人败给日本士兵的画儿。""我听说过支那人很软弱。""让刚才的那支那人与日本士兵对打一回,怎样?"[1]这一记录,真实地反映了甲午战争后,蔑视中国的意识不仅在成人间扩展,而且渗透到了幼儿园的儿童。

如上所述,在明治时代,尤其是甲午战争后,日本人的中国认识发生了较大的变化。但尽管这样,日本人对于中国的关注程度依然没有改变,只是其内容有所变化而已。如当时日本学者海老名弹正曾这样指出:"余希望日本人越来越多地进入支那国内,寻求谋生之道,哪怕多一人也好。尤其希望接受过高等教育的人们进入支那国内,肩负支那教化之大任。进入支那的日本人,若能通晓支那之风土人情,精通东洋之形势,其利益何止限于支那,对我日本所带来的利益也将不胜枚举。现在即使有一百万日本人进入支那国内,日本国内丝毫也不会觉得寂寞。"[2]据外务省通商局的统计,明治四十年十二月,居住在中国主要25个城市的日本人达34988人,其中上海6268人居第一位,安东5754人,辽阳3290人,奉天3068人,除上海之外,日俄战争后扩大了控制势力的东北地区的人数比其他地区要多得多。从居住者的职业看,除公务人员、中国方面聘用人员、教员、学生外,还有各种贸易商、经营实业者、手工艺人、公司职员等,几乎包含了所有职业。[3]这些,都表明了日本人对中国的关注程度。

总的来说,明治时代日本人对中国的关注,是对中国殖民地化的

---

[1]〔日〕ひさ子:《幼儿对支那人的看法》,《妇人与孩子》,明治三十五年八月五日,第2—8页。
[2]〔日〕海老名弹正:《北清见闻录序》,引自《幕末明治中国见闻录集成》第15卷,第20页。
[3] JACAR(亚洲历史资料中心)Ref. C04014459300,明治四十二年三月《壹大日记》,《海外各地在留本邦人职业表送附之件》(日本防卫省防卫研究所)。各都市的人数如下:安东5754人、奉天3068人、辽阳3290人、铁岭2216人、新民府181人、牛庄2785人、长春1571人、吉林202人、哈尔滨989人、北京758人、天津2387人、芝罘680人、上海6268人、南京233人、苏州163人、杭州98人、汉口1387人、长沙123人、沙市和宜昌12人、重庆114人、福州510人、厦门1684人、汕头301人、广东214人。

关注，也是伴随着歧视的关注。在此时代潮流中，江户时代日本人曾认为的"圣人君子"般的中国人逐渐变成了保守、顽固、虚伪、卑屈、不洁的代名词。

二、日本民族优越意识的高涨

直至江户时代，日本主要以中国为榜样，将中国作为一面镜子，通过与中国的对比来认识自己。进入明治时代后，随着西洋化的推进，如果将西洋比作日本认识自我的正面镜子，中国等"亚洲的恶友"则是其反面镜子，日本以此正反两面的镜子，更加立体地认识自我。日本完成了"亚洲的日本"到"世界的日本"的大转换。

如前所述，明治时代中后期，日本对中国的关注不断提高。这与日本民族优越意识和使命感的空前高涨直接有关。在此时代，日本有很多人认为："日本是亚细亚的改革者，亚细亚的教育者，也是亚细亚的救济者。"[1] 拯救亚洲俨然成了日本最庄严的使命。甚至有人认为，日本人学习西洋的知识是为了接受西洋文明，而了解中国，学习与中国有关的知识是为了便于教育中国、开发中国。

众所周知，自19世纪80年代开始，日本致力于引进西洋的文物制度和风俗习惯，将推进欧化政策作为重要国策。与此同时，国粹主义团体政教社和民友社等也相继登场。以三宅雪岭、志贺重昂等人为代表的政教社创办了杂志《日本人》，提出了所谓的"国粹保存"、"国粹显彰"等口号，主张维持和发扬日本的传统文化和日本国民固有的

---

[1] 〔日〕浮田和民：《北清见闻录序》，引自《幕末明治中国见闻录集成》第15卷，第24页。

特性。以德富苏峰等人为中心的民友社则在其创办的杂志《国民之友》上鼓吹"平民主义",对政府所推进的贵族式的欧化主义提出了批判,主张将扎根于日本传统文化的平民式的欧化作为目标。总之,明治中期的国粹主义者并不完全拒绝欧化,而是强调在保存和发扬日本的国粹的基础上适度推进欧化。

国粹主义者的活动激活了围绕日本人之特性的议论,而议论的重心自然转移到了日本民族性和国民性的赞美上。如三宅雪岭的《真善美日本人》(政教社,1891年)将日本人的特性归纳为"真、善、美",认为日本人必须充分发挥这一特性,完成日本在亚洲乃至世界的神圣使命。继《真善美日本人》后,著者还撰写了《伪恶丑日本人》一书,认为日本人也有"伪、恶、丑"的部分,要纠正这一不良特性,不能单纯模仿白人,而是要充分发扬日本人"真、善、美"这一优良特性。志贺重昂的《日本风景论》(政教社,1894年),基于气候、海洋、地形等的观察和比较,认为日本的"风景"比欧美各国、朝鲜半岛、中国等更为优越,让日本人感受到了日本民族的优越性,推动了日本国内民族主义的发展。20世纪初,芳贺矢一的《国民性十论》(1907)出版,立即就引起巨大反响。著者将日本的国民性归纳为:忠君爱国、尊崇祖先重视家名、现世实际、爱护草木自然、乐天洒落、淡泊潇洒、纤丽纤巧、清净洁白、重礼节礼法、温和宽恕等十项,给日俄战争后国际地位刚刚大幅提高的日本人以巨大的自信。

这些有关日本国民性的议论,加之甲午战争、日俄战争的连战连胜,以及"教育勅语"颁布后不断强化的忠君爱国教育,这些因素形成一种合力,极大地推动了日本民族优越意识的高涨。

日本民族优越意识的高涨,自然给日本人的中国国民性议论也带来了较大的影响。日本人在论述中国国民性时，尤其是在议论诸如"支那无国家"、"文弱的国民"等中国的不足之处时，往往与日本人所具有的爱国精神和尚武精神作比较，就是典型的例子。再举一例，在正教社创办的《日本人》中，有一篇题为《支那人》[1]的未署名的文章，作者在文章中指出，鉴于日本人"厌忌侮蔑支那人的评论屡见不鲜"的现状，"特举出支那人所具有的长处，以供我日本人进行反省"。并认为，"支那人从社交上观之，可将其概括为富豪社会和贫民社会。贫民几乎近于禽兽，富豪皆似王侯。观其近于禽兽者，实乃令人厌忌之人种。观其王侯般之富豪，则其不单拥有财产，而且有知识，有趣味，有品位，实属'士君子'之流。与我国之将黄金作为唯一崇拜对象的富豪，不可相提并论。"作者作此文，本希望纠正日本人对中国的蔑视和侮辱的现状，但其将中国贫民比作禽兽，无形中流露出了其作为日本人的民族优越意识和对中国人的歧视意识。这是由当时的时代背景所决定的。

三、阿瑟·史密斯 Chinese Characteristics 的出版与在日本的流布

在19世纪末之前，很少有看到中国人亲自撰写的有关中国国民性方面的文章或书籍。而来华传教、旅行或居住的外国人，出于好奇或传教等活动的需要，有些人通过对中国国民特性的仔细观察和分析，留下了一些与此有关的作品。其中，美国传教士阿瑟·史密斯所著的 Chinese Characteristics 可以说是流布较广且产生过巨大影响的作品。

---

[1] 《日本人》171号，明治三十五年九月二十日。

阿瑟·史密斯（Arther Henderson Smith，1845—1932）于1872年被美国外国传道委员会委派前来天津，1877年进入山东，1882年在山东省西北部的恩县庞家庄建立传教据点，此后数十年在恩县为中心开展传教活动。史密斯在进行传教活动的同时，还长期担任上海英文报刊 *North China Daily News*（《字林西报》）山东地区的通讯员，为撰写报道，他对中国上至高级官僚下至人力车夫的各阶层人物进行了仔细的观察和调查，还不间断地订阅在北京发行的报纸《邸报》等，对中国的社会状况以及中国人的国民性进行了热心的研究。

1894年，史密斯将在英文报纸 *North China Daily News* 所发表的文章进行整理，定名为 *Chinese Characteristics*，交由美国纽约的出版社 Fleming H. Revell Company 出版，很快受到关注并博得好评。

该书于出版后两年的1896年，由涩江保[1]翻译成日文，以《支那人气质》之书名由东京博文馆出版。涩江保所采用的是节译的方式，而且添加了不少注释，正文就达446页[2]。此书被介绍到日本后，不仅在甲午战争结束后不久日本人强烈关注中国的时期，而且在之后较长时期都曾被广泛阅读。如日本著名作家芥川龙之介于大正十年三月作为大阪每日新闻社的海外视察员前来中国时，临行前作为必读书，就列举了《七十八日游记》、《支那文明记》、《支那漫游记》、《支那人气质》等[3]，出版后20多年仍受人关注。此外，该书还于1940年由白神彻再次翻译，定名为《支那的性格》由中央公论社出版。在日本

---

[1] 有关译者涩江保的情况，森鸥外在其作品《涩江抽斋》（中公文库，1988年，第310页）中有所记述。

[2] 有关《支那人气质》的翻译、出版以及译注等，本章开头已提及的李冬木的论文中有较详细的论述。

[3] 〔日〕芥川龙之介：《奇遭》，《芥川龙之介全集》第7卷，岩波书店1996年版，第279页。

大举侵华期间，此书再次被翻译出版，也绝不是偶然。

另外，该书在中国被翻译出版却整整比日本迟了7年，而且还不是根据原书的翻译，而是根据涩江保日文版《支那人气质》的再译。书名几乎与日文版相同，取名为《支那人之气质》，于1903年由上海作新社出版。此译本没有译者署名，只题署"作新社藏板"。作新社当时从日本转译出版西学著作的民间机构，1902年由中国留日归国学生戢翼翚等与日本教育家下田歌子合作开办于上海，其译者多为留日学生。该书虽见译者署名，但有一段估计是译者所作的"弁言"，其中称："不可不译之说三：或问，何为译此《支那人气质》？曰：我支那人而无此气质，可不译；我支那人即有此气质，而世无人知，可不译；我支那人即有此气质，世人即知之，而我支那人亦自知之，尚可不译。今也，何如？不可不知之说四：或问，读是有何益？曰：不知之，不能改良学问；不知之，不能改良教育；不知之，不能改良风俗；不知之，不能改良国政。"由此可以看出翻译出版本书的动机。

在此有必要简单介绍一下史密斯 Chinese Characteristics 的大致内容。著者分27章按照其自身的观察介绍了中国人的种种特性。第一章是重视面子，接着是节俭、勤劳、讲究礼仪等，这些都可以作为中国的长处。此外，可以看作中国人长处的还有：顽强的生存能力、忍耐心强、孝悌、仁惠等。而占据全书大部分的则是中国人众多的缺点：漠视时间、无视精确、顺而不从、思维混乱、轻视外族、缺乏公共心、保守、缺乏同情心、相互猜疑、缺乏诚实等，虽然指出了许多中国人自身不易注意到的缺点，但也存在着不少以偏概全或夸大其辞的内容。

在日本对中国的侮蔑意识不断增强，同时又对中国异常关心的时代，史密斯的这一著作被介绍到日本且被广泛阅读。不难想象，日本人在议论中国国民性时，此书很可能自然成为一个很好的参考材料，对日本人的中国国民性判断产生影响。

第四节　中日两国对中国国民性议论之比较

19世纪末至20世纪初，中国人自身所撰写的有关中国国民性的文章开始逐渐增加。其中，最受关注的是维新派思想家梁启超的与此相关的众多文论。1898年，梁启超在横滨创办《清议报》，1902年又创办《新民丛报》，以此为舆论阵地，主张学习西方和日本的近代理念，将中国建设成一个新兴的国民国家。期间，发表了《论中国人种之将来》（《清议报》，1899）、《国民十大元气论》（《清议报》，1899）、《新民说》（《新民丛报》，1902—1906）、《论中国国民之品格》（《新民丛报》，1903）等众多文论。在流亡日本后不久的1899年撰写的《论中国人种之将来》一文中，梁启超认为中国人有四大优势，一曰"富于自治之力"，二曰"冒险独立"，三曰"长于学问，思想易发达"，四曰"民人众多，物产沃衍，善经商而工价廉，将握全世界商工之大权"。并相信"有此四原因，规以地势，参以气运，则中国人于来世纪必为世界上最有势力之人种"。[1] 而在《论中国国民之品格》一文中，四年前曾对中国人种充满自信的梁启超则指出了中国国民品格的四大缺点：一爱国心薄弱，二独立性之柔脆，三公共心之缺乏，四自治力之欠缺[2]，强调有必要对中国国民性加以改造。很明显，梁启超对中

---

[1] 梁启超：《论中国人种之将来》，《饮冰室合集·文集之三》，中华书局1989年版，第52页。
[2] 梁启超：《论中国国民之品格》，《饮冰室合集·文集之十四》，中华书局1989年版，第1页。

国国民性的认识发生了较大的变化。对此,他本人曾认为:"自居东以来,广搜日本书而读之,若行山阴道上,应接不暇,脑质为之改易,思想言论,与前者若出两人。"[1]可见这一变化很大程度上是受日本的影响。

　　清末留日学生对中国国民性的讨论也寄予了极大的关注。他们在自己创办的《浙江潮》、《江苏》、《湖北学生界》、《游学译编》等刊物上发表了大量的文章,其中就包含了不少有关中国国民性问题的内容。如浙江留日学生所创办的《浙江潮》,据杨海云调查,其对中国国民性的批判主要包含了以下内容:一是国家观念淡薄;二是保守而无进取心,精神颓废,自怨自艾;三是有种种风俗陋习;四是自私自利,没有公德心,没有社会责任;五是性格薄弱,无坚忍耐苦之风;六是无自治力,无民族自觉心。此外,《浙江潮》在批判中国国民性的同时,还竭力赞扬西方民族和日本民族的优秀品质,经常对中外国民性进行对应比较。[2]

　　由此可见,清末中国人自身的国民性议论以暴露中国人的劣根性为主要内容。其议论的主体——无论是以留日学生为代表的革命派,还是以梁启超等人为代表的维新派,他们的思想以及有关中国国民性的议论,一定程度上受到了日本的影响。

　　无论是革命派还是维新改良派,虽然他们的中国国民性议论与日本人的议论有许多相似之处,但作为中国人,他们的议论方式和动机却与日本人有很大的差异。如前所述,日本人对中国国民性的议论有

---

[1] 梁启超:《饮冰室合集·专集之二十二》,中华书局1989年版,第185页。
[2] 杨海云:《论〈浙江潮〉对国民性的批判》,《乐山师范学院学报》第19卷第3期,2004年3月,第126—128页。

对中国的蔑视和日本民族优越意识的高涨等背景。而作为中国人，他们的批判多出自爱国之心，其严厉的措辞中包含了希望中国人早日觉醒、中华民族早日摆脱被侵略局面的诚挚感情。

以下，以对中国人缺乏国家意识或爱国心的批判为例，考察中国人和日本人在论述方式和动机等方面的差异。

如本章第二节所述，高瀬敏德以中国人缺乏国家意识为依据，断定中国早晚会亡国；德富苏峰认为中国人缺乏国家观念，加之地域广大，中国作为统一国家终究难以维持；奥田竹松则以"支那人比世界上任何国家的人民都适宜于自治"为出发点，强调中国人只有个人本位主义而没有国家观念。的确，直至近代，"国家"对于中国庶民来说是遥远的存在，因此他们的国家意识相对比较薄弱。但国家意识薄弱并不能与国家的灭亡或分裂相提并论，高瀬敏德等人的这些论调，不得不说与当时蔑视中国同时又对中国的殖民化抱有极大关心的时代背景有着一定的关联。

中国人自身的议论又是如何呢？在此，试以梁启超《论中国国民之品格》中有关爱国心部分的内容加以考察。梁启超在文章中指出：

> 支那人无爱国心，此东西人诋我之恒言也。吾闻而愤之耻之，然反观自省，诚不能不谓然也。我国国民，习为奴隶于专制政体之下，视国家为帝王之私产，非吾侪所与有，故于国家之盛衰兴败，如秦人视越人之肥瘠，漠然不少动于心，无智愚贤不肖，皆皇然为一家一身之计。吾非敢谓身家之不当爱也，然国者身家之托属，苟非得国家之藩盾，以为之防其害患，谋其治安，则徒挈此无所托属之身家，累累若丧家之狗，"皮之不存，毛将焉附？"

势必如犹太人之流离琐尾，不能一日立于天壤之间。然非先牺牲其身家之私计，竭力以张其国势，则必不能为身家之藩盾，为我防害患而谋治安。故夫爱国云者，质言之，直自爱而已。人而不知自爱，固禽兽之不若矣；人而禽兽不若，尚何品格之足言耶？[1]

在此，梁启超认为："支那人无爱国心"乃西洋人和日本人诋毁中国人之言，虽感到愤怒和耻辱，但冷静反省，其指责无疑又是正确的，承认中国人国家意识薄弱，并分析了其原因。并指出，一个国家要伸张国势，其国民即使牺牲个人利益，也必须尽力爱国，因为爱国就等同于爱自己，这是为人最基本的品格。由此可见，梁启超不仅仅停留在对中国人无爱国心或国家意识薄弱的指责和批判上，而且恳切地催促国人为了中国摆脱列强的压迫进而走向富强，同时也为了个人的幸福，努力改造数千年来所形成的不良习性。从中可以真切地感受到作者拳拳爱国之心。

以上，对明治中后期曾前来中国旅行或在中国旅居的高濑敏德、德富苏峰、宇野哲人等五人的中国国民性议论进行了归纳，并分析了日本人热衷于中国国民性议论的背景，同时还考察了日本人的议论和中国人自身的议论在论述方式和动机方面的异同。

"支那无国家"、"支那人利益观念炽盛"、"固陋保守，难以改易"、"文弱的国民"、"虚礼虚仪"等，日本人对中国国民性的议论以强烈的批判为主要内容。清末中国政治腐败，人民生活水深火热这一严酷现状；明治时代尤其是甲午战争后日本国内蔓延的蔑视中国的风潮，

---

[1] 梁启超：《论中国国民之品格》，《饮冰室合集·文集之十四》，中华书局1989年版，第1页。

以及对中国的异常关心;由于日本国粹主义者的鼓吹和甲午战争、日俄战争的胜利等因素而不断高涨的日本民族优越意识;美国传教士阿瑟·史密斯的著作 Chinese Characteristics 在日本的流布等,这些因素都对日本人的中国国民性认识带来了影响。在相同时期,以留日学生和旅居日本者为主体,中国人自身也对中国国民性进行了讨论和批判。中国人自身的议论,在内容等方面无疑受到了日本的影响,但从其议论方式和动机看,与日本人有较大的差异。

另外,高瀬敏德等五人的个人经历和立场对其中国国民性议论的影响,报纸杂志所刊载的有关中国国民性议论的内容与报纸杂志本身性格的关联,明治时代中国国民性议论对大正昭和时代相同问题议论的影响等,这些在本书中均未来得及涉及,暂且留作今后的课题。

征引、参考文献

中文图书

C

《蔡元培书信集》，高平叔等编，浙江教育出版社 2000 年版。

《蔡元培全集》，中国蔡元培研究会编，浙江教育出版社 1998 年版。

D

《东瀛观兵纪事》，（清）程恩培，浙江图书馆藏，光绪年间浙江官书局刊。

《东游日记》，（清）严修著，武安隆等校注，天津人民出版社 1995 年版。

G

《革命逸史》，冯自由，中华书局 1981 年版。

《功玉论——关于 20 世纪初期中国政界留日生的研究》，斯明全，重庆出版社 1999 年版。

H

《杭州教育志》，杭州市教委编，浙江教育出版社 1994 年版。

《华侨与辛亥革命》，中国社会科学院近代史研究所近代史资料编辑组编，中国社会科学出版社1981年版。

J

《拒俄运动》，杨天石等，中国社会科学出版社1979年版。

《纪念辛亥革命七十周年学术讨论会论文集》，中华书局编辑部编，中华书局1983年版。

《蒋介石秘录》，〔日〕古屋奎二著，《蒋介石秘录》翻译组译，湖南人民出版社1988年版。

《教育交流与教育现代化》，田正平等，浙江大学出版社2005年版。

《近代日本的中国认识：走向亚洲的航踪》，〔日〕野村浩一著，张学锋译，中央编译出版社1999年版。

《近代中国留学史》，舒新城，上海文化出版社1989年影印本。

《近代中日文化交流史》，王晓秋，中华书局1992年版。

《近代中日关系史研究》，王晓秋，中国社会科学出版社1997年版。

《近代中国与日本：互动与影响》，王晓秋，昆仑出版社2005年版。

《近代留学生与中外文化》，李喜所，天津教育出版社2006年版。

K

《看不透的日本——中国文化精英眼中的日本》，李兆忠，东方出版社2006年版。

《康有为政论集》（上册），（清）康有为著，汤志钧编，中华书局1981年版。

L

《李文忠公全集·朋僚函稿》，（清）吴汝纶，台北：文海出版社1963年版。

《留学生与中国教育近代化》,田正平,广东教育出版社 1996 年版。

《留学生与中外文化》,李喜所主编,南开大学出版社 2005 年版。

M

《民国八年五校在学生名册》,中华民国留日学生监督处编,东京:中华民国留日学生监督处 1919 年发行。

《民国八年度考取五校及普通各学校新生名册》,中华民国留日学生监督处编,东京:中华民国留日学生监督处 1919 年发行。

N

《农学丛书》(1—7 集),上海农学会编,上海农学会光绪年间(约 1899—1906)刊。

《农学报》(1—315 期),上海农学会编,上海农学会光绪二十三年四月至光绪三十一年十二月刊。

Q

《清国留学生会馆第一次报告》,清国留学生会馆编,东京:清国留学生会馆 1902 年发行。

《清国留学生会馆第二次报告》,清国留学生会馆编,东京:清国留学生会馆 1903 年发行。

《清国留学生会馆第三次报告》,清国留学生会馆编,东京:清国留学生会馆 1903 年发行。

《清国留学生会馆第四次报告》,清国留学生会馆编,东京:清国留学生会馆 1904 年发行。

《清国留学生会馆第五次报告》;清国留学生会馆编,东京:清国留学生会馆

1904年发行。

《官报》(1—50),游日学生监督处编,东京:清国游日学生监督处1907—1910年发行。

《清季外交史料》,王彦威纂,王亮编,台北:文海出版社1963年版。

《清光绪朝中日交涉史料》,故宫博物院编,台北:文海出版社1963年版。

《清末留日学生》,黄福庆,台北:"中央研究院"近代史研究所1975年版。

《清代后期教育论著选》,陈景磐等编,人民教育出版社1997年版。

《清末浙江与日本》,吕顺长,上海古籍出版社2001年版。

《秋瑾史集》,王去病等编,华文出版社1989年版。

《秋瑾集》,上海古籍出版社编,上海古籍出版社1991年版。

R

《日本图书馆调查丛记》,(清)黄嗣艾,湖南学务处光绪三十一年(1905)发行。

《日本游学指南》,(清)章宗祥,浙江图书馆藏,刊行年未详。

《日本纪游》,(清)李筱圃,南京图书馆藏,刊行年未详。

《日本访书志》,(清)杨守敬撰,张雷校点,辽宁教育出版社2003年版。

《日本政法考察记》,王宝平主编,上海古籍出版社2002年版。

《日本教习》,汪向荣,中国青年出版社2000年版。

《日本侵华教育史》,齐红深主编,人民教育出版社2004年版。

《日本侵华教育全史》1—4卷,宋恩荣、余子侠主编,人民教育出版社2005年版。

《日本对中国的文化侵略》,王向远,昆仑出版社2005年版。

S

《审讯汪伪汉奸笔录》,南京市档案馆编,江苏古籍出版社1992年版。

《私立浙江法政专门学校纪略》，浙江图书馆藏民国七年刊。

《孙中山全集》，广东省社会科学院研究室编，中华书局1981年版。

《世界蚕丝业科学技术大事记》，中国农科院蚕业所等编，中国农科院蚕业所1986年编印。

《山西百年留学史1900—2002》，侯殿龙、孔繁珠主编，山西人民出版社2005年版。

T

《庭闻忆略——回忆祖父罗振玉的一生》，罗继祖，吉林文史出版社1987年版。

W

《汪穰卿遗著》，汪康年，台北：文海出版社1963年版。

《吴玉章回忆录》，吴玉章，中国青年出版社1978年版。

《王国维评传》，萧艾，浙江文艺出版社1983年版。

《汪康年师友书札》（1、2），上海图书馆编，上海古籍出版社1986年版。

《汪康年师友书札》（3），上海图书馆编，上海古籍出版社1987年版。

《汪康年师友书札》（4），上海图书馆编，上海古籍出版社1989年版。

《汪精卫汉奸政权的兴亡》，复旦大学历史系中国现代史研究室编，复旦大学出版社1987年版。

《晚清中国人日本考察记集成·教育考察记》，王宝平主编，杭州大学出版社1999年版。

《晚清东游日记汇编·日本国志》，（清）黄遵宪著，王宝平主编，上海古籍出版社2001年版。

《晚清东游日记汇编·日本政法考察记》，王宝平主编，上海古籍出版社2002年版。

《晚清东游日记汇编·游历日本图经》,(清)傅云龙著,王宝平主编,上海古籍出版社2003年版。

X

《辛亥革命浙江史料选辑》,浙江省辛亥革命研究会等编,浙江人民出版社1981年版。

《辛亥革命浙江史料续辑》,浙江省社会科学院历史研究所等编,浙江人民出版社1987年版。

《辛亥革命时期中日外交史》,俞辛焞,天津人民出版社2000年版。

《辛亥革命》,中国史学会编,上海人民出版社,1957年版。

《新政革命与日本——中国,1898—1912》,〔美〕任达著,李仲贤译,江苏人民出版社1998年版。

Y

《郁达夫文集》,郁达夫,花城出版社、香港三联书店1982年版。

《一生之回忆》,曹汝霖,香港:春秋杂志社1966年版。

《愚斋东游日记》,(清)盛宣怀,日本东京都立图书馆藏,刊行年未详。

《饮冰室文集类编》(上册),(清)梁启超,东京:下河边半五郎明治三十七年(1904)发行。

《饮冰室合集》,(清)梁启超,中华书局1941年版。

《永丰乡人行年录》,甘孺,江苏人民出版社1980年版。

Z

《张文襄公全集》卷二〇三,(清)张之洞,台北:文海出版社1963年版。

《中国近代出版史料初编》，张静庐辑注，中华书局1957年版。
《中国近代农业史资料》，章有义编，三联书店1957年版。
《中国近代工业史资料》（第二辑），汪敬虞，科学出版社1957年版。
《中国译日本书综合目录》，谭汝谦主编，香港：香港中文大学出版社1980年版。
《中国人留学日本史》，〔日〕实藤惠秀著，谭汝谦等译，三联书店1983年版。
《中国近代学制史料》（第二辑，上册），朱有瓛主编，华东师大出版社1986年版。
《中日交流史中的华侨》，沈殿忠等，辽宁人民出版社1991年版。
《中华民国开国前革命史》（中编），冯自由，上海书店1990年版。
《中国近代教育史资料汇编》，璩鑫圭等编，上海教育出版社1991年版。
《中国近代教育史料汇编·留学教育》，陈学洵、田正平主编，上海教育出版社1991年版。
《中国留学生的历史轨迹：1872—1949》，王奇生，湖北教育出版社1992年版。
《中日文化交流史大系·典籍卷》，周一良主编，浙江人民出版社1996年版。
《中国江南：寻绎日本文化的源流》，王勇主编，当代中国出版社1996年版。
《中国留学教育史》，林子勋，台北：台湾华冈出版有限公司1976年版。
《中国的近代化与日本》，汪向荣，湖南人民出版社1987年版。
《中国近代女子留学史》，孙石月著，中国和平出版社1995年版。
《中国人留学日本百年史》，沈殿成主编，辽宁教育出版社1997年版。
《中国百年留学全记录》，丁晓禾主编，珠海出版社1998年版。
《中日汉籍交流史论》，王勇编著，杭州大学出版社1992年版。
《中日"书籍之路"研究》，王勇等著，北京图书馆出版社2003年版。
《中日近代教育关系史》，杨晓，人民教育出版社2004年版。
《中外教育交流史》，卫道治主编，湖南教育出版社1998年版。
《中外教育交流史》，田正平主编，广东教育出版社2004年版。

《早年留日者谈日本》，钟少华，山东画报出版社，1996年版。

《周作人文类编·日本管窥》，钟叔河编，湖南文艺出版社1998年版。

《知堂回想录》，周作人，群众出版社1999年版。

《浙江文史资料选辑》（第1辑），浙江省政协文史资料研究委员会编，浙江省政协文史资料研究委员会1962年编印。

《浙江文史资料选辑》（第12辑），浙江省政协文史资料研究委员会编，浙江人民出版社1979年版。

《浙江文史资料选辑》（第28辑），浙江省政协文史资料研究委员会编，浙江人民出版社1985年版。

《浙江蚕业史研究文集》（第一集），浙江农科院蚕桑所资料室等编，浙江农科院蚕桑所1980年编印。

《浙江近代人物录》，浙江省政协文史资料委员会编，浙江人民出版社1989年版。

《浙江文史集粹》，浙江省政协文史资料研究委员会编，浙江人民出版社1996年版。

《浙江丝绸文化史话》，袁宣萍，宁波出版社1999年版。

日文图书

《第五回内国勧業博覧会事務報告》（下），農商務省編，東京：農商務省1904年版。

《都市紀要4：築地居留地》，東京都情報連絡室編，東京：東京都情報連絡室1957年版。

《対支回顧録》（下巻），東亜同文会編，東京：原書房1968年版。

《法政大学史資料集·法政大学清国留学生法政速成科特集》，法政大学史資料委員会編，東京：法政大学史資料委員会1988年版。

《高田早苗の総合研究》，早稲田大学資料センター編，東京：早稲田大学資料センター2002年版。

《宮崎滔天全集》，宮崎滔天，東京：平凡社昭和四十八年（1973）版。

《近代日支文化論》，実藤恵秀，東京：大東出版社1941年版。

《近代日中交渉史話》，実藤恵秀，東京：春秋社1973年版。

《近代日中交渉史の研究》，佐藤三郎，東京：吉川弘文館1984年版。

《近代中国官民の日本視察》，熊達雲，東京：成文堂1998年版。

《近代日本とアジア——文化の交流と摩擦》，平野健一郎編，東京：東京大学出版会1984年版。

《近代日本のアジア教育認識・資料篇》，近代アジア教育史研究会（代表阿部洋）編，東京：竜溪書舎2002年版。

《江戸・明治期の日中文化交流》，浙江大学日本文化研究所編，東京：農山漁村文化協会2000年版。

《魯迅と仙台：東北大学留学百周年》，魯迅東北大学留学百周年史編集委員会編，仙台：東北大学出版会2004年版。

《留日学生の辛亥革命》，小島淑男，東京：青木書店1989年版。

《幕末明治中国見聞録集成》，小島晋治編，東京：ゆまに書店1997年版。

《清国人日本留学日記》，（清）黄尊三著，実藤恵秀等訳，東京：東方書店1986年版。

《清末中国対日教育視察の研究》，汪婉，東京：汲古书院1998年版。

《清代中日学術交流の研究》，王宝平，東京：汲古书院2005年版。

《清末中国における日本観と西洋観》，佐々木揚，東京：東京大学出版会2000年版。

《日中非友好の歴史》，実藤恵秀，東京：朝日新聞社1973年版。

《日本留学と革命運動》，上垣外憲一，東京：東京大学出版会1982年版。

《日中友好百花》，実藤恵秀，東京：東方書店1985年版。

《日中比較教育史》，佐藤尚子、大林正昭編，横浜：春風社2002年版。

《日本雑事詩》，（清）黄遵憲著，実藤恵秀等訳，東京：平凡社1968年版。

《日本留学中華民国人名調》，興亜院編，東京：興亜院政務部1940年版。

《日中教育文化交流と摩擦》，阿部洋，東京：第一書房1983年版。

《日本留学精神史》，厳安生，東京：岩波書店1991年版。

《人類館 封印された扉》，演劇"人類館"上演を実現させたい会編，有限会社アットワークス2005年版。

《孫文と華僑——孫文生誕130周年国際学術討論会論文集》，日本孫文研究会・神戸華僑華人研究会編，東京：汲古書院1999年版。

《文人外交官の明治日本——中国初代駐日公使団の異文化体験》，張偉雄，東京：柏書房1999年版。

《中国史のなかの日本像》，王勇，東京：農文協2000年版。

《中国人の見た明治日本——東遊日記の研究》，佐藤三郎，東京：东方书店2003年版。

《中華留学生教育小史》，松本亀次郎，東京：東亜書房1931年版。

《中華五十日游記》，松本亀次郎，東京：東亜書房1931年版。

《中国の近代教育と明治日本》，阿部洋，東京：龍渓書舎2002年版。

《中国人日本留学史研究の現段階》，神奈川大学人文学会編，東京：東京御茶の水書房2002年版。

《増補・中国人日本留学史》，実藤恵秀，東京：黒潮出版1981年版。

后记

本书是在2007年完成的博士学位论文的基础上，修改并增加部分章节而成的。

自2001年春有幸考取浙江大学王勇教授门下的在职博士，至2007年春通过论文答辩并取得博士学位，整整经过了6年。6年间，作为一名高校教学科研人员，虽然每年都在国内外相关刊物上发表专业论文，但要将它整理成完整的博士学位论文，还真是不易。说来惭愧，在学制所允许的最后期限，才"如期"完成这一虽自觉有些新意但尚存诸多不足的"作业"。

在学6年，如何处理好工作、学习和生活三者的关系，一直困扰着我。作为一名学生，本应以学为主，但由于工作等方面的压力，加之自身性格浮躁，真正潜心学习和研究的时日并不多，这是值得反省之处。所幸的是，6年间自己得到了多位恩师以及周围众多人的指导、帮助和鼓励，才得以有此书的问世。

笔者胸无大志，记得20多年前开始学习日语时，凭借的仅仅是一种兴趣，而不曾考虑过将来要从事中日关系史方面的研究。是王勇教授的言传身教，引领我一步步走向了学术研究之路。王勇教授不仅是我硕、博士在学期间的导师，也是我在国内大学就职期间工作上的上司。因此十余年间，在学习和研究上自不待言，在工作和生活上也得到了他的诸多关照和指导。在职期间，王勇教授多次给我提供出国学习和研究的机会，后来还亲自推荐我在日本大学就职。多年来，笔者时常感受到恩师"望（弟）子成龙"之心，遗憾的是自己资质愚钝，加之努力不足，多有辜负恩师的厚望。

在我学位论文写作的后期阶段，古典文献学专业张涌泉教授接纳了我，与王勇教授共同指导我的研究和学位论文写作，这是我的又一幸运。张涌泉教授并未因为我是半途入门的弟子而随意对待，反而是加倍地给予特别指导，从论文体例、内容构成到遣词造句，先后多次给予修改指导。本论文最终得以完成，同样凝结着张涌泉教授的心血。

王宝平教授在形式上虽不是我直接的导师，但在我进行资料收集和论文写作的过程中，也一次次给予无私的指导和帮助。如本论文所利用的一些重要资料，有些就是王宝平教授所提供的。再如，在我对《晚清中国人日本考察记集成·教育考察记》进行整理的过程中，王宝平教授作为丛书主编，在资料的收集整理、撰写解题等诸多方面，均给予了直接的指导。

此外，在本书的撰写过程中，给予过不同形式的指导和帮助的师友还有很多，在此恕不一一例举。届时将奉送拙著，以示谢忱，并祈指正。商务印书馆责任编辑为本书的出版付出了辛勤的劳动，在此一并致谢。

学海无涯。我将以此为新的起点，加倍努力，以新的工作和研究业绩回报社会，报答所有支持和关心我的人。

吕顺长
2012年1月6日于四天王寺大学研究室